Kommentar zum Schweizerischen Zivilgesetzbuch

unter Mitwirkung von

Dr. V. Aepli
Titularprofessor an der Universität Freiburg (Schweiz), Rechtsanwalt

Dr. R. Bär
Professor an der Universität Bern

Dr. E. Bossard
Titularprofessor an der Hochschule St. Gallen

Lic. iur. V. Bräm
Oberrichterin in Zürich

Dr. W. F. Bürgi
Professor an der Hochschule St. Gallen

Dr. A. Egger
Professor an der Universität Zürich

Dr. A. Escher
Professor an der Universität Zürich

Dr. A. Escher
Handelsgerichtsschreiber in Zürich

Dr. P. Gauch
Professor an der Universität Freiburg (Schweiz)

Dr. M. Gutzwiller
Professor an der Universität Freiburg (Schweiz)

Dr. R. Haab
Professor an der Universität Basel

Dr. F. Hasenböhler
Professor an der Universität Basel

Dr. P. Higi
Gerichtsschreiber/Ersatzrichter in Zürich

Dr. A. Homberger
Professor an der Universität Bern

Dr. P. Jäggi
Professor an der Universität Freiburg (Schweiz)

Dr. P. Liver
Professor an der Universität Bern

Dr. U. Nordmann-Zimmermann
Lausanne

Dr. K. Oftinger
Professor an der Universität Zürich

Dr. H. Oser
Bundesrichter in Lausanne

Dr. W. Scherrer
Professor an der Universität Basel

E. Schmid
Bundesrichter in Lausanne

Dr. J. Schmid
Professor an der Universität Freiburg (Schweiz)

Dr. W. Schönenberger
Bundesrichter in Lausanne

Dr. H. Schönle
Professor an der Universität Genf

Dr. M. Schraner
Kantonsrichter in Freiburg (Schweiz)

Dr. A. Siegwart
Professor an der Universität Freiburg (Schweiz)

Dr. E. Spirig
Oberrichter in Zürich

Dr. A. Staehelin
Appellationsgerichtspräsident in Basel
Professor an der Universität Basel

Dr. W. von Steiger
Professor an der Universität Bern

Dr. A. Simonius
Professor an der Universität Basel

Dr. A. Troller
Professor an der Universität Freiburg (Schweiz)

Dr. F. Vischer
Professor an der Universität Basel

Dr. D. Zobl
Professor an der Universität Zürich

II. Band:

Familienrecht

ZÜRICH 1995 SCHULTHESS POLYGRAPHISCHER VERLAG

Das Familienrecht

(Bundesgesetz vom 10. Dezember 1907, samt den seitherigen Änderungen)

Zweite Auflage, kommentiert von August Egger

Dritte, völlig neu bearbeitete Auflage
3. Abteilung: Die Vormundschaft (Art. 360–456 ZGB)
herausgegeben von Peter Gauch und Jörg Schmid

Teilband II 3a

Die allgemeine Ordnung der Vormundschaft

Die fürsorgerische Freiheitsentziehung Art. 397a–397f

Herausgegeben von

Dr. Peter Gauch und **Dr. Jörg Schmid**
Professoren an der Universität Freiburg/Schweiz

Bearbeitet von

Dr. Eugen Spirig
Oberrichter und Vorsitzender der Psychiatrischen Gerichtskommission des Kt. Zürich

ZÜRICH 1995 SCHULTHESS POLYGRAPHISCHER VERLAG

Zitiervorschlag: Spirig

ISBN 3 7255 3363 6

Vorwort

Durch das Bundesgesetz vom 6. Oktober 1978 in das ZGB eingefügt und auf 1. Januar 1981 in Kraft gesetzt, erfuhr der 6. Abschnitt des Vormundschaftsrechts noch keine Kommentierung, was allein schon den dazu unternommenen Versuch rechtfertigt. Anlass zur Kommentierung des vorliegenden Teilbandes gab auch der Umstand, dass die Verfahrensordnung des Kt. Zürich am 12. März 1995 geändert wurde, und dadurch ab 1. Januar 1996 neue Richter mit der nun im Kanton zweistufigen Rechtsprechung betraut sein werden. Dass sowohl beim administrativen Versorgungs- wie auch dem Verfahrensrecht jeweils zürcherische Beispiele angeführt werden, möge darum und auch überhaupt im Zürcher Kommentar erlaubt sein. Mit der Materie im übrigen seit 1983 aus der vor allem administrativen, aber auch richterlichen Tätigkeit in der Psychiatrischen Gerichtskommission meines Kantons vertraut, wagte ich diesen weiteren Beitrag an das Zürcher Kommentarwerk.

Zu danken habe ich dem Zürcher Obergericht, das mir die Infrastruktur für die Arbeit zur Verfügung stellte, Frau RA lic. iur. Christina Niggli, welche die Korrekturarbeiten mit grosser Sorgfalt und innert nützlicher Frist besorgte, sowie der Lia Rumantscha für den zur Verfügung gestellten romanischen Text der einschlägigen Bestimmungen des ZGB. Besonderer Dank gebührt Frau stud. iur. Isabelle Merçay Cashell für ihre tatkräftige Unterstützung bei zahlreichen sachdienlichen Arbeiten.

Den Herren Werner Stocker und Bénon Eugster bin ich erneut zu Dank für die zuvorkommende Zusammenarbeit bei der Herausgabe des Buches verpflichtet.

Zürich, den 31. August 1995 EUGEN SPIRIG

Inhaltsübersicht

	Seite
Abkürzungsverzeichnis	IX
Allgemeines Literaturverzeichnis	XIII
Zitierweise	XXV
Vorbemerkungen zu Art. 397a–f	3
Art. 397a	21
Vorbemerkungen zu Art. 397b–f	96
Art. 397b	97
Art. 397c	118
Art. 397d	125
Art. 397e	141
Art. 397f	186
Schlussbemerkungen (de lege ferenda)	211
Gesetzestexte in romanischer Sprache	215
Sachregister	217
Register zu den 1995 rev. Gesetzen betr. FFE im Kt. Zürich	232

Abkürzungsverzeichnis

a	altes, revidiertes Gesetz (z.B. aCCit)
a.a.O.	am angegebenen Ort
Abs.	Absatz
Abschn.	Abschnitt
ABSH	Amtsbericht des Obergerichts an den Grossen Rat des Kt. Schaffhausen
AcP	Archiv für civilistische Praxis, Tübingen
a.E.	am Ende
AGVE	Aargauische Gerichts- und Verwaltungsentscheide
AJP/PJA	Aktuelle juristische Praxis, St. Gallen und Lachen (1992 ff.)
al.	alinea
allg.	allgemein
Anm.	Anmerkung
a.M.	anderer Meinung
Art.	Artikel
Aufl.	Auflage
BBl	Bundesblatt der Schweizerischen Eidgenossenschaft
Bd.	Band
Bde.	Bände
BetmG	BG über die Betäubungsmittel vom 3. Oktober 1951 (SR 812.121)
BG	Bundesgesetz
BGE	Bundesgerichtsentscheid (ohne weitere Angabe: amtliche Sammlung)
BLVGE	Basel-Landschaftliche Verwaltungsgerichtsentscheide (1960 ff.)
BR	Bundesrat
BV	Bundesverfassung der Schweizerischen Eidgenossenschaft vom 29. Mai 1874 (SR 101)
CEDH	(fr.) s. EMRK
Diss.	Dissertation
E	Entwurf (zu Gesetz)
EG	(kantonales) Einführungsgesetz
EGV-SZ	Entscheide der Gerichts- und Verwaltungsbehörden des Kt. Schwyz (1966 ff.)
Einl.	Einleitung
EMRK	Europäische Menschenrechtskonvention vom 4. November 1950/ 3. September 1953
Erg.	Ergänzung
Erw.	Erwägung
etc.	et cetera (und andere)
EuGRZ	Europäische Grundrechtszeitschrift, Kehl am Rhein/Strasbourg/ Arlington (1974 ff.)

Abkürzungsverzeichnis

Extraits	Extraits des principaux arrêts du tribunal cantonal et des décisions du Conseil d'Etat de Fribourg
FamRZ	Familienrechtszeitschrift, Bielefeld/BRD
ff.	folgende
FFE	fürsorgerische Freiheitsentziehung
FN	Fussnote
GVG	(kantonales) Gerichtsverfassungsgesetz
i.e.S.	im engeren Sinne
i.w.S.	im weiteren Sinne
i.S.	im Sinne
i.V.m.	in Verbindung mit
IPRG	BG über das internationale Privatrecht vom 18. Dezember 1987
Kat.	Kategorie
Komm.	Kommentar
LGVE	Luzernische Gerichts- und Verwaltungsentscheide, ab 1974, vorher: Max(imen)
lit.	Buchstabe
LPAAM	Loi sur le régime des personnes atteintes d'affections mentales et sur la surveillance des établissements psychiatriques du 12 avril 1980 (GE)
LVM	The care of alcoholics, drug abusers and abusers of volatile solvents (special provisions) act (schwedisches Gesetz)
Max	Entscheidungen des Obergerichts des Kt.Luzern (Maximen); ab 1974: LGVE
N	Note (Randnote); ohne weitere Angabe: Note dieses Kommentars
NR	Nationalrat
Nr.	Nummer
öAussStrG	österreichisches Ausserstreitgesetz vom 9. August 1854
öPersFrG	österreichisches Bundesverfassungsgesetz vom 29. November 1988 über den Schutz der persönlichen Freiheit
öUbG	österreichisches Unterbringungsgesetz vom 1. März 1990
OG	Bundesgesetz über die Organisation der Bundesrechtspflege vom 16. Dezember 1943 (SR 173.110)
OS	Offizielle Sammlung der Gesetze, Beschlüsse und Verordnungen des eidgenössischen Standes Zürich
OWVVGE	Verwaltungs- und Verwaltungsgerichtsentscheide des Kt. Obwalden
PKG	Die Praxis des Kantonsgerichtes von Graubünden, Chur
Plädoyer	Das Magazin für Recht und Politik, Basel (1993 ff.)
Pra	Die Praxis des Schweizerischen Bundesgerichts, Basel (1912 ff.)
Prot.	Protokoll
Prot. KR-ZH	Protokoll des Zürcher Kantonsrates
RBUR	Rechenschaftsbericht über die Rechtspflege des Kt. Uri
Rep	Repertorio di Giurisprudenza Patria (Kt. Tessin)
rev.	revidiert
RFJ/FZR	Freiburger Zeitschrift für Rechtsprechung
RJJ	Revue jurassienne de Jurisprudence

RVJ	Revue Valaisanne de Jurisprudence/Zeitschrift für Walliser Rechtsprechung (Kt. Wallis)
RR	Regierungsrat
Rz	Randziffer
s.	siehe
S.	Seite(n)
Sb	Schlussbemerkungen (nur im Register)
SchlTit	Schlusstitel
Schlussbem.	Schlussbemerkungen (de lege ferenda)
SGGVP	St. Gallische Gerichts- und Verwaltungsentscheide (Kt. St. Gallen)
SJ	Semaine Judiciaire (Kt. Genf)
SJK	Schweizerische Juristische Kartothek, Genf
SJZ	Schweizerische Juristenzeitung, Zürich
SPR	Schweizerisches Privatrecht, Basel/Stuttgart
ST	Systematischer Teil
StenBull	Stenographisches Bulletin
StGB	Schweizerisches Strafgesetzbuch vom 21. Dezember 1937 (SR 311.0)
StR	Ständerat
StVG-ZH	Gesetz über das kantonale Strafrecht und den Vollzug von Strafen vom 30. Juni 1974 (Kt. Zürich)
Suppl.	Supplement
Tit.	Titel
u.a.	unter anderem
u.U.	unter Umständen
Vb	Vorbemerkungen zu Art. 397a–f ZGB (Register)
Vbb	Vorbemerkungen zu Art. 397b–f ZGB (Register)
VEB	Verwaltungsentscheide der Bundesbehörden, Bern (1927 ff.)
vgl.	vergleiche
Vorbem.	Vorbemerkungen (vgl. Vb/Vbb)
VRG-ZH	Gesetz über den Rechtsschutz in Verwaltungssachen vom 24. Mai 1959 (Kt. Zürich)
VRPG-BS	Verwaltungsrechtspflegegesetz (Kt. Basel-Stadt)
WHO	World Health Organization (Weltgesundheitsorganisation)
ZAK	Zeitschrift für die Ausgleichskassen der AHV und ihre Zweigstellen, die IV-Kommissionen und IV-Regionalstellen, die Durchführungsstellen der Ergänzungsleistungen zur AHV und IV, der Erwerbsersatzordnung für Dienstleistende in Armee und Zivilschutz sowie der Familienzulagen, Bern (1947 ff.)
ZBJV	Zeitschrift des Bernischen Juristenvereins, Bern (1865 ff.)
ZBl	Schweizerisches Zentralblatt für Staats- und Gemeindeverwaltung, Zürich (1900 ff.)
ZG	Zürcher Gesetzessammlung
ZGB	Schweizerisches Zivilgesetzbuch vom 10. Dezember 1907/1. Januar 1912 (SR 210)
Ziff.	Ziffer
zit., Zit.	zitiert; Zitat

ZöF	Zeitschrift für öffentliche Fürsorge, Zürich (1967 ff.)
ZPO	(kantonale) Zivilprozessordnung
ZR	Blätter für zürcherische Rechtsprechung, Zürich (1902 ff.)
ZSR	Zeitschrift für Schweizerisches Recht Neue Folge, Basel (1882 ff.)
ZVW	Zeitschrift für Vormundschaftswesen, Zürich (1946 ff.)
ZWR	Zeitschrift für Walliser Rechtsprechung, Sion

Literaturverzeichnis

1. Schweizerisches Recht

Aebersold Peter — Aus der Praxis der Psychiatrischen Kommission Basel-Stadt, in: Borghi Marco, Die soziopsychiatrische Gesetzgebung. Eine Bilanz, Freiburg 1992, S. 199 ff.

Altena von Piet — in: Die FFE gemäss Art. 397a–f ZGB im Rahmen der dezentralen Drogenhilfe im Kt. Zürich, Veranstaltungsreihe des Gemeindepräsidentenverbandes: Was sollen die Gemeinden im Drogenbereich tun?, 26. November 1993, zit. «von Altena/Seminar».

Ausfeld-Hafter Brigitte — Die Entscheide der Psychiatrischen Rekurskommission des Kt. Zürich 1963–1974, Diss. med., Zürich 1976

Ausschuss der kantonalen Kommission für Drogenfragen — Bericht vom 18. November 1993, Zürich, zit.: «Ausschuss»

Balazsy P. — Opiat-Entwöhnung unter stationären psychiatrischen Bedingungen, in: Schweizerische Ärztezeitung, 10, 1990, S. 394 ff.

Bigger Edwin — Fürsorgerische Freiheitsentziehung (FFE) und Strafrechtliche Massnahme bei Suchtkranken aus rechtlicher Sicht (Art. 397a ZGB/44 StGB), in: ZVW 47 (1992) S. 41 ff.

Binder Hans — Die Geisteskrankheit im Recht, Zürich 1952, zit. Binder I

– derselbe — Die Urteilsfähigkeit in psychologischer, psychiatrischer und juristischer Sicht, Zürich 1964, zit. Binder II

Bleuler Manfred — Lehrbuch der Psychiatrie, 15. A., Berlin/Heidelberg/New York 1983

Blickle Rolf — Schweden und seine Drogenarbeit. Bericht einer Reise vom 22. September bis 4. Oktober 1991, Kirchl. Amt für Drogenfragen, Bern 1992

Böcker Wolfgang/Nelles Joachim — Drogenpolitik wohin? Synthese einer wissenschaftlichen Diskussion, S. 13 ff., in: Drogenpolitik wohin?, Bern 1991

Böhm Dieter — Einweisverfahren und psychiatrische Klinikbehandlung im Urteil ehemaliger Patienten, Diss. med., Zürich 1989

Boesiger Karin — Ergebnisse einer jüngst im Kt. Solothurn durchgeführten statistischen Untersuchung, in: Borghi Marco, Die soziopsychiatrische Gesetzgebung. Eine Bilanz, Freiburg 1992

Borghi Marco	Bericht betreffend die Untersuchung über die fürsorgerische Freiheitsentziehung bei allen Kantonsregierungen, in: ZVW 45 S. 137 ff.
– derselbe	L'efficativité sociale de la CDEH, in: Festgabe für den Schweizerischen Juristenverein 1993, Fribourg, S. 71 ff.
– derselbe	Les limites posées par l'Etat de droit au traitement forcé psychiatrique, in: ZVW 46 S. 81 ff.
– derselbe	Die soziopsychiatrische Gesetzgebung. Eine Bilanz, Freiburg 1992, S. 199 ff.
– derselbe und Biaggini Luisa	Anwendungen und Auswirkungen der Gesetzgebung über die FFE, Weinfelden 1992, in: ZVW 1992/Beil. zu Heft 4
– derselbe und Gross Jost	Das BG über die FFE und die kantonale Rechtsetzung – eine Zwischenbilanz, ZVW 42 S. 103 ff.
Bossart Peter	Persönliche Freiheit und administrative Versorgung, Diss., Zürich 1965
Brändle Dieter	Vorbehalte und auslegende Erklärungen zur EMRK, Diss., Zürich 1978
Brütsch Herbert	in: Die FFE gemäss Art. 397a–f ZGB im Rahmen der dezentralen Drogenhilfe im Kt. Zürich, Veranstaltungsreihe des Gemeindepräsidentenverbandes: Was sollen die Gemeinden im Drogenbereich tun?, 26. November 1993, zit. «Brütsch/Seminar»
Bucher Eugen	Berner Kommentar zum ZGB, Art. 11–26, Bern 1976
Buchser Roland	Wie bewährt sich die richterliche Entlassung aus der psychiatrischen Klinik?, Diss. med., Zürich 1989
Bundesamt für Gesundheitswesen	Suchtmittelersatz in der Behandlung Heroinabhängiger, 2. A., Bern 1989, zit. «Methadonbericht»
– dasselbe	Soziale und präventive Aspekte des Drogenproblems unter besonderer Berücksichtigung der Schweiz, Lausanne 1990, zit. «Bundesamt Aspekte 1990»
– dasselbe	Bericht der Kantone über die präventiven und thera-peutischen Massnahmen im Drogenbereich 1986–89, Bern 1991, zit. «Drogenbericht»
Caviezel-Jost Barbara	Die materiellen Voraussetzungen der fürsorgerischen Freiheitsentziehung, Diss. Freiburg i.Ue., Stans 1988
Dilling H./Mombour W./ Schmidt M.H.	WHO/Internationale Klassifikation psychischer Störungen, ICD-10 Kap. V/F, klinisch-diagnostische Leitlinien, Verlag Hans Huber, Bern/Göttingen/Toronto, zit. «Dilling/Mombour/Schmidt»
Direktion des Gesundheitswesens des Kt. Zürich	Lagebericht und Gesamtkonzept für Massnahmen im Bereich des Suchtmittelkonsums, 1992
Dobler-Mikola Anja/ Zimmer-Höfler Dagmar	Zur spezifischen Situation drogenabhängiger Frauen, in: Forschungsinformationen aus dem Sozialpsychiatrischen Dienst, Nr. 28, Zürich 1992

– DIESELBEN — KlientInnen drogentherapeutischer Gemeinschaften in der Schweiz zwischen 1978/79 und 1990/91, in: Forschungsinformationen aus dem Sozialpsychiatrischen Dienst Zürich, 1992

– DIESELBEN und UCHTENHAGEN AMBROS/KORBEL R. — Soziale Integration und Desintegration in der 7-Jahreskatamnese bei (ehemals) Drogenabhängigen: ein Vergleich von drei Stichproben aus drei Sprachregionen in der Schweiz, in: Wissenschaftliche Informationen der Forschungsgruppe des Sozialpsychiatrischen Dienstes, Zürich 1990

EGGER AUGUST — Zürcher Kommentar zum Zivilgesetzbuch (Art. 360–456), 2. A., Zürich 1948

Eidgenössische Betäubungsmittelkommission/Subkommission «Drogenfragen»/Bundesamt für Gesundheitswesen — Drogenbericht, Bern 1983, zit. «Drogenbericht»

EISNER MANUEL — Drogenpolitik als politischer Konfliktprozess, in: Drogenpolitik wohin?, Bern 1991

ERNST KLAUS — Vormundschaftliche Aktivität und patientengerechte Diskretion beim psychiatrischen Einweisungsverfahren nach ZGB 397a, in: Schweizer Archiv für Neurologie, Neurochirurgie und Psychiatrie, 132/1983 S. 101 ff.

– DERSELBE — Zwangsmassnahmen in der psychiatrischen Klinik statistisch registriert und von Kranken beurteilt, in: Schweizerische Ärztezeitung, Bd. 63 S. 300 ff.

– DERSELBE — Behandlung gegen den Willen des Patienten: Spielraum und Nutzen der Psychiatriegesetze, in: Schweizerische Ärztezeitung, Bd. 72 S. 1559 ff.

– DERSELBE — Fürsorgepflicht und Fürsorgeexzess in der Psychiatrie. Kritisches zur heutigen Praxis und zur künftigen Entwicklung der Fürsorgerischen Freiheitsentziehung (FFE) nach ZGB Art. 397, in: ZVW 44 S. 94

– DERSELBE — Psychiatrische Klinik heute und morgen – ein Vergleich zwischen Italien und der Schweiz, in: Psychiatrie am Scheideweg, Berlin/Heidelberg 1991

– DERSELBE — Die Rechte des psychisch Kranken und die Rechte seiner Umgebung, in: Die soziopsychiatrische Gesetzgebung. Eine Bilanz, Freiburg 1992, S. 209 ff., zit.: «Rechte des psychisch Kranken»

– DERSELBE und ERNST CÉCILE — Der Stand der italienischen Psychiatriereform: Das Beispiel Lombardei im Vergleich mit der Schweiz, in: Der Nervenarzt, Berlin/Heidelberg (1992) 63 S. 668 ff.

FONTANET MARGUERITE — Etablissements appropriés: Volonté du législateur et réalités concrètes, in ZVW 41 S. 1 ff.

FURGER RONALD — Aufgaben, Möglichkeiten und Grenzen der Psychiatrie im Strafverfahren, in: AJP/PJA 9/92 S. 1120 ff.

– DERSELBE	Unterbringung Jugendlicher und Erwachsener im Sinne der fürsorgerischen Freiheitsentziehung aus psychiatrischer Sicht, in: ZVW 38 S. 41 ff.
– DERSELBE	Wandel der Psychiatrie und seine Auswirkungen auf die vormundschaftliche Fürsorge, in: ZVW 30 S. 97 ff.
– DERSELBE	Pro FFE bei Drogenabhängigen, in: ZVW 40 S. 18 ff.
– DERSELBE	Aspekte der ambulanten einzelpsychotherapeutischen Langzeitbehandlung von Alkoholkranken, in: Sonderbeilage zum 101. Jahresbericht des Vereins Forel-Klinik Ellikon a.d.Thur, 1990, S. 9 ff.
GASSMANN BENNO/JOST KARIN/ ROHNER HANSJÜRG/SAGER SILVIA	Suchtprophylaxe in Theorie und Praxis, Lausanne 1985
GEISER THOMAS	Was haben die Bestimmungen über die FFE gebracht? in: Patient – Patientenrecht, Bern 1984
GIGER HANS	Handbuch der Schweizerischen Zivilrechtspflege, Zürich 1990
GROSS JOST	Haftung für medizinische Behandlung, Bern 1987,
GULDENER MAX	Schweizerisches Zivilprozessrecht, 3. A., Zürich 1979,
HAAS STEFFEN	Psychopharmakologische Ursachen der Drogenabhängigkeit und pharmakologische Behandlungsmöglichkeiten, in: Drogenabhängigkeit – Ursachen und Verlaufsformen, Basel und Weinheim 1983
HEGNAUER CYRIL	Darf die fürsorgerische Freiheitsentziehung zur Vertreibung auswärtiger Drogenabhängiger angeordnet werden? in: ZVW 48 S. 164
– DERSELBE	Zum Begriff der nahestehenden Person im Sinne von Art. 397d ZGB, in: ZVW 39 S. 26 ff.
HOLDEREGGER ADRIAN	Suizid und Suizidgefährdung, Freiburg und Wien 1979
HONSELL HEINRICH	Handbuch des Arztrechts, Zürich 1994
HORNUNG RAINER	Medikamentenabusus in der Schweiz, in: Suchtprobleme und Sozialarbeit, Bern 1988, 56, S. 111 ff.,
HUBACHER ANDREAS	Die «geeignete Anstalt» – auf der Suche nach dem Verhältnismässigen, in: ZVW 45 S. 89 ff.
HUBER EUGEN	Erläuterungen zum Vorentwurf des Eidgenössischen Justiz- und Polizeidepartements (zum ZGB), 2. A., Bern 1914
HÜRLIMANN URS	Der zugerische Entwurf kantonaler Einführungsbestimmungen zur FFE (Art. 397a–f ZGB), in: ZöF 1977 S. 25 ff.
IBERG GOTTLIEB	Aus der Praxis der FFE, in: SJZ 79 S. 293 ff.
IMBODEN MAX/RHINOW RENÉ A.	Schweizerische Verwaltungsrechtsprechung, Bd. I, 5. A., Basel/Stuttgart 1976

JACOT-GUILLARMOD OLIVIER	Interêt de la jurisprudence des organes de la CEDH pour la mise en oeuvre du nouveau droit suisse de la privation de la liberté à des fins d'assistance, in: ZVW 36 S. 41 ff.
Justizdirektion des Kt. Zürich	Kreisschreiben vom 16. Dezember 1989, zit. «Kreisschreiben-ZH»
KAPPELER DIETRICH	La protection contre soi-même, in: Mélanges offerts à la Société Suisse des Juristes, 1967, Genève, S. 156 ff.
KATZ BERNARD	Privation de liberté à des fins d'assistance, Diss. Lausanne, 1983
KAUFMANN JOSEPH	Berner Kommentar zum Zivilgesetzbuch (Art. 360–456), 2. A., Bern 1924
KIND HANS	Therapeutische und administrative Massnahmen zur Bekämpfung der Drogenabhängigkeit, in: Beiheft zu ZSR, Basel 1982, S. 51 ff.
– DERSELBE	Kulturelle und soziale Bedingungen des Drogenkonsums, in: Beiheft zu ZSR, Basel 1982, S. 11 ff.
– DERSELBE	Sucht und Missbrauch, das Problem der süchtigen Persönlichkeit, in: Beiheft zu ZSR, Basel 1982, S. 19 ff.
– DERSELBE und LICHTENSTEIGER W./ WEISS I./JENNY G.	Drogenprobleme in psychiatrischer, pharmakologischer und juristischer Sicht, in: Beiheft Nr. 1 zu ZSR, Basel 1982
KOELZ ALFRED	Kommentar zum Verwaltungsrecht des Kt. Zürich, Zürich 1978
KOHLER THOMAS	Die FFE und das kantonale Verfahrensrecht (gezeigt am Beispiel des Kt. Luzern), in: SJZ 78 S. 53 ff.
KOLLER HEINRICH	Das Vormundschaftsrecht im Wandel – Menschenrechte und Grundfreiheiten als Ausgangspunkt einer Revision des Vormundschaftsrechtes, in: ZVW 47 S. 83 ff.
KREUZER ARTHUR	Mythen in der gegenwärtigen drogenpolitischen Diskussion, in: Drogenpolitik wohin?, Bern 1991, S. 129 ff.
LADEWIG DIETER	Missbrauchsmuster bei Medikamentenabhängigkeit, in: Suchtprobleme und Sozialarbeit 56, Bern 1988
LANZ MARCO	in: Die FFE gemäss Art. 397a–f ZGB im Rahmen der dezentralen Drogenhilfe im Kt. Zürich, Veranstaltungsreihe des Gemeindepräsidentenverbandes: Was sollen die Gemeinden im Drogenbereich tun?, 26. November 1993, zit. «Lanz/Seminar».
LUSTENBERGER MARKUS	Die FFE bei Unmündigen unter elterlicher Gewalt, Diss. Freiburg i.Ue., 1987
MAIER THOMAS J.	Die Bedeutung von Zwangsmassnahmen für die Rehabilitation von Drogenabhängigen, Diss. med., Zürich 1994
MAZENAUER BEATRICE	Psychisch krank und ausgeliefert?, Diss., 2. A., Bern 1986 (vgl. SJZ 82 S. 343)

– DIESELBE	Zur Zwangsbehandlung in der Anstaltspsychiatrie, Die gesellschaftliche Kontrolle über Irre und die Rolle der Ärzte, in: Patient – Patientenrechte, Genf 1984
MEIER PHILIPPE	Tentative d'analyse statistique, in ZVW 47 S. 171 ff.
MENDES DE LEON CH.	Zur Entzugsbehandlung von Drogenabhängigen in der psychiatrischen Klinik. Ein Erfahrungsbericht aus der Psychiatrischen Klinik Schlössli/Oetwil a.S., in: Schweizerische Ärztezeitung, 65 S. 1614 ff.
MINO ANNIE	Wissenschaftliche Literaturanalyse der kontrollierten Heroin- und Morphinabgabe (deutsche Zusammenfassung von Bossy Claude), Bern 1991
MÜHLE URS	Gesamtschweizerische Planungsgrundlagen für die Weiterentwicklung der stationären Drogentherapie, Auftrag des Bundesamtes für Gesundheitswesen, Mai 1994
MÜLLER HEDI	Gesellschaftliche und berufliche Wiedereingliederung psychisch Kranker, in: ZöF 1975 S. 73 ff.
MÜLLER HANS-ULRICH	Alkoholkranke und ihre Einzeltherapie in der stationären Behandlung, in: Sonderbeilage zum 101. Jahresbericht des Vereins Forel-Klinik Ellikon a.d.Thur, 1990, S. 17 ff.
MÜLLER MARKUS	Zwangsmassnahmen als Instrument der Krankheitsbekämpfung, Diss. Bern, 1991
NÄGELI MAX	Die ärztliche Behandlung handlungsunfähiger Patienten aus zivilrechtlicher Sicht, Diss. Zürich 1984
NELLES JOACHIM	Wie gefährlich sind illegale Drogen?, in: Drogenpolitik wohin?, Bern 1991, S. 181 ff.
PAUCHARD J.P.	FFE aus der Sicht der psychiatrischen Klinik, in: ZVW 40 S. 128 ff.
– DERSELBE	FFE: Was hat sie den Psychiatrie-Patienten gebracht?, in: Borghi Marco, Die soziopsychiatrische Gesetzgebung. Eine Bilanz, Freiburg 1992
PERRIN MARCEL	Privation de liberté à des fins d'assistance – une loi exemplaire, mais une application problématique, in: ZVW 40 S. 121 ff.
RAEMY REINOLD	Verfahrensrechtliche Aspekte der FFE im Kanton Freiburg, in: RFJ/FZR 1993, S. 256 ff.
Rapport de la Commission	chargée d'étudier la privation de liberté de certains toxicomanes chroniques à des fins d'assistance et les modifications souhaitables des structures de prise en charge, Canton de Vaud, Lausanne 1993, zit.: «Rapport/VD»
REIST W./WAGNER R.	Zur Drogenproblematik in der Schweiz, in: ZöF 1976 S. 162 ff.
RIEMER HANS MICHAEL	Grundriss des Vormundschaftsrechts, Bern 1981

– DERSELBE	Vormundschaftliche Hilfe für Betagte, in: ZVW 37 S. 121 ff.
SCHNYDER BERNHARD	Die FFE, in: ZöF 1975 S. 113 ff. und 129 ff.
– DERSELBE	Vormundschaftsrecht und Menschenrechte, in ZVW 27 S. 45
– DERSELBE	Die FFE, Grundzüge der neuen bundesrechtlichen Regelung, in: ZVW 34 S. 19 ff.
– DERSELBE	Die FFE als Teil des schweizerischen Vormundschaftsrechts, in: ZVW 35 S. 121 ff.
– DERSELBE	FFE – eine erste Bilanz, in: ZVW 40 S. 81 ff.
– DERSELBE	Vormundschaftsrecht, in: ZBJV 130 (1994) S. 164 ff.
– DERSELBE	Zehn Jahre «FFE» bei Erwachsenen in der Schweiz, in: Festschrift für H. Lange (Kohlhammer 1992) S. 939 ff.
– DERSELBE	Die Wirksamkeit der Patientenrechte im Bereich der unfreiwilligen psychiatrischen Einweisung: Versuch einer Bilanz, in: Borghi Marco, Die soziopsychiatrische Gesetzgebung. Eine Bilanz, Freiburg 1992, S. 251 ff.
– DERSELBE und MURER ERWIN	Berner Kommentar zum Zivilgesetzbuch (Art. 360–397), Bern 1984
SCHÜRMANN FRANK	Die Gesetzgebung über die FFE in ihrer praktischen Anwendung im Lichte von Art. 5 EMRK, in: Borghi Marco, Die soziopsychiatrische Gesetzgebung. Eine Bilanz, Freiburg 1992
SCHWARZENBACH HANS-RUDOLF	Grundriss des allgemeinen Verwaltungsrechts, 8. A., Bern 1980
SEEGER THOMAS	Die fürsorgerische Freiheitsentziehung, in: ZöF 1980 S. 52 ff. und 73 ff.
SIEHR KURT	IPRG-Kommentar (Art. 85), Zürich 1993
SONTHEIMER G.	Die Gruppenarbeit in einer Heilstätte für alkoholkranke Männer, in: ZöF 1971 S.1 ff. und 17 ff.
Sozialamt der Stadt Zürich	Forschungsstelle der Fachstelle für Drogen- und Obdachlosenhilfe/Suchtfragen, DIE DROGENSZENE ZÜRICH, Kurzbericht, Juli 1991
SPIRIG EUGEN	Die Geistesstörungen im Schweizerischen Zivilgesetzbuch, Diss., Zürich 1962, zit. «Geistesstörungen»
– DERSELBE	Zum psychiatrischen Gerichtsgutachten, in: ZSR NF 109 S. 415 ff.
– DERSELBE	FFE und Drogensucht im Kt. Zürich, in: SJZ 90 S. 321 ff.
– DERSELBE	in: Die FFE gemäss Art. 397a–f ZGB im Rahmen der dezentralen Drogenhilfe im Kt. Zürich, Veranstaltungsreihe des Gemeindepräsidentenverbandes: Was sollen die Gemeinden im Drogenbereich tun?, 26. November 1993, zit. «Spirig/Seminar»

SPÜHLER KARL	Die Voraussetzungen der fürsorgerischen Freiheitsentziehung bei Drogensüchtigen, in: ZBl 1983 S. 49 ff.
– DERSELBE	Aus der Praxis des Bundesgerichts zur fürsorgerischen Freiheitsentziehung, in: ZBl 1992 S. 212 ff.
– DERSELBE	FFE und Drogensucht im Kt. Zürich. Einige Gegenbemerkungen (zu SJZ 90 S. 321 ff.), in: SJZ 91 S. 71 ff.
STADELHOFEN DE M./SCHMIDT C.	Droits des handicapés mentaux (Guide juridique), Genève 1981
STOPPA ATTILIO	in: Die FFE gemäss Art. 397a–f ZGB im Rahmen der dezentralen Drogenhilfe im Kt. Zürich, Veranstaltungsreihe des Gemeindepräsidentenverbandes: Was sollen die Gemeinden im Drogenbereich tun?, 26. November 1993, zit. «Stoppa/Seminar»
STRÄULI/MESSMER	Kommentar zur Zürcherischen Zivilprozessordnung, 2. A., Zürich 1982
STURM GUDRUN	Vormundschaftliche Hilfen für Betagte in Deutschland und in der Schweiz, Diss., Freiburg i.Ue. 1992
SUHR BRUNNER CHRISTINA	FFE und Suchterkrankungen, insbesondere Drogensucht, Diss., Zürich 1994
THOMMEN DIETER	Die Behandlung Drogenabhängiger – Alternativen zur traditionellen juristischen Sicht des Drogenproblems, Diss., Bern 1984
TUOR PETER/SCHNYDER BERNHARD/ SCHMID JÖRG	Das Schweizerische Zivilgesetzbuch, 11. A., Zürich 1995
UCHTENHAGEN AMBROS	Zwangseinweisung in der Psychiatrie. Rechtliche und praktische Gegebenheiten, in: Zwangseinweisung in der Psychiatrie, Bern 1982
– DERSELBE	Erkenntnisse aus eigenen Behandlungsansätzen und Behandlungserfahrungen, in: Drogenpolitik wohin?, Bern 1991, S. 221
– DERSELBE	Suchtrisiko und Suchtbehandlung in der Schweiz: Veränderungen und regionale Unterschiede, in: Drogenpolitik wohin? Bern 1991, S. 201
ULRICH W.	Stationäre Einrichtungen in der Drogenhilfe, Bundesamt für Gesundheitswesen, Bern 1993
VILLIGER MARK E.	Handbuch der Europäischen Menschenrechtskonvention, unter besonderer Berücksichtigung der schweizerischen Rechtslage, Zürich 1993
WALTI HANSPETER	Isolierung und Zwangsinjektion in der Psychiatrischen Klink, Diss. med., Zürich 1988
WEBER PIERRE-CHRISTIAN	Bruit et internement psychiatrique, in: SJ 1991 S. 473 ff.
WETTSTEIN ALBERT	Ethische Überlegungen zur Betreuung von Drogenabhängigen im Herbst 1993 in Zürich, Zürich 1994
WILDHABER LUZIUS	Erfahrungen mit der EMRK, in: ZSR 98 S. 229 ff./ 283 ff.

WOGGON BRIGITTE — Psychopharmaka-Merkblätter, Version 1991, Psych. Universitätsklinik Zürich, Zürich 1991

ZAPPELLI PIERRE — Toxicomanes et détention préventive, in SJZ 76 S. 275 ff.

– DERSELBE — Der rechtliche Beitrag im Kampf gegen den Drogenmissbrauch, in: ZöF 1978 S. 178 ff.

ZBINDEN KARL — Zur Reform der administrativen Zwangsversorgung von Gewohnheitsverbrechern, Liederlichen und Arbeitsscheuen, in: SJZ 38 S. 337 ff.

2. Ausländische Literatur

BAER ROLF/HANS-GEORG HARTUNG/ MARIE-LOUISE HARTUNG/ HANS-JÜRGEN LUDERER/ GERHARD OTT — Psychiatrie für Juristen, München/Stuttgart 1988, zit. «Baer/Hartung ff.»

BÜHRINGER GERHARD/HERBST KLAUS/ KAPLAN CHARLES/PLATT JÉRÔME — Die Ausübung von justitiellem Zwang bei der Behandlung von Drogenabhängigen, in: Therapieverläufe bei Drogenabhängigen, Berlin und Heidelberg 1989, S. 43 ff.

CIOMPI L./HEIMANN H. — Psychiatrie am Scheideweg. «Was bleibt? Was kommt?», Sonderdruck, Berlin/Heidelberg 1991

COEPPICUS ROLF — Durchführung und Inhalt der Anhörung in Betreuungs- und Unterbringungssachen, in: FamRZ 1991 S. 892 ff.

– DERSELBE — Die Betreuung mit dem Aufgabenkreis der Aufenthaltsbestimmung, das Selbstbestimmungsrecht der Betroffenen und ihr Wohl (BRD), in: FamRZ 1992 S. 741 ff.

DELPÉRÉE NICOLE — Protection juridique des personnes âgées présentant des troubles du comportement, in: Revue belge de sécurité sociale, 1988

DEUTSCH ERWIN — Das Persönlichkeitsrecht des Patienten, in: AcP 192 (1992) S. 162 ff.

ELKMEIER GISBERT/LODEMANN ERNST/ PIEPER LUDGER/GASTPAR MARKUS — Cannabiskonsum und Verlauf schizophrener Psychosen, in: Sucht 37, Geesthacht 1991

EISENBURG JOSEF — Süchtiges Verhalten als Krankheitsursache, in: Sucht – Massenphänomen als Alarmsignal, Düsseldorf 1988

FEIL E. — Unterbringungsgesetz (samt einschlägigen Rechtsvorschriften), Eisenstadt 1991

FEUERLEIN WILHELM — Alkoholismus – Missbrauch und Abhängigkeit, 3. A., Stuttgart 1984

– DERSELBE und BÜHRINGER GERHARD/WILLE ROLF — Therapieverläufe bei Drogenabhängigen, Berlin und Heidelberg 1989

Finzen Asmus	Hospitalisierungsschäden in psychiatrischen Krankenhäusern, München 1974
– derselbe	FFE und Zwangsmedikation, in: Die soziopsychiatrische Gesetzgebung. Eine Bilanz, Freiburg 1992
Frick-Moccetti Heidi	Die Voraussetzungen der fürsorgerischen Versorgung psychisch gestörter Personen im schweizerischen Recht und die «Standards» des «Civil Committment of the mentally Ill» in den USA, unter besonderer Berücksichtigung der Regelung im Staate Minnesota, Diss., Basel 1977
Frowein Jochen/Peukert Wolfgang	EMRK-Kommentar, Kehl/Strasbourg/Arlington 1985
Glaeske Gerd	Arzneimittelstatistik 1990, in: Jahrbuch Sucht 92, Geesthacht 1991
– derselbe	Beruhigungs- und Schlafmittel, in: Drogen und Drogenpolitik, Frankfurt a.M. 1989
Göppinger Horst	Betrachtungen zur Unterbringung psychisch Kranker, Fürsorge, Heilbehandlung, Zwangsbehandlung, Behandlungspflegschaft, in: FamRZ 1980 S. 856 ff. (Landesrechte)
Gunkelmann Marina	Kokain: Die Substanz und ihre Wirksamkeit, in: Drogen und Drogenpolitik, Frankfurt a.M. 1989, S. 354 ff.
Guradze Heinz	Die europäische Konvention zum Schutze der Menschenrechte und Grundfreiheiten, Berlin und Frankfurt a.M. 1968
Hackenthal Eberhard	Schmerz und Schmerzmittel, in: Drogen und Drogenpolitik, Frankfurt a.M. 1989, S. 196 ff.
Hartmann K.	Theoretische und empirische Beiträge zur Verwahrlosungsforschung, Berlin/Heidelberg/New York 1970
Hoggett Brenda	Mental Health Law, 3rd Ed., London 1990
Katholnigg Oskar	Ist die Entkriminalisierung von Betäubungsmittelkonsumenten mit scharfen Massnahmen zur Eindämmung der Betäubungsmittelnachfrage vereinbar? Sonderdruck aus Goltdammer's Archiv für Strafrecht, Heidelberg 1990
Keup Wolfram	Eignung für Methadon-Erhaltungsprogramme in einer Zufallsstichprobe von Drogenabhängigen, in: Suchtgefahren 36, Geesthacht 1990
Kielholz Paul/Ladewig Dieter	Die Drogenabhängigkeit des modernen Menschen, München 1972
Kopetzki Christian	Das neue österreichische Unterbringungsgesetz, in: Recht & Psychiatrie 2/91
– derselbe	Unterbringungsgesetz, Eine systematische Darstellung des Bundesgesetzes über die Unterbringung psychisch Kranker in Krankenanstalten, in: Verein für Sachwalterschaft, Nachrichten aus dem Rechtsreferat, Wien 1991

LADEWIG DIETER	Gibt es eine Lehrmeinung für die Therapie von Drogenabhängigen, in: Therapieverläufe bei Drogenabhängigen – kann es eine Lehrmeinung geben?, Berlin und Heidelberg 1989
– DERSELBE und HOBI VIKTOR/ DUBACHER HEINRICH/ FAUST VOLKER	Drogen unter uns. Medizinische, psychologische, soziale und juristische Aspekte des Drogenproblems unter Berücksichtigung des Alkohol- und Tabakkonsums, 4. A., Basel/München/Paris/London/New York/Tokyo/Sydney 1983
LEHMANN JOCHEN	Wartezeiten therapiemotivierter Drogenabhängiger auf einen Therapieplatz, in: Sucht 1, Geesthacht 1991
MARX HARTWIG	Methadon-Praxis in Europa, Weinheim 1987
NETTE ANGELIKA	Information und Beratung für medikamentenabhängige Frauen und Männer, in: Jahrbuch Sucht 92, Geesthacht 1991
PALANDT	Kommentar zum BGB, 54. A., München 1995
PIETSCHMANN MANFRED/ STEPHAN THOMAS	Clean durch Zucht und Ordnung, in: GEO-Wissen, Sucht und Rausch, in: GEO Nr. 3 vom 3. September 1990, Hamburg, S. 154 ff.
POSER WALTER	Klinik der Medikamentenabhängigkeit, in: Psychiatrie der Gegenwart 3: Abhängigkeit und Sucht, Berlin und Heidelberg 1987
PREIHERR CHRISTINE	Ersatz des Ersatzes: Methadon, in: Sucht geht uns alle an, Karlsruhe 1991
QUENSEL STEPHAN	Wirkungen und Risiken des Cannabisgebrauchs, in: Drogen und Drogenpolitik, Frankfurt a.M. 1989, S. 379 ff.
RENN HARALD	Prävention – Organisatorische und evaluative Aspekte, in: Psychiatrie der Gegenwart 3: Abhängigkeit und Sucht, Berlin und Heidelberg 1987
RICHTER GUDRUN	Alkoholabhängigkeit – ein Eisbergphänomen, in: Sucht 3, Geesthacht 1991
SCHEERER SEBASTIAN	Cannabis – Herkunft und Verbreitung, in: Drogen und Drogenpolitik, Frankfurt a.M. 1989
– DERSELBE und VOGT IRMGARD	Drogen und Drogenpolitik, Frankfurt a.M. 1989
SCHNEIDER WOLFGANG	Das deutsche Abstinenzparadigma am Scheideweg, in: Drogalkohol, Lausanne 1989
SCHORN H.	Die Europäische Konvention zum Schutze der Menschenrechte und Grundfreiheiten und ihr Zusatzprotokoll in Einwirkung auf das deutsche Recht, Frankfurt 1965
SCHREIBER LOTHAR HANS	Die medikamentöse Versorgung als Heilbehandlung gemäss § 1904 BGB n.F. im zukünftigen Betreuungsgesetz, in: FamRZ 1991 S. 1014 ff.
SCHWENDTNER ROLF	Drogenabhängigkeit und Drogenkultur, Wien 1992
SCULL ANDREW T.	Die Anstalten öffnen?, New Jersey 1977 (engl.) und Frankfurt a.M./New York 1980 (deutsch)

SELLING PETER	Zur Geschichte des Umganges mit Opiaten, in: Drogen und Drogenpolitik, Frankfurt a.M. 1989, S. 275 ff.
SMART REGINALD	Verfügbarkeits- und Abhängigkeitstheorie für den Missbrauch illegaler Substanzen, in: Drogenabhängigkeit – Ursachen und Verlaufsformen, Basel und Weinheim 1983
SOERGEL/DAMRAU	Kommentar zum BGB, 12. A., Erg.-Bd., Stuttgart 1993
Spektrum der deutschen Gesellschaft für Psychiatrie und Nervenheilkunde	Psychiatrische/psychosomatische Konsiliardienste am Allgemeinkrankenhaus: Fragen von Angehörigen psychisch Kranker, Bd. 4/1991 S. 157 ff.
TÄSCHNER KARL LUDWIG	Klinik der Rauschdrogen, in: Psychiatrie der Gegenwart 3: Abhängigkeit und Sucht, Berlin und Heidelberg 1987
THAMM BERNDT GEORG	Drogen – legal – illegal, Hilden/Rheinland 1991
THOMASIUS RAINER	Drogenkonsum und Abhängigkeit bei Kindern und Jugendlichen. Ein Überblick zum Forschungsstand, in: Sucht 37, Geesthacht 1991, S. 4 ff., zit. «Drogenkonsum»
– DERSELBE	Missbrauch flüchtiger Substanzen, in: Jahrbuch Sucht 92, Berlin und Heidelberg 1987, S. 443 ff.
VOGT IRMGARD	Die Neuroleptika und die Antidepressiva, in: Drogen und Drogenpolitik, Frankfurt a.M. 1989, S. 251 ff.
VON BÜLOW ALBRECHT/HEIDHAUS HERBERT/KRISCHE MATTHIAS/ KRÖGER STEFAN	Methadon – Grundlagen, Erfahrungen und Probleme medikamentengestützter Drogentherapie, München und Wien 1991
VORMANN GERNOT	Klinischer Entzug, in: Drogentherapie in der Praxis, Basel und Weinheim 1991, S. 17 ff.
WAGNER BERND	Psychiatrische Zwangsbehandlung und rechtfertigender Notstand, in: Recht & Psychiatrie 4/90, Bonn
WALLER HEIKO	Zwangseinweisung in der Psychiatrie: Zur Situation in der Bundesrepublik Deutschland, in Österreich und der Schweiz, Bern/Stuttgart/Wien 1982
Weltgesundheitsorganisation	Internationale Klassifikation psychischer Störungen, Bern/Göttingen/Toronto
ZIMMER-HÖFLER DAGMAR/ UCHTENHAGEN AMBROS/ FUCHS WERNER	Methadon im Prüfstand, in: Therapieverläufe bei Drogenabhängigen – kann es eine Lehrmeinung geben?, Berlin und Heidelberg 1989
ZIMMERMANN WALTER	Das neue Verfahren in Unterbringungssachen, in: FamRZ 1990 S. 1308 ff.

Zitierweise

a) Werke und Kommentare, die im vorstehenden allgemeinen Literaturverzeichnis oder in Literaturhinweisen aufgeführt sind, werden mit dem Namen des Verfassers allein oder mit weiteren Angaben zitiert, in einer Zeitschrift erschienene unter deren üblicher Zitierweise. Medizinische Dissertationen sind als solche gekennzeichnet; im übrigen handelt es sich um juristische Doktorarbeiten.

b) Werke, welche nicht im Literaturverzeichnis aufgeführt sind, werden mit dem Namen des Verfassers, dem Titel und dem Erscheinungsort und -jahr zitiert.

c) Ohne nähere Angabe zitierte Gesetzesartikel sind solche des ZGB. Verweisungen auf Noten beziehen sich, wo kein Verfasser angegeben ist, auf solche dieses Kommentars.

d) Der vorliegende Teilband II/3a der 3. Auflage soll von den Benützern zitiert werden: «Spirig».

Sechster Abschnitt:
Die fürsorgerische Freiheitsentziehung

Chapitre sixième:
De la privation de liberté à des fins d'assistance

Capo sesto:
Della privazione della libertà a scopo d'assistenza

Vorbemerkungen zu Art. 397a–f

Inhaltsübersicht

Note

A. Historisches 1

B. Systematik 12

C. Sprachliches 21

D. Begriffliches 25

E. Fürsorgerische Freiheitsentziehung ausserhalb 3. Abteilung / 6. Abschnitt des ZGB 35

I. EMRK 35

II. ZGB 36

III. Betäubungsmittelgesetz 40

IV. Organisationsgesetz 45

V. FFE und IVG 46

F. Abgrenzung 47

G. IPR und Rechtsvergleichung 57

I. IPR 57

II. Rechtsvergleichung 59

H. Intertemporales Recht 69

A. Historisches

1 Das kantonale öffentliche Recht kannte die Anstaltsunterbringung, soweit nicht eine – hier nicht in Betracht gezogene (StenBull NR 1978 S. 746) – strafprozessuale Haft zufolge Delinquenz vorgesehen war, von alters her im *Armenwesen* – u.a. wegen Trunksucht – und in den meisten Kantonen auch selbständig als *administrative Versorgung* (Egger

N 14 zu Art. 406 aZGB, TUOR/SCHNYDER/SCHMID S. 403, SUHR BRUNNER S. 2 ff., ZR 93 Nr. 81 Erw. V/1) sowie im *Gesundheitsgesetz* bei psychischer Krankheit (BBl 1977 III 8/9). Dass in einigen Kantonen eine Person aus bestimmten Gründen versorgt werden konnte, in anderen aber nicht, erschien als unerträglicher Widerspruch (StenBull StR 1978 S. 40). Vielfältig waren die kantonalen Rechtsmittelinstanzen (BBl 1977 III 11). – Zur historischen Entwicklung geben BOSSART (S. 10 ff.) und SUHR BRUNNER (S. 2 ff.) prägnante Darstellungen, wie auch zur kantonalen Gesetzgebung in diesem Bereich (BOSSART S. XIX–XXIII, vgl. BBl 1977 III 13 ff.).

2 Das *frühere* (schweizerische) *ZGB* vom 10. Dezember 1907 regelte die Fremdplazierung Unmündiger in Art. 284, diejenige Bevormundeter in Art. 406. Die Revision des Kindesrechts von 1976, in Kraft gesetzt auf den 1. Januar 1978, betraf Art. 284 und 310 aZGB (AS 1977 I 237), während das Vormundschaftsrecht in Art. 421 Ziff. 13 aZGB bis 1980 die Zustimmung der Vormundschaftsbehörde zur Unterbringung eines Bevormundeten in einer Erziehungs-, Versorgungs- oder Heilanstalt gemäss Art. 406 aZGB vorsah (vgl. KAUFMANN N 16 ff. zu Art. 406 aZGB). Dies führte zu unverhältnismässigen Eingriffen, da der nicht bevormundete Erwachsene entmündigt werden musste, damit er in eine Anstalt eingewiesen und dort längere Zeit zurückbehalten werden konnte (vgl. SUHR BRUNNER S. 2).

3 Die *administrative Versorgung* hat z.B. der Kanton Zürich noch im Jahre 1925 für Liederliche und Arbeitsscheue sowie Gewohnheitstrinker gesetzlich geregelt (§§ 5, 8, 11 und 14 lit. c Gesetz über die Versorgung von Jugendlichen, Verwahrlosten und Gewohnheitstrinkern vom 24. Mai 1925; ZG 1961 3 S. 807 ff. und 41 S. 189 ff.). Darauf verwies auch die auf § 3 des Gesetzes betreffend die kantonalen Kranken- und Versorgungsanstalten vom 29. November 1874 (OS 18, 44) beruhende Verordnung des Regierungsrates vom 13. Oktober 1960 über die kantonalen Heilanstalten Burghölzli und Rheinau (§ 5 lit. a), in welcher daneben auch die Voraussetzungen für die zwangsweise Aufnahme von psychisch Kranken geordnet wurden (§ 4 lit. a, ZG 1961 4 S. 651 ff.). Sodann sah das Gesetz über die Armenfürsorge vom 23. Oktober 1927, welches u.a. auch «dem Trunke ergebene Unterstützte» betraf (§ 26 Abs. 2), eine Anstaltsversorgung vor (§ 31 Abs. 1 Satz 2; ZG 1961 3 S. 704/705). Weiterzug an ein Gericht war nur in Form der staatsrechtlichen Beschwerde an das Bundesgericht möglich (§ 45 lit. a Satz 2 VRG-ZH, RIEMER S. 47 N 4/5, BGE 100 Ib 115).

Zürich hatte z.B. seit 1962 eine Psychiatrische Rekurskommission vorgesehen (§§ 49 und 50 Gesundheitsgesetz vom 4. November 1962, ZG 41 S. 302), über deren Arbeit von 1962–1974 Ausfeld-Hafter einen guten Überblick gibt, insbesondere über die einzigen drei gutgeheissenen von 38 materiell behandelten Rekursen (S. 55 und 68–72). 4

Die Schweiz hat am 28. November 1974 die Europäische Konvention zum Schutz der Menschenrechte (= EMRK) vom 4. November 1950, welche nach der Ratifizierung durch zehn Staaten am 3. September 1953 in Kraft getreten war (Frowein/Peukert N 1 und 2 der Einführung, vgl. EuGRZ 1994 S. 339 rev. Text), ihrerseits mit sofortiger Wirkung ratifiziert (SR 0.101 S. 1 und 21). Diese bedeutete sozusagen einen europäischen Mindestmassstab auf dem Gebiet der Menschenrechte (Riemer S. 149 N 8, StenBull NR 1978 S. 752; zu den Gründen und der Entwicklung des Beitritts s. Suhr Brunner S. 7/8). 5

In Art. 5 EMRK sind in erschöpfender Weise die Voraussetzungen, unter welchen eine Freiheitsentziehung zulässig ist, und die dem Verhafteten (N 12 Vorbem. zu Art. 397a–f ZGB) zustehenden Rechte festgelegt (Frowein/Peukert N 1 zu Art. 5 EMRK, Riemer S. 148 N 7). Die Schweiz brachte zu Art. 5 EMRK einen – *ungültigen* (Brändle S. 92) – *Vorbehalt* an, da einerseits verschiedene Kantone weitere Gründe für die Freiheitsentziehung vorsahen und anderseits die staatsrechtliche Beschwerde kein ordentliches Rechtsmittel ist und damit keine richterliche Überprüfung i.S. der EMRK vorlag (BBl 1974 I 1043 ff., StenBull NR 1978 S. 746, Riemer S. 148 N 7 und Zit., Schnyder/Murer ST N 94; vgl. Überblick über die Rechtsprechung der EMRK-Organe, Stand 1981, in: ZVW 36 S. 41 ff.). 6

Gemäss Art. 60 EMRK gilt auch das Günstigkeitsprinzip, d.h., dass die nationalen oder internationalen Bestimmungen, welche dem Betroffenen den besten Schutz gewähren, Priorität geniessen (ZVW 36 S. 48, dazu: Wildhaber S. 292 ff.). 7

Aufgrund der EMRK wurde mit BG vom 6. Oktober 1978 u.a. – als im Lichte der *Zivilrechtskompetenz* (Art. 64 Abs. 3 BV) gerade noch zulässiger Grenzfall (Schnyder in: Festschrift für Hermann Lange, S. 942, StenBull 1978 StR S. 37, NR S. 745) – das ZGB geändert, indem die 3. Abt. des Familienrechts um den 6. Abschn., die Art. 397a–f unter dem Titel der fürsorgerischen Freiheitsentziehung (= FFE), ergänzt und die Art. 406 und 421 Ziff. 13 aZGB aufgehoben wurden (AS 1980 I 31, 8

TUOR/SCHNYDER/SCHMID S. 403). Diese Bestimmungen sind seit dem 1. Januar 1981 in Kraft (AS 1980 I S. 35). Der seinerzeit erklärte *Vorbehalt* (N 6 Vorbem. zu Art. 397a–f ZGB) zu Art. 5 EMRK wurde mit Bundesratsbeschluss vom 13. Januar 1982 mit Wirkung ab 1. Januar 1982 *zurückgezogen* (AS 1982 S. 292, SCHNYDER/MURER ST N 94).

9 Im Kt. Zürich war aufgrund dessen ab 1981 die *Psychiatrische Gerichtskommission* zum Entscheid berufen, wenn immer gerichtliche Beurteilung einer Einweisung oder einer Zurückbehaltung verlangt wurde (§ 117i und k aEG-ZGB-ZH). Ab Mitte 1990, als aufgrund von *BGE 115 II 130 Erw. 5 die Anhörung durch die entscheidende Kommission*, nicht nur durch den ärztlichen Referenten, verlangt wurde, stieg die Zahl der Entlassungen auf 42–66% der materiell entschiedenen Gesuche, wobei die Spitze 1991 erreicht und 1993 fast wieder der tiefste Stand von 42% des zweiten Halbjahres 1990 zu vermerken war, während die Entlassungen im Jahre 1994 wieder auf rund 49% anstiegen (Geschäftsberichte PGK-ZH für die Jahre 1990–94).

10 Mit der Revision im Jahre 1995 dezentralisierte der Kt. Zürich die Organisation und betraute seine Einzelrichter in erster und das Obergericht in zweiter Instanz mit den inzwischen gegenüber 1990 auf rund das Doppelte angestiegenen Fällen (§§ 22a rev. GVG-ZH und 259 Ziff. 2 rev. ZPO-ZH, Geschäftsberichte PGK-ZH 1994/95).

11 Zur Überprüfung der «Haft» in regelmässigen Abständen s. N 383 zu Art. 397a ZGB).

B. Systematik

12 FFE durch die Vormundschaftsbehörde (Art. 397b Abs. 1 ZGB) oder bei psychisch Kranken durch eine kantonal bezeichnete Stelle (Art. 397b Abs. 2 ZGB) stellt einen Eingriff in die Rechtssphäre des Eingewiesenen dar (N 29 Vorbem. zu Art 397a–f ZGB). Die Regelung in diesem Gesetz macht sie – als *formelles Privatrecht* (BGE 96 I 408) – nicht notwendig zu einer (materiell) privatrechtlichen (vgl. IMBODEN/RHINOW S. 5).

Die Regelung im heutigen *Zivilrecht* ist einerseits *historisch* mit dem Standort der bisherigen Gesetzesbestimmung (Art. 406 aZGB) zu *erklären*, anderseits damit, dass nach wie vor ein enger Zusammenhang mit den Zwangsmassnahmen des Vormundschaftsrechts besteht; die entzogene Bewegungsfreiheit steht neben der mindestens in beschränktem Umfang anzuordnenden Handlungsfähigkeit (Art. 410–413 ZGB). 13

Der Anschein, dass in diesem 6. Abschn. des 10. Tit. die in der Überschrift erwähnte FFE umfassend *geregelt sei, trügt, ist doch folgende Streuung in ZGB und Nebenstrafgesetzgebung* zu beachten: 14

- Im 3. Abschn. des 8. Tit. (elterliche Gewalt) Art. 314a ZGB,
- im 1. Abschn. des 11. Tit. (Führung der Vormundschaft) Art. 405a ZGB und 406 Abs. 2 ZGB,
- im 4. Abschn. des 11. Tit. Art. 429a ZGB,
- Art. 15b BetmG,

welche Bestimmungen alle die FFE beschlagen.

Abgesehen von dem die Voraussetzungen der FFE beinhaltenden Art. 397a ZGB enthält das Gesetz in der Folge *bundesrechtliche Verfahrensbestimmungen* (vgl. N 62 und 65 Vorbem. zu Art. 397a–f ZGB) über 15

- Zuständigkeit (Art. 397b),
- Meldepflicht (Art. 397c),
- gerichtliche Beurteilung (Art. 397d),
- Klagefrist (Art. 397d),
- Begründung des Entscheids (Art. 397e Ziff. 1),
- Rechtsmittelbelehrung (Art. 397e Ziff. 1/2),
- Weiterleitung eines Begehrens um gerichtliche Beurteilung (Art. 397e Ziff. 3),
- aufschiebende Wirkung (Art. 397e Ziff. 4),
- Beweisbeschaffung (Art. 397e Ziff. 5),
- Verfahrensdauer und -art (Art. 397f Abs. 1),
- Rechtsbeistand (Art. 397f Abs. 2) und
- Einvernahme (Art. 397f Abs. 3).

Dieser Eingriff wurde bei der FFE, wo materielles und Verfahrensrecht aufs engste miteinander verbunden seien, bedeutsamer als in anderen Bereichen des ZGB betrachtet und auf das geltende, mit vielen Verfahrensnormen durchsetzte Vormundschaftsrecht verwiesen (BBl 1977 III 19). 16

17 Soweit diese Anforderungen an das kantonale Verfahren nicht schon aus der EMRK fliessen (N 3, 4 Vorbem. zu Art. 397b–f ZGB) und eher im ohnehin damals ergänzten *Organisationsgesetz* (Art. 44 lit. f OG) einen sinnvollen Standort gefunden hätten (vgl. Art. 51 OG), wäre auch entsprechend dem Aufgabenkatalog des Vormunds (Art. 405/406 ZGB) an die Ersetzung bzw. Erweiterung desjenigen der Vormundschaftsbehörde (Art. 421 Ziff. 13) zu denken gewesen.

18 Zur Frage einer zweckmässigen bundesrechtlichen Zuständigkeitsregelung für den Gerichtsentscheid über die FFE s. N 51 zu Art. 397f ZGB und N 10 Schlussbem.

19 Für die grundrechtskonforme *Betreuung* des Betroffenen in der Anstalt wirft diese Rahmengesetzgebung explizit nichts und implizit nur wenig Geklärtes ab (SCHNYDER in: Festschrift für H. Lange, S. 954; vgl. N 202 ff. zu Art. 397a ZGB).

20 Art. 5 Ziff. 1 lit. e EMRK erklärt vorab auch den Freiheitsentzug zufolge *ansteckender Krankheit* als zulässig (vgl. BBl 1977 III 17, StenBull NR 1978 S. 746). Ein Verweis im ZGB auf die Absonderung gemäss Art. 16 Epidemiengesetz vom 18. Dezember 1970 (SR 818.101) hätte einer übersichtlichen Gesetzestechnik wohl kaum entsprochen und wäre eher bei einer Regelung im OG angängig (N 17 Vorbem. zu Art. 397a–f ZGB). Bei Berücksichtigung des auch hier erforderlichen Rechtsschutzes im Rahmen der Verfahrensbestimmungen hätte dessen Vernachlässigung (MÜLLER MARKUS S. 131/341) leicht vermieden werden können. Im Kt. Zürich wurde z.B. erst im Jahre 1994 aufgrund von Schwierigkeiten in Zusammenhang mit im Vorjahr verfügten Zwangsmassnahmen bei neu aufgetretenen Tbc-Erkrankungen (N 45 zu Art. 397d ZGB) die Regelung des Rechtsmittelverfahrens in Angriff genommen.

C. Sprachliches

21 Mit der *Terminologie* tat man sich schon in den Materialien schwer (BBl 1977 III 21, StenBull NR 1978 S. 746/754). Der gewählte umständliche, weil zu lange Begriff der fürsorgerischen Freiheitsentziehung führte in der Folge zum allgemein üblichen – wenn auch unschönen – Kürzel

«FFE», welches daher auch hier verwendet werden muss. Mit dem kürzeren Worte «Freiheitsentzug» wäre nicht viel gewonnen; «Fürsorgehaft» bzw., bundesdeutsch klingend, «Sorgehaft» enthielten wie auch Internierung (vgl. RIEMER S. 149 N 8) einen gefühlsmässigen Widerspruch – Fürsorge und (im Anklang: straf- bzw. kriegsrechtliche) Haft – in sich selbst, entsprächen aber der «Haft», wie in Art. 5 Ziff. 1 lit. e EMRK verwendet. Die dort auch erwähnte «Festnahme» erscheint sodann teils als Überbegriff (Art. 5 Ziff. 2 EMRK), teils als zur Haft in Gegensatz gebrachter Begriff (Art. 5 Ziff. 3 EMRK) und fällt daher – auch unter dem ungewohnten Begriff der «Sorgenahme» – ebenfalls ausser Betracht. «Betreuung in einer Anstalt» wurde in einer parlamentarischen Kommission vorgeschlagen, indessen verworfen (TUOR/SCHNYDER/SCHMID S. 405); die schwerfällige «Anstaltsbetreuung» kam offenbar auch nicht in Betracht.

Die Bezeichnung *«Anstalt»* stellt einen Oberbegriff dar, es hätte indessen die zusammen mit «Heim» ins Auge gefasste «Klinik» (BBl 1977 III 21/22) für die zur Hauptsache anfallenden Einweisungen besser gepasst. 22

Das ZGB bezeichnet den Einzuweisenden als Person (Art. 397a Abs. 1 und 2), als betroffene Person (Art. 397b Abs. 1) oder als psychisch Kranken (Art. 397e Ziff. 5), den Eingewiesenen als betroffene Person (Art. 397a Abs. 3, 397d Abs. 1, 397e Ziff. 1 und 397f Abs. 2 und 3 [i.V.m. Abs. 2]). 23

Hier ist die Rede vom *Betroffenen*, soweit nicht dessen spezifische Eigenschaft als Geisteskranker/-schwacher, Trunk-/Drogensüchtiger oder Verwahrloster hervorzuheben ist, vom *freiwillig Eingetretenen* und vom *Kläger*, wenn der Betroffene gerichtliche Beurteilung (Marginale lit. D bei Art. 397d ZGB) verlangt bzw. *Klage* einreicht, wobei die schwerfälligeren Bezeichnungen als Gesuchsteller und Beschwerdeführer vermieden werden. Sind gemäss den Geschäftsberichten der Jahre 1991–94 bei der PGK-ZH nur rund 43% der KlägerInnen Frauen gewesen, so mögen die Kläger entschuldigen, dass nur die männliche Form Verwendung findet.

In der bereinigten vierten Landessprache, dem Rätoromanischen – die Lia rumantscha in Chur besorgt die Übersetzung des Gesetzestextes (vgl. Anhang S. 213 f.) – ist nun «la privaziun da la libertad per motivs d'assistenza» vorgesehen; (zur Frage der kantonalen Anerkennung als Amtssprache s. BGE 83 III 56). 24

D. Begriffliches

25 Nach der Rechtsprechung der Kommission des Europäischen Gerichtshofs handelt es sich bei der FFE um eine «contestation sur des droits et obligations de *caractère civil*», wobei nicht entscheidend sei, dass das Gesetz von 1978 einen unter gewissen Gesichtspunkten gemischten Charakter («de droit civil et de droit public») aufweise (ZVW 36 S. 50 N 47/49–51 und Zit.).

26 Es fragt sich zunächst, welchem *Rechtsgebiet* die FFE angehört, ob dem öffentlich- oder dem privatrechtlichen, wobei es auch gemischter Natur sein kann (vgl. IMBODEN/RHINOW S. 16, N 1 Vorbem. zu Art. 397a–f ZGB). Der Zivilweg wird durch das kantonale Recht vom Verwaltungsweg abgegrenzt, einschliesslich der Klassifizierung der bundesrechtlichen Normen (BGE 96 I 99).

27 Welchem Rechtsgebiet eine Vorschrift angehört, ergibt sich in erster Linie aus ihrem positiv-rechtlichen Inhalt, ist mithin Auslegungsfrage. Dabei hält sich die Praxis vor allem an die *Interessentheorie*, d.h., dass danach dem öffentlichen Recht jene Vorschriften angehören, welche in erster Linie und wesentlich im öffentlichen Interesse erlassen wurden, während privatrechtlichen Charakters jene Regeln sind, welche primär der Wahrung privater Interessen dienen (IMBODEN/RHINOW S. 4 und 16, BGE 85 I 21).

28 Das Vormundschaftsrecht – unter welchem die FFE geregelt ist – bewegt sich im Grenzbereich des Privatrechts und öffentlichen Rechts (SCHNYDER/MURER ST N 81, StenBull StR 1978 S. 38, vgl. ZVW 36 S. 50: «caractère mixte»). Insoweit das Vormundschaftsrecht das Verhältnis zur öffentlichen Hand im Sinne eines übergeordneten Rechtssubjekts regelt, liegt *Verwaltungsrecht – bloss formelles Privat- und materielles öffentliches Recht* – vor (vgl. BGE 100 Ib 114, 96 I 408/09, 98 V 233, RIEMER S. 27 N 4).

29 Die *persönliche Freiheit*, deren Kern Bewegungsfreiheit und Anspruch auf körperliche Integrität bilden, ist ein ungeschriebenes, unverzichtbares und unverjährbares Grundrecht (BBl 1977 III 3, SCHWARZENBACH S. 86, BGE 101 Ia 345/46, 99 Ia 509) eines Menschen. Art. 397a ZGB setzt für die FFE persönliche Eigenschaften voraus, derentwegen persönliche Fürsorge in einer Anstalt benötigt wird (Abs. 1). Damit werden

zwar Voraussetzungen umschrieben, deren höchstpersönliche Natur nicht zu übersehen ist, indessen wird mit der Anstaltsunterbringung schwergewichtig das öffentliche Interesse daran, einer Person die Bewegungsfreiheit und sie der Öffentlichkeit zu *entziehen, klargestellt. Dasselbe gilt aufgrund einer Drittgefährdung* (N 341 ff. zu Art. 397a ZGB), während *Selbstgefährdung* auch in der jeweiligen Privatsphäre denkbar wäre, was indessen ein öffentliches Interesse daran, zu verhindern, dass die suizidale Absicht durch den im massgeblichen Zeitpunkt psychisch Kranken in die Tat umgesetzt wird, nicht ausschliesst. Generell handelt es sich bei der FFE um eine Kriseninterventionsbestimmung für meist kurzfristige Fälle (Prot. KR-ZH vom 3. Oktober 1994 S. 11538).

Zudem ist es von Bundesrechts wegen die Vormundschaftsbehörde 30 (Art. 397b Abs. 1 ZGB), zu welcher durch die Kantone oft eine Verwaltungsinstanz bestellt wurde; z.B. im Kt. Zürich der Gemeinderat der politischen Gemeinde oder eine Kommission desselben (§§ 73 Abs. 1 und 74 Abs. 1 EG-ZGB) oder eine durch Gemeindebeschluss bestellte Kommission (§ 74 Abs. 2 EG-ZGB-ZH), was häufig auch in anderen Kantonen geschehen ist (SCHNYDER/MURER ST N 263 vor Art. 360 ZGB).

Eine solche Vormundschaftsbehörde setzt mit der FFE einen *Verwal-* 31 *tungsakt.* Dieser stellt eine einseitige Willenserklärung dar, ein Produkt hoheitlicher materieller Verwaltung, einen Anwendungsakt von Verwaltungsrecht durch eine Verwaltungsbehörde (vgl. GIACOMETTI ZACHARIA, Allg. Lehren des rechtsstaatlichen Verwaltungsrechts, Zürich 1960, Bd. I S. 337/338), welche – individuell konkrete Norm – gegen den Willen des Bürgers erlassen und durchgesetzt wird (SCHWARZENBACH S. 105).

Zur Frage, inwieweit in diesem Lichte der Umstand, dass z.B. nach 32 zürcherischem Recht jeder Arzt gemäss § 117d Satz 1 rev. EG-ZGB-ZH zur Einweisung befugt ist, beurteilt werden muss und zur Aufnahme insbesondere in eine private Anstalt s. N 126 zu Art. 397a und N 98 zu Art. 397e ZGB.

Verwaltungsrechtliche Bestimmungen, formelles Privatrecht (BGE 96 33 I 406), finden sich denn auch in verschiedenen Bereichen des ZGB, so z.B. im Zivilstandswesen (Art. 39 ff., 105 ff. ZGB), im Vormundschafts- (Art. 360 ff. ZGB) und im Grundbuchrecht (Art. 942 ff. ZGB), ohne dass sie damit zu Privatrecht würden (N 28 Vorbem. zu Art. 397a–f ZGB).

34 § 117b Abs. 1 rev. EG-ZGB-ZH sieht subsidiär – nach ZGB und EG-ZGB-, GVG- und ZPO-ZH – die Geltung des *Verwaltungsrechtspflegegesetzes* vor.

E. Fürsorgerische Freiheitsentziehung ausserhalb 3. Abteilung / 6. Abschnitt des ZGB

I. FFE in der EMRK

35 *Da die EMRK mit der Ratifizierung landesrechtliche Wirkungen* entfaltete und mindestens die gleiche Bedeutung wie ein Bundesgesetz einnimmt (BGE 101 Ia 482, 101 II 69), sind Art. 5 Ziff. 1 lit. e und Ziff. 2–4 unmittelbar zu beachten.

II. FFE im ZGB

36 Art. 314a ZGB erklärt die Vorschriften über die gerichtliche Beurteilung und das Verfahren bei FFE gegenüber mündigen oder entmündigten Personen auf die *Unterbringung eines Kindes* durch eine Behörde in einer Anstalt für anwendbar. Die eigentlichen Voraussetzungen dafür sind in Art. 310 Abs. 1 und 2 ZGB geregelt (HEGNAUER, Grundriss des Kindesrechts, 4. A., Bern 1994, S. 194 N 27.36 ff., BGE 109 II 388 = JdT 1985 I S. 652, SGGVP 1990–37 S. 113, vgl. Art. 2 Ziff. 6 öPersFrG), die Gesetzesverweisung betrifft nur die Art. 397d–f mit den ausdrücklich angesprochenen Marginalien lit. D und E (HEGNAUER, a.a.O., S. 205 N 27.66).

37 Art. 405a Abs. 1 und 406 Abs. 2 ZGB sehen die FFE *gegenüber Unmündigen oder Entmündigten durch die Vormundschaftsbehörde* oder den *Vormund* vor. Art. 405a Abs. 2 ZGB verweist für die Unmündigen auf die Vorschriften über die Zuständigkeit, die gerichtliche Beurteilung und das Verfahren bei FFE gegenüber Mündigen oder Entmündigten, somit auf die Art. 397b und d–f ZGB. Dagegen sieht Art. 406 Abs. 2

ZGB beim mündigen Bevormundeten generell die Anwendung der Bestimmungen über die FFE (Art. 397a–f ZGB), liegt Gefahr im Verzug allein durch den Vormund – ohne Mitwirkung der Vormundschaftsbehörde (Riemer S. 85 N 152) – vor.

In dem der Verantwortlichkeit der vormundschaftlichen Organe gewidmeten 4. Abschn. des 11. Tit. regelt Art. 429a ZGB die Rechtsfolgen einer – im Gegensatz zu Art. 426 ZGB nicht schuldhaften, sondern – widerrechtlichen FFE (Abs. 1, BBl 1977 III 18, dazu BGE 118 II 254 ff. = Pra 82 Nr. 110) und bestimmt die Kantone als primär Haftende (Abs. 2, vgl. Art. 7 öPersFrG). Über diese *Kausalhaftung* (Riemer S. 150 N 10) ist ohne Vorprüfung seitens der Verwaltung durch den Richter zu entscheiden (Art. 430 ZGB). 38

Zu Art. 14a SchlTit ZGB s. N 69 Vorbem. zu Art. 397a–f ZGB. 39

III. FFE im Betäubungsmittelgesetz

Art. 15b aBetmG (SR 812.121) wurde zunächst anlässlich der *Revision vom 20. März 1975* eingefügt und sollte die Rechtsgrundlage für eine allenfalls notwendige Zwangshospitalisierung durch administrative Behörden schaffen (AS 1975 II S. 1220, BBl 1973 I 1365). Die Kompetenz dazu wurde den Kantonen eingeräumt (Art. 15b Abs. 1 aBetmG) und eine Beschwerdemöglichkeit an eine richterliche Instanz vorgeschrieben, sofern eine Verwaltungsbehörde die Hospitalisierung anordne (Art. 15b Abs. 2 aBetmG, BBl 1973 1376), dies bereits in Nachachtung von Art. 5 Abs. 4 EMRK (BBl 1973 1366). 40

Seit 1. Januar 1981 verweist Art. 15b Abs. 1 BetmG für die Hospitalisierung betäubungsmittelabhängiger Personen auf die Bestimmungen des ZGB über die FFE analog zur Regelung z.B. für Alkoholiker und völlig Verwahrloste (BBl 1977 III 48/62). 41

Den Kantonen wird in dem unglücklich formulierten und in der Botschaft auch nicht erläuterten (BBl 1977 III 47/48) Art. 15b Abs. 2 BetmG die «Befugnis *erteilt, eine ambulante Nachbehandlung oder Nachkontrolle* anzuordnen» (z.B. Art. 75e EG-ZGB-SG, Rapport VD S. 34; vgl. N 304 zu Art. 397a ZGB). Diese Bestimmung ist dahingehend auszulegen, dass 42 sie generell auf die Einrichtung von Behandlungs- und Kontrollinstanzen abzielt, während die der Hospitalisierung nachfolgenden Massnahmen im konkreten Einzelfall von den zuständigen Organen angeordnet werden müssen.

43 De lege ferenda s. N 11 Schlussbem.

44 In der, gestützt auf § 42a Gesundheitsgesetz vom 4. November 1962 (ZG 810.1) erlassenen zürcherischen *Patientenrechtsverordnung* vom 9. September 1991 (ZG 813.13) z.B. wurde unter dem Titel der Nachbehandlung keine entsprechende Pflicht des Patienten oder Befugnis der Klinikleitung zur Anordnung solcher Massnahmen festgehalten (§ 17).

IV. FFE im Organisationsgesetz

45 Zur *Berufung* an das Bundesgericht gemäss Art. 44 lit. f OG (BGE 118 II 249 ff.) s. N 62 zu Art. 397f ZGB, zur aufschiebenden Wirkung der Berufung Art. 54 Abs. 3 OG.

V. FFE und IVG

46 Grundsätzlich ist es nicht gerechtfertigt, den *IV-Rentenanspruch* während des Vollzuges einer FFE zu sistieren (Pra 82 Nr. 103 S. 410 = ZAK 1992 S. 483, vgl. ZVW 40 S. 112 zur Frage einer Zwangsvorführung zwecks Untersuchung).

F. Abgrenzung

Die FFE ist eine selbständige vormundschaftliche Massnahme neben der Entmündigung bzw. Bevormundung und auch der Beistandschaft (ZVW 35 S. 126). 47

Die *Zwangsbehandlung* für sich allein wird nicht unter dem Gesichtspunkt der FFE betrachtet (N 42 zu Art. 397d ZGB, anders: § 1906 Abs. 4 BGB). 48

Im Gegensatz zum früheren Recht bedarf es zur vormundschaftlichen Anstaltsunterbringung weder der Einleitung eines Entmündigungsverfahrens (Art. 386 ZGB) noch gar der *Entmündigung* selber (Art. 406 aZGB). Auf Entmündigung kann u.U. wegen der FFE verzichtet werden (SCHNYDER/MURER N 17 Vorbem. zu Art. 369–375 ZGB). – Denkbar ist, dass der Betroffene zwar nicht entmündigt, wohl aber verbeiständet oder verbeiratet ist (TUOR/SCHNYDER/SCHMID S. 404, ZöF 1984 S. 53). 49

Die Anstaltseinweisung fällt seit Inkrafttreten *der Regeln über die FFE nicht mehr unter die vorsorglichen Massnahmen* des Art. 386 Abs. 1 ZGB (RIEMER S. 82 N 140, ZVW 35 S. 128/29). 50

FFE ist von dem im *Strafgesetz* (Art. 49 StGB: Haft) und in den Strafprozessordnungen vorgesehenen Freiheitsentzug zu unterscheiden. Sie hat nichts mit Strafvollzug, polizeilicher Festnahme (z.B. § 54 StPO-ZH) oder Untersuchungshaft (z.B. § 58 StPO-ZH) zu tun, welche Delinquenz zur Voraussetzung haben und gegebenenfalls vorgehen; auf ein solches Gesuch ist nicht einzutreten (PGK-ZH Proz. Nr. KP940148/Beschluss vom 23. April 1994 i.S. G.U.). Insoweit medizinische Massnahmen notwendig sind, erfolgt sodann z.B. eine psychiatrische Begutachtung aufgrund strafprozessualer Anordnungen (vgl. § 70 Satz 2 StPO-ZH), oder der Strafrichter, welcher eine Massnahme ausspricht, stützt sich auf Art. 43/44 StGB. 51

Die Hospitalisierung *körperlich Kranker* kann nur unter dem Gesichtspunkt der Verwahrlosung (N 105 zu Art. 397a ZGB) zwangsweise erfolgen. Dementsprechend verweist z.B. die gestützt auf § 42a Gesundheitsgesetz vom 4. November 1962 (ZG 810.1) erlassene zürcherische Patientenrechtsverordnung vom 9. September 1991 (ZG 813.13) generell für die Zurückbehaltung des Patienten im Krankenhaus gegen seinen Willen auf besondere Bestimmungen (§ 7 Abs. 1) und sieht eine Entlassung des 52

Patienten gegen ärztlichen Rat vor (§ 7 Abs. 2). – Art. 490 Abs. 2 CCfr berücksichtigt die Verschlechterung der körperlichen Fähigkeiten nur, sofern sie daran hindert, den Willen zu erklären.

53 Eine der besonderen Bestimmungen, welche somatisch Kranke betrifft, stellt die *Absonderung* nach Art. 16 Epidemiengesetz vom 18. Dezember 1970 (SR 818.101, MÜLLER MARKUS S. 286 ff.) dar. Auch diese hat mit FFE nur insoweit zu tun, als sich das Rechtsmittelverfahren zweckmässigerweise analog gestalten lässt (N 20 Vorbem. zu Art. 397a–f ZGB). Art. 2 Ziff. 5 öPersFrG führt somatische und psychische Gründe für die FFE gemeinsam auf. – Auf ein Entlassungsgesuch eines Abgesonderten ist mangels sachlicher Zuständigkeit nicht einzutreten (PGK-ZH Proz. Nr. KP930364/Verfügung vom 15. November 1992 i.S. G.H. und Proz. Nr. KP940018/Verfügung vom 20. Januar 1994 i.S. S.B.)

54 Auch von der im BG über Aufenthalt und Niederlassung der *Ausländer* vom 26. März 1931 (= ANAG, SR 142.20) in Art. 14 Abs. 2 vorgesehenen Inhaftierung oder der in Art. 14a Abs. 1 erwähnten Internierung ist die FFE abzugrenzen.

55 Mit der Internierung gemäss Art. 41–43, 68 und 78 *des Genfer Abkommens über den Schutz von Zivilpersonen in Kriegszeiten* vom 12. August 1949/21. Oktober 1951 hat die FFE nichts als den Freiheitsentzug gemein.

56 Als *Freiheitsberaubung* im Sinne von Art. 183 Ziff. 1 StGB qualifizieren sich sowohl die Festnahme als auch das Gefangenhalten, welche nur dann strafbar sind, wenn sie unrechtmässig erfolgen. Die Berechtigung dazu ergibt sich u.a. daraus, dass die Voraussetzungen für die FFE gegeben sind und andauern (Art. 32 StGB). Die Begehung der Tat kann durch Private oder Behörden erfolgen, welchen allenfalls auch *Amtsmissbrauch* vorgeworfen werden könnte (Art. 312 StGB). Erschwerend fällt insbesondere eine Dauer des Freiheitsentzugs von über zehn Tagen ins Gewicht (Art. 184 al. 3 StGB).

G. IPR und Rechtsvergleichung

I. IPR

Art. 85 Abs. 1 IPRG verweist für die Minderjährigen *auf das Europäische Übereinkommen über die Zuständigkeit der Behörden und das anzuwendende Recht auf dem Gebiet des Schutzes Minderjähriger*, welches in Art. 9 für dringende Fälle u.a. vorsieht, dass die Behörden des Staates, in dessen Gebiet der Minderjährige sich befindet, die erforderlichen Schutzmassnahmen treffen (SR 0.211.231.01). Dieses Übereinkommen gilt sinngemäss für *Volljährige* oder für Personen, die nur nach schweizerischem Recht minderjährig sind, sowie für Personen, die ihren gewöhnlichen Aufenthalt nicht in einem der Vertragsstaaten haben (Art. 85 Abs. 2 IPRG). Schweizerische Gerichte oder Behörden sind ausserdem zuständig, wenn es für den Schutz einer Person unerlässlich ist (Art. 85 Abs. 3 IPRG). Damit ist eine umfassende Zuständigkeit unserer Behörden jeglicher Art für die Anordnung einer FFE für auf schweizerischem Gebiet befindliche Schutzbedürftige gegeben (SIEHR N 1 zu Art. 85 IPRG). 57

Der Vorbehalt *völkerrechtlicher Verträge* nach Art. 1 Abs. 3 IPRG bleibt zu beachten; zu denken ist zur Zeit an solche bezüglich der Vollstreckung von Schutzmassnahmen (SIEHR N 35 zu Art. 85 IPRG). 58

II. Rechtsvergleichung

Die Rechtsvergleichung erstreckt sich grundsätzlich auf im formellen Privat-, d.h. meist Vormundschaftsrecht, vorgesehenen Freiheitsentzug: 59

Freiheitsentziehende Massnahmen gegenüber psychisch Kranken oder geistig oder seelisch Behinderten können zwecks Untersuchung oder ärztlicher Behandlung, welche ohne die Unterbringung des Betreuten, deren Notwendigkeit dieser aufgrund seiner Beeinträchtigung nicht erkennen oder nicht nach dieser Einsicht handeln kann, seit 1. Januar 1992 im Rahmen vormundschaftlicher Anordnungen gemäss § 1906 *BGB* erfolgen 60 (vordem: § 1800 i.V.m. 1631b aBGB, vgl. Betreuungsgesetz vom 12. September 1990, in Kraft seit 1. Januar 1992; zu den alten Landesrechten: FamRZ 1980 S. 856 ff.; vgl. STURM S. 78/79 Anm. 432).

61 Gemäss § 1906 Ziff. 2 Abs. 3 Satz 1 BGB (vgl. Art. 397a Abs. 3 ZGB) hat der – auch zur Unterbringung berufene – Betreuer (a.a.O. Abs. 1) sich in regelmässigen Abständen davon zu überzeugen, dass die Voraussetzungen für eine freiheitsentziehende Unterbringung noch andauern (SOERGEL/DAMRAU N 14 zu § 1906 BGB, N 383 zu Art. 397a ZGB).

62 Das *österreichische* Bundesverfassungsgesetz vom 29. November 1988 über den Schutz der persönlichen Freiheit (PersFrG), welches am 1. Jänner 1991 in Kraft getreten ist und u.a. das Gesetz vom 27. Oktober 1862 zum Schutze der persönlichen Freiheit aufhob (Art. 8), sieht als Grund für eine Freiheitsentziehung vor, dass jemand wegen psychischer Erkrankung sich oder andere gefährde (Art. 2 Abs. 2 Ziff. 5). Es regelt auch das betreffende Verfahren (Art. 4–6) und die Entschädigung bei rechtswidriger Freiheitsentziehung (Art. 7). Das seit 1. Januar 1991 in Kraft stehende Unterbringungsgesetz regelt umfassend die zivilrechtliche Anstaltsunterbringung psychisch Kranker (§ 3), das Gesetz über das gerichtliche Verfahren in Rechtsangelegenheiten ausser Streitsachen vom 9. August 1854 (AussStrG) in den §§ 1–19 das Verfahren.

63 Art. 490–1 *CCfr* erwähnt unter den medizinischen Behandlungsmöglichkeiten bei Beeinträchtigung der geistigen Fähigkeiten zufolge Krankheit, Schwäche oder altershalben Schwindens gemäss Art. 490 CCfr die Hospitalisation. Im Code de la santé publique vom 5. Oktober 1953 werden ein freiwilliger Eintritt (Art. 326–2) sowie die Hospitalisation auf Verlangen Dritter (Art. 333) von derjenigen von Amtes wegen (Section II) unterschieden und die Rechte des Eingewiesenen umschrieben (Art. 326–3, 328).

64 Art. 420 *aCCit*, welcher die Unterbringung des Geisteskranken in einer Irren-, Heilanstalt oder in einem Privathaus auf Antrag Angehöriger, vormundschaftlicher Organe oder des Staatsanwalts vorgesehen hatte, wurde durch Art. 11 Ziff. 1 des Gesetzes Nr. 180 «accertamenti e trattamenti sanitari volontari e obbligatori» vom 13. Mai 1978 ersetzt, welches die Anordnung obligatorischer sanitarischer Behandlung mit Aufenthalt in einem Krankenhaus (ospedale) – nicht etwa in einer Irrenanstalt (manicomio) – durch den Gemeindevorsteher vorsieht (CIAN/TRABUCCHI, Commentario breve al CC, Padova 1988, S. 378). Den staatlichen psychiatrischen

Kliniken wurde damals verboten, neue Patienten – bzw. entlassene wieder – aufzunehmen und den Krankenhäusern entsprechende Abteilungen mit höchstens 15 Betten angegliedert, was vor allem in der Lombardei bzw. den nördlichen Landesteilen auch durchgeführt wurde (K. und C. ERNST in: Der Nervenarzt, 1992 S. 669).

Art. 211 Abs. 1 *CCesp* in der Fassung vom 31. Mai 1974 sieht die Internierung eines Entmündigten (incapaz, vgl. Art. 199 CCesp) vor und regelt wesentliche Verfahrenspunkte, insbesondere auch den Schutz bis zur Bevormundung (Art. 211 Abs. 2 am Ende i.V.m. 203 CCesp). Vordem gab Art. 215 Ziff. 1 aCCesp dem Staatsanwalt auf, bezüglich eines «tobsüchtigen Geistesschwachen» einen Antrag auf gerichtliche Erklärung der Unfähigkeit zur Vermögensverwaltung zu stellen. 65

In *Grossbritannien* sind Einweisungen von psychisch Kranken in Kliniken aufgrund des National Assistance Act 1948 und des Mental Health Act 1983, aber auch aufgrund von common law möglich (HOGGETT S. 113 und 116 zuunterst). Sie erfolgen auf bestimmte Dauer – 72 Stunden bis sechs Monate –, je nach Qualifikation der Einweisenden, einem bzw. zwei Ärzten sowie einem Sozialhelfer (Section 2–4 und 7, a.a.O. S. 17–19). Bei der gerichtlichen Beurteilung durch den Divisional Court of the Queen's Bench Division of the High Court, dessen Richter auch privat angerufen werden können, wird auch der Habeas corpus Act berücksichtigt (a.a.O. S. 254); die Mental Health review Tribunals (a.a.O. S. 257) verfügen über medizinische Mitglieder, solche mit Gesetzeskenntnis und Laien (a.a.O. S. 269). Eine innert 14 Tagen zu erhebende Klage ist nur nötig, wenn innert 72 Stunden nach Untersuchung («assessment») eine ordentliche («full») Einweisung erfolgt (a.a.O. S. 258). Vorgesehen ist auch die Überprüfung aller zwangseingewiesenen psychisch Kranken von Amtes wegen (S. 260). 66

Im *schwedischen* Gesetz «The care of alcoholics, drug abusers and abusers of volatile solvents (special provisions) act» (LVM) wird in Art. 20 ein Freiheitsentzug zwecks körperlichen Entzugs und anschliessender Motivationsphase zur längerfristigen Therapie vorgesehen (SJZ 90 S. 325 Nr. 64, vgl. N 3 Schlussbem.). 67

Der Entwurf eines sehr fortschrittlichen sowjetischen Psychiatriegesetzes von 1990 sah in den §§ 23 und 24 zwangsweise Einweisung vor, welche durch eine Fachkommission innert 48 Stunden (§ 26) bzw. die Bezirksstaatsanwaltschaft innert 24 Stunden (§§ 36), die übergeordnete 68

Staatsanwaltschaft innert zehn Tagen (§ 37) sowie das Volksgericht (§ 38) zu überprüfen gewesen wäre (Recht & Psychiatrie, Bonn 1990, S. 185 ff.).

H. Intertemporales Recht

69 Art. 14a Abs. 1 SchlTit stellte die FFE mit der Inkraftsetzung des Änderungsgesetzes vom *6. Oktober 1978, somit auf den 1. Januar 1981, unter das neue Recht*. Die Anstaltsleitung hatte nach Art. 14a Abs. 2 ZGB binnen einem Monat die Insassen über ihr Recht, den Richter anzurufen (Art. 397d Abs. 1 ZGB), zu unterrichten.

70 Diese Regelung entspricht auch Art. 3 SchlTit, welcher bei Rechtsverhältnissen, deren Inhalt unabhängig vom Willen der Beteiligten durch das Gesetz umschrieben wird, nach dem Inkrafttreten des ZGB nach dem *neuen Recht* zu beurteilen waren, auch wenn sie vor diesem Zeitpunkt begründet wurden (ZR 93 Nr. 81 Erw. 2 lit. c).

71 *Auch wenn der Betroffene sich niemals in Freiheit* befand, waren in der Folge die Bestimmungen über die FFE anzuwenden (vgl. BGE 114 II 213 = Pra 77 Nr. 250 S. 934 = JdT 1990 I S. 287).

Art. 397a

[1] Eine mündige oder entmündigte Person darf wegen Geisteskrankheit, Geistesschwäche, Trunksucht, anderen Suchterkrankungen oder schwerer Verwahrlosung in einer geeigneten Anstalt untergebracht oder zurückbehalten werden, wenn ihr die nötige persönliche Fürsorge nicht anders erwiesen werden kann. A. Voraussetzungen

[2] Dabei ist auch die Belastung zu berücksichtigen, welche die Person für ihre Umgebung bedeutet.

[3] Die betroffene Person muss entlassen werden, sobald ihr Zustand es erlaubt.

[1] Une personne majeure ou interdite peut être placée ou retenue dans un établissement approprié lorsque, en raison de maladie mentale, de faiblesse d'esprit, d'alcoolisme, de toxicomanie ou de grave état d'abandon, l'assistance personnelle nécessaire ne peut lui être fournie d'une autre manière. A. Conditions

[2] En l'occurrence, il y a lieu de tenir compte aussi des charges que la personne impose à son entourage.

[3] La personne en cause doit être libérée dès que son état le permet.

[1] Una persona maggiorenne o interdetta può essere collocata o trattenuta in uno stabilimento appropriato allorquando, per infermità mentale, debolezza mentale, alcoolismo o altra tossicomania o grave stato d'abbandono, l'assistenza personale necessaria non le possa essere data altrimenti. A. Condizioni

[2] Ciò facendo va tenuto conto anche dell'aggravio che tale persona causa a chi le è vicino.

[3] La persona interessata deve essere rilasciata non appena lo permetta il suo stato.

Inhaltsübersicht

	Note
Allgemeines	1
Kommentar zu Abs. 1	14
A. Betroffener	14
B. Befugnis	19
C. Schwächezustände	21
I. Allgemeines	21

II. Geisteskrankheit 25

III. Geistesschwäche 40

IV. Trunksucht 49

V. Andere Suchterkrankungen 58
1. Betäubungsmittelsucht 63
2. Weitere Suchterkrankungen 81
a) Medikamente 81
b) Lösungsmittel 85

VI. Schwere Verwahrlosung 90
1. Verwahrlosung 90
a) EMRK 92
b) Entwurf von 1977 97
c) Heutige Norm 99
2. Schweregrad 106

VII. Untersuchung 114

D. Geeignete Anstalt 118

I. Anstalt 118

II. Eignung 123
1. Allgemeines 123
2. Eignung für Geisteskranke 136
3. Eignung für Geistesschwache 143
4. Eignung für Trunksüchtige 147
5. Eignung für Drogensüchtige 151
a) Drogenentzug 153
b) Motivationsphase 158
c) Übergangsphase 160
d) Langzeittherapie 162
6. Eignung für andere Suchtkranke 167
7. Eignung für Verwahrloste 171
8. Eignung für Untersuchung 174
9. Überschneidungen 176

E. Unterbringen i.w.S 180

I. Unterbringen i.e.S 182

II. Zurückbehalten 185

F. Persönliche Fürsorge 196

I. Zweck 196

II. Art der Fürsorge 202
1. Allgemeines 202
2. Zwangsbehandlung 207
a) Gesetzliche Grundlage 207
b) Möglichkeiten der Zwangsbehandlung 211
3. Fürsorge im einzelnen 219
a) Fürsorge bei Geisteskrankheit 223
b) Fürsorge bei Geistesschwäche 227

c) Fürsorge bei Trunksucht 231
d) Fürsorge bei Drogensucht 236
e) Fürsorge bei anderen Suchterkrankungen 250
f) Fürsorge bei Verwahrlosung 252
g) Fürsorge bei Untersuchung 255

G. Verhältnismässigkeit 257

I. Allgemeines 257

II. Notwendigkeit der Fürsorge 261
1. Notwendigkeit der Fürsorge für Geisteskranke/-schwache 265
2. Notwendigkeit der Fürsorge für Süchtige 267
a) Notwendigkeit der Fürsorge für Süchtige bei Trunksucht . . . 274
b) Notwendigkeit der Fürsorge für Süchtige bei Drogensucht . . . 277
c) Notwendigkeit der Fürsorge für Süchtige bei weiteren Suchterkrankungen 280
3. Notwendigkeit der Fürsorge für Verwahrloste 283
4. Notwendigkeit der Untersuchung 285

III. Andere Mittel 291
1. Fürsorgerische Mittel 291
a) Umgebung 291
b) Fürsorgerische Massnahmen 298
2. Ambulante Behandlung 302
a) Ärztliche 302
b) Fürsorgerische Betreuung 312
3. Selbstgefährdung 321

Kommentar zu Abs. 2 336

A. Berücksichtigung 336

B. Belastung, insbesondere Drittgefährdung 341

I. Abgrenzung 341

II. Art der Belastung 350

III. Mass der Belastung 352

C. Betroffener 357

D. Bedeutung für die Umgebung 359

I. Bedeutung 359

II. Umgebung 360

Kommentar zu Abs. 3 363

A. Allgemeines 363

B. Betroffener 369

C. Zwingende Bestimmung 371

D. Entlassung 375

E. Zeitliches 380

I. Dauer der FFE 380
1. Einweisung auf bestimmte Dauer 380
2. Einweisung oder Zurückbehaltung auf unbestimmte Dauer . . . 383

II. Zeitpunkt der Entlassung 385

F. Zustand des Betroffenen 389

Allgemeines

1 Art. 5 EMRK umfasst *Mündige und Unmündige* (BBl 1988 III 19). Im vorliegenden, zu Art. 397a–f ZGB verfassten Kommentar wird nur die FFE gegenüber Mündigen oder Entmündigten gemäss Art. 397a–f ZGB behandelt (vgl. N 36 Vorbem. zu Art. 397a–f ZGB).

2 Der zentrale Punkt der *Gesetzesreform* (von 1978) war die Person, wie auch die Wahrung ihrer Freiheit und Würde ..., die Vermeidung ungerechtfertigter staatlicher Eingriffe (vgl. StenBull NR 1978 S. 747). Der Entzug der Freiheit darf nur auf «gesetzlich vorgeschriebene Weise» erfolgen (BBl 1977 III 17, Art. 5 Ziff. 1 Ingress EMRK).

3 Art. 397a ZGB zählt abschliessend bestimmte Schwächezustände auf (BBl 1977 III 19 und 26, StenBull NR 1978 S. 746, TUOR/SCHNYDER/SCHMID S. 404, ZVW 36 S. 46), gegeben ist ein *abschliessender Katalog* von – materiellen (SGGVP 1988–36 S. 78) – Freiheitsentzugsgründen für Mündige und Entmündigte (RIEMER S. 140 N 8). Die Art. 397a–f ZGB regeln die Unterbringung eines Mündels in einer Fürsorgeanstalt in erschöpfender Weise (BGE 114 II 213 = Pra 77 Nr. 250 S. 934 = JdT 1990 I S. 287 = SJ 1989 S. 161).

4 Der *kantonale Gesetzgeber* hat keine Befugnis, das ZGB zu modifizieren oder zu komplettieren (BBl 1977 III 17 und 26, ZöF 1984 S. 52).

5 Die FFE darf auch nicht *sachfremden Zwecken* dienen (TUOR/SCHNYDER/SCHMID S. 404, vgl. N 358 zu Art. 397a ZGB).

Insbesondere kommt eine FFE im Gegensatz zum früheren kantonalen Recht (N 1 Vorbem. zu Art. 397a–f ZGB) nicht mehr in Frage aus dem alleinigen Grund, *dass der Betroffene der Öffentlichkeit zur Last fällt* oder aber *liederlich* oder *arbeitsscheu* ist (TUOR/SCHNYDER/SCHMID S. 404; a.M. SJ 1991 S. 480, vgl. N 341 zu Art. 397a ZGB). 6

Die Voraussetzungen von Art. 397a ZGB müssen kumulativ erfüllt sein (SJ 1983 S. 161 ff. Erw. 5), indessen nur folgendermassen: 7

Zunächst werden bestimmte geistige (Geisteskrankheit, -schwäche, Trunksucht, andere Suchterkrankungen) oder soziale *Beeinträchtigungen* (schwere Verwahrlosung) aufgezählt (vgl. SGGVP 1988–36 S. 78) – und *anschliessend eine dadurch bedingte soziale Schutzbedürftigkeit* umschrieben (BBl 1977 III 23). 8

Das Vorliegen eines *Schwächezustandes* reicht für sich allein nicht aus. Vielmehr darf jemand nur dann in einer Anstalt untergebracht werden, wenn ihm die *nötige persönliche Fürsorge* nicht anders erwiesen werden kann (vgl. TUOR/SCHNYDER/SCHMID S. 404). Darin liegt die Kumulierung. 9

Fehlt es – umgekehrt – an einem *materiellen Einweisungsgrund* (= Schwächezustand), so kann der Betroffene auch bei ausgewiesener Fürsorgebedürftigkeit nicht gegen seinen Willen in der psychiatrischen Klinik zurückbehalten werden (SGGVP 1988–36 S. 78). 10

Die *Belastung der Umgebung*, ohne dass eine der Einweisungsvoraussetzungen (Geisteskrankheit [und -schwäche], Sucht, Verwahrlosung) gegeben wäre, genügt nicht für eine Anstaltseinweisung (AGVE 1987 S. 212); werden keine Drittinteressen tangiert, so ist deshalb eine FFE auch nicht bereits ausgeschlossen (vgl. PKG 1989 S. 99, N 339 zu Art. 397a ZGB). 11

Folgende drei weiterhin propagierten Kriterien für Ärzte: Behandlungsbedürftigkeit, Selbst- und Fremdgefährdung des Betroffenen, welche differenziert und unterschiedlich zu gewichten seien (ZVW 38 S. 45), genügen im Lichte von Art. 397a ZGB nicht (vgl. N 12 zu Art. 397a und N 177 zu Art. 397e Ziff. 5 ZGB). 12

Die materiellen Einweisungsvoraussetzungen (N 8 ff. zu Art. 397a ZGB) und die Eignung der Anstalt sind für den *Zeitpunkt des Entscheids*, welcher daher in der Regel zweckmässigerweise unmittelbar nach der 13

Anhörung zu erfolgen hat (N 29 zu Art. 397f ZGB), zu prüfen (SGGVP 1988–38 S. 81, RJJ 1992 S. 266; a.M. AGVE 1982 S. 136: Zeitpunkt der Verhandlung).

Kommentar zu Abs. 1

A. Betroffener

14 Betroffen sind *natürliche Personen* (Art. 11 ff. ZGB) beiderlei Geschlechts (Art. 4 BV).

15 Die Art. 397a–f ZGB gelten für alle *Erwachsenen*, ob mündig (Art. 14 ZGB) oder entmündigt (Art. 369 ff. ZGB; BBl 1977 III 22; im übrigen s. N 37 Vorbem. zu Art. 397a–f ZGB).

16 Auf den 1. Januar 1996 wird das *Mündigkeitsalter* von heute 20 Jahren (Art. 14 ZGB) auf *18 Jahre* heruntergesetzt (BBl 1993 I 1191, AS 1995 1131), womit nicht nur keine erzieherischen Massnahmen gegenüber den 19–20jährigen möglich sein werden (BBl 1991 I 1181), sondern auch keine FFE wegen blosser Gefährdung (Art. 310/314a ZGB).

17 *Nur bei Mündigen können weitere vormundschaftliche Massnahmen* in Frage kommen, da bei den Entmündigten deren stärkste Form (RIEMER S. 33 N 12 f.) bereits ausgesprochen ist.

18 Bei mündigen Kindern tritt im Falle der Entmündigung an die Stelle der Vormundschaft in der Regel die *elterliche Gewalt* (Art. 385 Abs. 3 ZGB, HEGNAUER, Kindesrecht, N 25.04, SUHR BRUNNER S. 83; vgl. BBl 1977 III 23; zur früheren Regelung: HEGNAUER N 114 zu Art. 273 aZGB).

B. Befugnis

Der Gesetzgeber will mit dem Wort «darf» den *Schutz der Freiheit* (des Betroffenen) betonen und *nicht* etwa der Behörde einen *Freipass* für ungerechtfertigten Verzicht auf die Einweisung ausstellen (TUOR/SCHNYDER/SCHMID S. 405, ZVW 40 S. 95), womit sie frei wäre, eine Einweisung zu unterlassen, wenn die Voraussetzungen erfüllt sind (BBl 1977 III 27). 19

Zur *Zuständigkeit* einerseits der Vormundschaftsbehörde s. Komm. zu Art. 397b Abs. 1 ZGB, zur anderseits kantonalrechtlich gestützt auf Art. 397b Abs. 2 ZGB zu bezeichnenden Stelle N 50 ff. zu Art. 397b ZGB. 20

C. Schwächezustände

I. Allgemeines

Geisteskrankheit und -schwäche sowie Trunksucht *sind dem bisherigen Vormundschaftsrecht entnommene Rechtsbegriffe* (BBl 1977 III 23, ZöF 1984 S. 52), nicht jedoch Suchterkrankung und Verwahrlosung. 21

Die Unterscheidung von Trunk- und anderen Suchterkrankungen fallen zu lassen (CAVIEZEL-JOST S. 177), ist contra legem unzulässig, und es besteht dafür auch keine Notwendigkeit, indem Gemeinsamkeiten zu analoger Beurteilung führen müssen. 22

Das Gesetz spricht alternativ («oder») von den biologisch-sozialen Voraussetzungen für die FFE, von denen nur eine einzelne vorliegen muss (N 7 zu Art. 397a ZGB); *indessen ergeben sich durchaus Überschneidungen*: 23

- Geisteskrankheit mit Alkoholmissbrauch und Haschischkonsum (PGK-ZH Proz. Nr. 91158/Beschluss vom 3. Juli 1991 i.S. H.W.);

- Geisteskrankheit mit schlechtem cordialem Zustand, Herzkrankheit (PGK-ZH Proz. Nrn. KP92362/Beschluss vom 16. Dezember 1992 i.S. G.F., KP940209/Beschluss vom 8. Juli 1994 i.S. C.A.), oder mit Diabetes und Übergewichtigkeit (PGK-ZH Proz. Nr. KP940136/Beschluss vom 16. April 1994 i.S. K.I.);
- Geistesschwäche (Debilität) mit Drogensucht (BGE 112 II 486 und ZBl 1994 S. 216);
- Trunksucht und Missbrauch von Schlaf- und Beruhigungstabletten (BJM 1982 S. 258, SGGVP 1990 S. 118, NETTE S. 92);
- ein Drogensüchtiger ist psychisch krank (vgl. z.B. Art. Flx WHO, ZR 93 Nr. 8 = SJZ 90 S. 98 je Erw. III/1/a/bb und III/2/a, vgl. ZVW 47 S. 43; a.M. SJZ 76 S. 276: «malade»);
- Drogensucht kann mit (weiteren) psychischen Leiden, Depression, schizophrener Psychose und HIV-Encephalitis gekoppelt sein (Ausschuss S. 8);
- jugendliche Toxicomane nehmen eine breitere Palette an diversen Suchtmitteln ein (THOMASIUS S. 83 ff.);
- bei Heroinkonsum ist auch körperlicher Verfall wie etwa Leberschäden, Infektionen etc. festzustellen (SCHREIBER S. 109). (Ob die dem Heroin zugeschriebenen Eigenschaften des körperlichen Verfalls eindeutig auf unsterile Injektionsmethoden, unreine oder unbekannte Stoffkonzentrationen, Überdosen, ungesunden Lebensstil in der kriminalisierten Subkultur und deren Folgen zurückgehen [SCHREIBER S. 109 und Zit.], kann hier dahingestellt bleiben);
- oft, aber nicht immer, wird bei Verwahrlosung auch Geisteskrankheit, -schwäche oder eine Suchterkrankung vorliegen (vgl. BBl 1977 III 25, ZöF 1984 S. 53/55), bisweilen auch ohne eigentliche Drogensucht i.S. von Art. 397a ZGB (ZVW 47 S. 44, ZBl 1983 S. 53, SJZ 90 S. 323).

24 Zu den entsprechenden Fragen an den Gutachter s. N 177/178 zu Art. 397e ZGB.

II. Geisteskrankheit

25 Dass jemand «geisteskrank» ist, erwähnt Art. 5 Ziff. 1 lit. e *EMRK* ausdrücklich als Voraussetzung.

Nach der Rechtsprechung des Gerichtshofs ist eine ärztliche Erklärung darüber notwendig, dass es sich beim Betroffenen um eine Geisteskrankheit handelt, bzw. der *medizinische Nachweis* zu erbringen, dass sein geistiger Zustand eine zwangsweise Unterbringung erfordert (EuGRZ 1979 S. 653/54, vgl. EuGRZ 1978 S. 399).

Geisteskrankheit i.S. des ZGB ist – wie im Vormundschaftsrecht (N 21 zu Art. 397a ZGB) – als *Rechtsbegriff* und nicht im medizinischen Sinne zu verstehen (BBl 1977 III 23; HUBER EUGEN S. 51, ZSR NF 109 S. 417, CAVIEZEL-JOST S. 119). Dem steht die Rechtsprechung des Gerichtshofs nicht entgegen, insoweit der Arzt im wesentlichen die Notwendigkeit der stationären Behandlung der psychischen Störung bestätigen muss. Insbesondere schadet Zurückhaltung des Gutachtens bei der Festlegung des wissenschaftlichen Begriffs der Krankheit nicht (BGE Proz. Nr. 5C.31/1991, Urteil vom 26. März 1991 i.S. Th.W.). 26

Es handelt sich um Fälle, bei denen psychische Symptome oder Verlaufsweisen hervortreten, die einen stark auffälligen Charakter haben und die einem besonnenen Laien nach hinreichender Bekanntschaft mit dem *Prüfling den Eindruck völlig uneinfühlbarer, qualitativ tiefgehend abwegiger, grob befremdender Störungszeichen* machen (BINDER I S. 71/2, SCHNYDER/MURER N 26 zu Art. 369 ZGB, CAVIEZEL-JOST S. 135, ZVW 38 S. 43 ff., BGE 118 II 261 = Pra 82 Nr. 110 S. 438, SJZ 93 S. 237 Nr. 81, ZR 85 Nr. 118 Erw. III/1, vgl. HOGGETT S. 48). 27

Entscheidend sind die Auswirkungen der Krankheit im sozialen Beziehungsgefüge (ZVW 42 S. 105). Geisteskrankheit ist bei auffälligem, aber noch einfühlbarem Verhalten zu verneinen (AGVE 1989 S. 192 Erw. 2; vgl. BGE 82 II 279). 28

Stellt ein Gutachter auf einen umstrittenen medizinischen Begriff ab, so sind ihm die fachärztlichen Einwände zwar zu unterbreiten, entscheidend bleiben indessen die Auswirkungen der psychischen Krankheit (ZR 85 Nr. 118 S. 297 Erw. III/1). 29

Die *Diagnose* einer Geistes- oder Gemütskrankheit im rein psychiatrischen Sinn bedeutet bei weitem nicht immer eine Geisteskrankheit im rechtsbegrifflichen Sinn nach Art. 397a ZGB (ZVW 38 S. 44). 30

Psychiatrische Gutachten vermitteln nicht immer einen zuverlässigen Hintergrund der tatbeständlichen Umstände. So verdichten sich etwa Mutmassungen über *vorbestandene Geisteskrankheiten im Kreise der Vorfahren und Verwandten* (des Betroffenen) unversehens zu Tatsachen, die einer strengen richterlichen Beweiswürdigung nicht standhalten (vgl. ZVW 42 S. 105). 31

32 Nicht jeder *Geisteskranke im juristischen* ist es auch im *medizinischen Sinne* (BINDER I S. 159/60, ZSR NF 109 S. 417 N 30 und Zit.; a.M. SGGVP 1992–26 S. 69).

33 Die *Ursache der Störung* spielt keine Rolle (BINDER I S. 72). Daher geht es bei der Beurteilung der psychischen Störung als Geisteskrankheit im juristischen Sinne z.B. nicht:

- um den jeweiligen Stand der medizinischen Wissenschaft (a.M. BBl 1977 III 23);
- um in der heutigen Psychiatrie gemachte wesentliche Fortschritte (a.M. AJP 2 S. 88);
- darum, ein typisches Krankheitsbild zu belegen (a.M. AGVE 1990 S. 220);
- darum, ob eine Psychopathie eine Geisteskrankheit sein kann (a.M. EGV-SZ 1983 S. 42).

34 *Dass in der Praxis die Unterscheidung zwischen medizinischem und juristischem Begriff* (N 26 zu Art. 397a ZGB) kaum eine Rolle spiele, vielmehr die Fürsorgebedürftigkeit des Betroffenen entscheidend sei (ZöF 1984 S. 54), trifft in dieser Schärfe offenbar nicht zu.

35 Dass endogene Psychosen, Schizophrenie und manisch-depressives Kranksein im Vordergrund stehen und die Gruppe der psychischen Störungen bei organischen Hirnveränderungen dazukommt, in schweren Fällen auch erlebnisbedingte psychische Störungen (BBl 1977 II 23), ist lediglich als *statistische Unterscheidung* (vgl. a.a.O. S. 14) nach medizinischen Gesichtspunkten von Belang (vgl. WHO-Klassifikation bei DILLING/MOMBOUR/SCHMIDT S. 34 ff., BAER S. 14 ff., CAVIEZEL-JOST S. 122 ff.).

36 *Geisteskrankheit* im juristischen Sinne wurde *zum Beispiel* angenommen, weil:

- der Kläger sehr angetrieben, vor allem gegenüber Frauen distanzlos sowie verbal aggressiv war und aggressive Beschuldigungen erhob (PGK-ZH Proz. Nr. KP92219/Beschluss vom 15. August 1992 i.S. H.S.);
- die Klägerin für mehrere tausend Franken Kleider gekauft hatte im Hinblick auf eine Hochzeit mit Robert Redford (PGK-ZH Proz. Nr. KP940372/Beschluss vom 2. November 1994 i.S. W.S.);
- die Klägerin die feste Überzeugung hegte, sie und ihre Familienangehörigen würden von Ärzten, insbesondere vom Kreisspital aus, mit Apparaten bestrahlt, und eine Stimme von oben habe befohlen, im Kreisspital die Einrichtung zu finden (AGVE 1986 S. 202 Erw. II/2/b);

- die Klägerin meist mehrere Monate in dauerndem Zustand schwerer Melancholie verbrachte, mit gelegentlich abnorm gehobener Stimmung und realitätsfremder Betriebsamkeit und Geschäftigkeit (ZVW 30 S. 97);
- der Kläger Verfolgungsideen hegte:
  = aber z.B. den ihm angeblich bekannten Dieb nicht nennen wollte, und sich keiner Diskussion zugänglich zeigte (vgl. AGVE 1988 S. 199);
  = in Zusammenhang mit abhanden gekommenen Nummern in Milliardenhöhe Mafiagruppen der Verfolgung bezichtigte (PGK-ZH Proz. Nr. KP92300/Beschluss vom 28. Oktober 1992 i.S. S.S.);
  = Nachstellungen in Zusammenhang mit der Baader-Meinhof-Gruppe (PGK-ZH Proz. Nr. KP940151/Beschluss vom 30. April 1994 i.S. W.M.);
  = durch eine Impfung mit einem Mikrochip ins Handgelenk gelasert sein wollte (PGK-ZH Proz. Nr. KP92238/Beschluss vom 29. August 1992 i.S. K.R.);
- ein an schizophrenem Verfolgungswahn Erkrankter in angsterfüllte grosse seelische Not und Bedrängnis geraten war (vgl. ZVW 38 S. 45);
- sonstige, teils systematisierte Wahnsysteme auftraten, wie:
  = Überwachung durch Mikrofon im Mund (PGK-ZH Proz. Nr. KP92252/Beschluss vom 12. September 1992 i.S. D'A.G.);
  = Liebeswahn (PGK-ZH Proz. Nr. KP930410/Beschluss vom 29. Dezember 1993 i.S. A.Th.;
  = Fixierung auf das Böse in der Welt (PGK-ZH Proz. Nr. PG90270/Beschluss vom 5. Januar 1991 i.S. W.Th.);
- unthematisierte Versagungs- und impulsartiges Einschiessen von Verfolgungsängsten vorlagen und zudem:
  = bei stark erhöhtem Sprechtempo (Logorrhöe), sprunghafter Zerfahrenheit mit Mühe, beim Thema zu bleiben (PGK-ZH Proz. Nr. KP92273/Beschluss vom 3. Oktober 1992 i.S. R.C.);
  = läppisches Getue, Zerfahrenheit, Distanzarmut und Witzelsucht festgestellt wurden sowie Überschreiten der Strasse ohne Rücksicht auf den Verkehr und anderseits spontane Regelung desselben (PGK-ZH Proz. Nr. KP930115/Beschluss vom 24. April 1993 i.S. G.M.);
- ein wegen Geisteskrankheit Bevormundeter und schon fünfmal wegen Drohungen und Tätlichkeiten polizeilich Angehaltener eine Frau, welche ihm angeblich den Weg versperrte, nach Wortwechseln stiess und schlug (LGVE 1981 II 4 S. 101);
- der Kläger nachts Gegenstände zum Fenster hinausgeworfen, die Wohnung überschwemmt und die WC-Schüssel demontiert hatte (PGK-ZH Proz. Nr. KP940324/Beschluss vom 14. September 1994 i.S. L.P.);

– altersbedingte, organische, z.B. arteriosklerotische Hirnveränderungen auftraten (ZVW 30 S. 99, 37 S. 128, vgl. PGK-ZH Proz. Nr. KP92094/ Beschluss vom 8. April 1992: altersparanoid bei diffuser Hirnatrophie).

37 Der *Schwellenwert* einer Geisteskrankheit im juristischen Sinne wurde *nicht erreicht*:

– bei einem überaus stolzen, temperamentvollen Charakter, Übersensibilität und Übererregbarkeit, trotz tätlichen Wutausbrüchen gegenüber dem untreuen Ehemann (SJZ 79 S. 295);
– bei ähnlichen Erregungszuständen (wie soeben), indessen ausschliesslich in Zusammenhang mit der Bewertung von Schulleistungen des Sohnes (a.a.O. N 15);
– trotz diagnostizierter Korsakow-Psychose (vgl. N 50 zu Art. 397a ZGB).

38 *Rechtsvergleichend* ergeben sich ebenfalls über den medizinischen hinaus erweiterte Begriffe:

– § 1906 Abs. 1 *BGB* spricht von «psychischer Krankheit oder geistiger oder seelischer Behinderung», d.h. von gesundheitlichen Schäden (SOERGEL/DAMRAU N 7 zu § 1906), die eine freie Willensbetätigung ausschliessen (PALANDT N 4 und Zit. zu § 1906 BGB);
– Art. 490 Abs. 1 *CCfr* erwähnt: «facultés mentales altérées par une maladie, une infirmité ou un affaiblissement dû à l'âge» und Art. 490 Abs. 2 CCfr: «une altération des facultés corporelles, si elle empêche l'expression de la volonté»;
– Nach Art. 211 Abs. 1 *CCesp* ist der Betroffene «presunto incapaz», und Art. 200 CCesp umschreibt dies mit «enfermedades de caracter psiquico»;
– In *England* wird im Mental illness act 1983 unterschieden zwischen: mental illness und psychopathic disorder (HOGGETT S. 43).

39 Zur Auslösung von Psychosen durch Medikamente s. N 88 zu Art. 397a ZGB.

III. Geistesschwäche

40 Die *EMRK* verwendet den Ausdruck nicht (Art. 5 Ziff. 1 lit. e EMRK, BBl 1977 III 24) und präzisiert nicht, was unter «aliéné» verstanden werden muss (ZVW 36 S. 47). Mit der Umschreibung: «qui a

perdu la raison» und «dément» (Nouveau Petit Larousse, Paris 1972) wird nichts Entscheidendes gewonnen, da damit nicht etwa auf senile «Demenz» angespielt wird, sondern «démence» vielmehr mit «Wahnsinn» zu übersetzen ist.

Geistesschwäche fällt aber aufgrund der europäischen *Rechtsprechung*, insbesondere derjenigen des schweizerischen Bundesgerichts dazu, unter den Begriff der Geisteskrankheit (BGE in: EuGRZ 1981 S. 169, SCHORN S. 158). **41**

Geistesschwäche ist ein der Alltagssprache entnommener *Rechtsbegriff* (SCHNYDER/MURER N 42/73 zu Art. 369 ZGB, HUBER EUGEN S. 51, ZSR NF 109 S. 417), *nicht der medizinische des «Schwachsinns (Oligophrenie)»* (BINDER I S. 85, BLEULER S. 577 ff., CAVIEZEL-JOST S. 122; a.M. ZöF 1984 S. 54), der Psychopathie oder -genie (BINDER I S. 93). **42**

Als Geistesschwäche werden – wie im Vormundschaftsrecht (N 21 zu Art. 397a ZGB) – sämtliche *psychischen Gleichgewichtsstörungen*, bei denen der Laie keine völlig uneinfühlbaren, qualitativ tiefgehend abwegigen Störungen, *keine «Verrücktheiten»* (N 27/28 zu Art. 397a ZGB) bemerkt, betrachtet (BINDER I S. 76, SCHNYDER/MURER N 68 zu Art. 369 ZGB, vgl. CAVIEZEL-JOST S. 135, vgl. AGVE 1982 S. 142, HOGGETT S. 48). **43**

Geistesschwäche, nicht Geisteskrankheit, liegt vor, wenn auffälliges Verhalten aufgrund der persönlichen Situation und des Vorlebens noch einfühlbar ist (AGVE 1990 S. 218). **44**

Die Geistesschwäche im juristischen Sinn lässt *sich schon anhand des (bescheidenen) schulischen Werdegangs* leicht erkennen (ZR 93 Nr. 81 S. 242, FURGER in: Kriminalistisches Institut, 1988, S. 20). **45**

Geistesschwäche wurde *zum Beispiel* angenommen: **46**

- bei Verzweiflung, übersteigerter Niedergeschlagenheit, Absonderung von der Familie und realer Suizidgefahr (AGVE 1990 S. 220, vgl. AGVE 1989 S. 196);
- bei einem im Denken deutlich verlangsamten, missmutig gereizten, auf den Rollstuhl angewiesenen und ein an sich mögliches Gehtraining verweigernden Kläger, dessen Verhalten als noch einfühlbar betrachtet wurde, obwohl eine Korsakow-Psychose (N 50 zu Art. 397a ZGB) vorlag (Proz. Nr. KP940428/Beschluss vom 7. Dezember 1994 i.S. H.E.);
- da sich die Klägerin weder in Worten noch schriftlich verständlich

machen konnte und in ihrer Hilflosigkeit umfassend gepflegt werden musste (vgl. AGVE 1988 S. 252);
- bei Kurz- und Langzeitgedächtnisstörungen, die zu zeitlich/örtlicher, z.T. auch autophysischer völliger Desorientierung führten, wobei der Kläger zeitweise nicht mehr wusste, wo er war und woher er kam und wo seine Mutter und seine Geschwister wohnten, und zwischendurch angab, es sei März *1980* und er befinde sich auf einem Ausflug der Sekundarschule (AGVE *1990* S. 221 Erw. 2);
- bei durchschnittlicher Intelligenz, aber nicht gelöster Bindung zur Mutter und nicht verkrafteter Scheidung der Eltern, auffälligem Verhalten im Beruf und Suizidgedanken, mit dauernder Unmöglichkeit, ein Leben im erstrebten unauffälligen Rahmen zu führen (vgl. AGVE 1989 S. 192 Erw. 3, AGVE 1986 S. 197/98; vgl. N 47 zu Art. 397a ZGB);
- bei latenter Suizidalität in bei fast jeder Anforderung empfundenen Belastungssituationen (AGVE 1992 S. 275);
- bei einer psychischen Störung nebst einem Intelligenzquotienten von 64 (PGK-ZH Proz. Nr. KP940226/Beschluss vom 29. Juni 1994 i.S. M.R.);
- bei in erweitertem Sinn normal entwickelter Intelligenz, aber schweren Entwicklungsstörungen und Mängeln im affektiv-charakterlichen Bereich, wie beispielsweise bei schwer Infantilen oder bei bestimmten Formen sogenannt psychopathischer Persönlichkeitsvarianten (kritisch: ZVW 38 S. 44).

47 *Keine Geistesschwäche* lag *zum Beispiel* vor bei einer Schreiberin zahlloser Briefe, welche auch mit Geschenken die Anerkennung ihres Löwenzahn-Elixiers bewirken wollte (vgl. AGVE 1982 S. 144).

48 *Geistesschwäche im juristischen Sinne* setzt *nicht* voraus, dass eine psychische Störung oder Krankheit *im medizinischen Sinne* besteht (a.M. SGGVP 1992–26 S. 70). Es kommt daher nicht darauf an, ob:

- ausgeprägter Schwachsinn vorliegt (ZVW 38 S. 44);
- der Kläger an schwerer Oligophrenie (Imbezillität) leidet (BGE 114 II 215 = Pra 77 Nr. 250 S. 934);
- eine Psychopathie eine Geistesschwäche sein kann (EGV-SZ 1983 S. 42).

IV. Trunksucht

Art. 5 Ziff. 1 lit. e *EMRK* spricht hier vom *«Alkoholiker»*, dementsprechend die Botschaft von «Alkoholismus» (BBl 1977 III 24). 49

Es handelt sich bei der Trunksucht um einen juristischen Begriff, welcher weiter gefasst ist als im medizinischen Bereich (ZVW 47 S. 42), wo schwerste Störungszustände wie pathologischer Rausch, Delirium tremens, Korsakow-Psychose (PGK-ZH Proz. Nr. KP940428/Beschluss vom 7. Dezember 1994 i.S. H.E.) etc. beschrieben werden (BLEULER S. 292 ff.). Die sozialmedizinische Unterteilung in Alpha-, Beta-, Gamma- und Delta-Alkoholismus nach JELLINEK, welcher nur letztere beiden als Krankheit im eigentlichen Sinn auffasst (vgl. SUHR BRUNNER S. 43), führt ebenfalls nicht weiter. 50

Trunksucht i.S. des Art. 370 ZGB (N 21 zu Art. 397a ZGB) *liegt vor, wenn eine Person nicht mehr aus eigener Kraft auf den übermässigen Genuss von Alkohol verzichten kann* (SCHNYDER/MURER N 106 zu Art. 370 ZGB und Zit., CAVIEZEL-JOST S. 163, SUHR BRUNNER S. 88, ZöF 1984 S. 52, ZVW 47 S. 42, BGE 104 Ib 47, AGVE 1983 S. 115, EGV-SZ 1981 S. 15, PKG 1989 S. 95; vgl. EGGER N 32 zu Art. 370 ZGB, kritisch zu früheren BGE: SCHNYDER/MURER N 108 zu Art. 370 ZGB). 51

Worauf der Hang zum Trinken beruht (Willensschwäche, Genusssucht, seelische Not oder anderes) – die *Ursache* –, ist unerheblich (ZöF 1984 S. 52). 52

Eine genaue *Abklärung der Trinkgewohnheiten* ist notwendig (SJZ 79 S. 10 Nr. 1), somit nicht die blosse Feststellung des Konsums von «grossen Mengen Alkohol» (vgl. BJM 1982 S. 258 und N 12 zu Art. 397e ZGB). Massgeblich ist sodann der gesundheitliche Zustand des *Betroffenen, was gerade er in Anbetracht seiner Prädisposition* «vertragen» kann (PKG 1989 S. 95, vgl. AGVE 1990 S. 227, SCHNYDER/MURER N 90 und 108 zu Art. 370 ZGB unter Hinweis auf die WHO-Klassifikation = F1x2 Ziff. 4). 53

Endzustände bei Alkoholmissbrauch werden meist schon durch den chaotischen Zustand der Wohnung und das Aussehen des – aufgedunsenen oder stark abgemagerten – Betroffenen verifiziert (im einzelnen: COEPPICUS S. 895 und Zit.). 54

55 *Trunksucht* lag *zum Beispiel* vor, da für den Betroffenen jeder Konsum von Alkohol zuviel, «Selbstmord in Raten» war (AGVE 1983 S. 116).

56 Die Trunksucht kann *Folge* einer schweren *psychischen Störung sein, ihrerseits aber auch solche Störungen verursachen* (SCHNYDER/MURER N 112 zu Art. 370 ZGB), z.B. die Korsakow-Psychose (BLEULER S. 323, vgl. SUHR BRUNNER S. 45/46).

57 Im Jahre 1980 wurde geschätzt, dass es in der Schweiz etwa *130–140 000 Alkoholkranke* gab, die in einem chronischen Defektzustand lebten (ZöF 1980 S. 162)

V. Andere Suchterkrankungen

58 Der in der nicht offiziellen Übersetzung der *EMRK* (N 58 zu Art. 397a ZGB) verwendete deutsche Ausdruck «rauschgiftsüchtig» (Art. 5 Ziff. 1 lit. e EMRK) *lautet im französischen Urtext der Konvention «toxicomane»*. Wortlaut wie Sinn der EMRK gestatten es daher, den weiteren Ausdruck «Suchterkrankung» zu verwenden (BBl 1977 III 24).

59 *«Toxicomanie»* bedeutet «habitude morbide d'absorber des doses croissantes toxiques ou stupéfiantes (éther, morphine, cocain, opium)» (Nouveau Petit Larousse; a.M. CAVIEZEL-JOST S. 191), nicht nur – wie offenbar umgangssprachlich – «Rauschgiftsucht» (Langenscheidt, Taschenwörterbuch, 7. A., 1964, S. 506).

60 Es handelt sich bei den *anderen Suchterkrankungen* um einen *juristischen Begriff*, welcher weiter als im medizinischen Bereich gefasst ist (ZVW 47 S. 42).

61 Gleich wie bei der Trunksucht handelt es sich um eine *Sucht nach einem Stoff* (SGGVP 1990–38 S. 114 = SJZ 88 S. 271 Nr. 40, ZVW 47 S. 43).

62 *Kombinierte* Alkohol-/Drogensucht ist immer wieder anzutreffen (z.B. SGGVP 1991–38 S. 76).

1. Betäubungsmittelsucht

Unter die anderen Suchtmittel fallen vor allem Betäubungsmittel (ZöF 1984 S. 55, ZVW 47 S. 42, ZBl 1994 S. 216); die Drogensucht ist deshalb klar nicht unter die Trunksucht zu subsumieren (a.M. CAVIEZEL-JOST S. 165/66), wie im Vormundschaftsrecht – wo ein entsprechender Begriff fehlt – angeregt wird (SCHNYDER/MURER N 107 zu Art. 370 ZGB), vielmehr ist analoge Behandlung angezeigt (vgl. SUHR BRUNNER S. 15). 63

Als Droge gilt – *begrifflich* – jede Substanz mit Wirkung auf das zentrale Nervensystem, die durch ihre Beschaffenheit die Struktur oder Funktion des lebenden Organismus verändert. Abhängig machende Drogen haben sodann die Eigenschaft, in Wechselwirkung mit einem lebenden Organismus einen Zustand psychischer und/oder physischer Abhängigkeit zu erzeugen (Drogenbericht S. 7, SGGVP 1990–38 S. 115 = SJZ 88 S. 271). 64

Begriffsnotwendiges Merkmal ist einzig die psychische Abhängigkeit. Sie äussert sich in einem starken, oft unstillbaren Verlangen, die Droge wegen ihrer seelischen Wirkung (z.B. Erzeugung von Lust, Vermeidung von Unlust) einzunehmen und sich die Substanz um jeden Preis erneut zu verschaffen (ZVW 47 S. 43, vgl. SGGVP 1990–38 S. 115 = SJZ 88 S. 271, WHO Ziff. F10). Psychische Abhängigkeit erweist sich als massives Verlangen nach ständiger oder episodischer Zufuhr eines Suchtstoffes, wobei die Einnahme (oder Injektion) wegen der psychotropen Wirkung des Stoffes erfolgt (vgl. POSER S. 403). 65

Drogen werden in folgende *Kategorien* eingeteilt: Narkotika, Stimulantien, Halluzinogene, Sedativa und Hypnotika (CAVIEZEL-JOST S. 187/188). Auch soweit Betäubungsmittel ausserhalb dieses Kataloges und desjenigen von Art. 1 Abs. 1–3 BetmG (SR 812.121: Wirkungstypen Morphin, Kokain und Cannabis) bzw. der gestützt auf Art. 1 Abs. 4 und Art. 3 Abs. 3 BetmG in den Anhängen 1–5 zur Verordnung des Bundesamtes für Gesundheitswesen vom 8. November 1984 (SR 812.121.2) verwendet werden, sind sie zu berücksichtigen, da Art. 397a Abs. 1 ZGB durch diese Bestimmung nicht eingeschränkt wird und Erkrankungen aufgrund einer Sucht generell umfasst (vgl. SUHR BRUNNER S. 11). 66

Dazu kommen insbesondere *synthetisch erzeugte* Rauschmittel (THOMASIUS, Drogensucht, S. 5) wie Crack alias Free Base (SUHR BRUNNER S. 73). 67

68 *Drogenabhängigkeit ist das Ergebnis eines komplexen Zusammenwirkens* von Persönlichkeit, Umwelt und Droge (LADEWIG, Drogen unter uns, S. 17, vgl. Bundesamt/Aspekte S. 11 ff. zur Wirkungsweise der Drogen und S. 145 ff. zur Persönlichkeit; im Überblick auch bei: SUHR BRUNNER S. 26 ff.).

69 Es werden neun *Abhängigkeitstypen* mit hohem Missbrauchspotential unterschieden (Bundesamt/Aspekte S. 39, SUHR BRUNNER S. 38/39):

Opiat-Typus (Opium, Heroin, Morphin, Methadon),
Kokain-Typus (Kokain),
Cannabis-Typus (Marihuana, Haschisch, -öl),
Halluzinogen-Typus (Lysergsäure Diäthylamid = LSD etc.; SUHR BRUNNER S. 64 ff.),
Amphetamin-Typus (Aufputschmittel, Weckamine; zählt SUHR BRUNNER S. 58 aber auch zu den weiteren Suchtmitteln),
Barbiturat-Typus (Barbiturate, Methaqualon),
Alkohol-Typus,
Nikotin-Typus,
Tranquilizer-Typus (Beruhigungsmittel wie Benzodiazepine).

70 *Cannabis* kann nach dem derzeitigen Stand der Erkenntnisse auch in grossen Mengen die Gesundheit vieler Menschen im Sinne von Art. 19 Ziff. 2 lit. a BetmG nicht in Gefahr bringen (BGE 117 IV 314 ff.). Auch wurde schon verneint, dass eine körperliche Abhängigkeit bei chronischem Cannabiskonsum entstehe (SUHR BRUNNER S. 95/96; vgl. N 163 zu Art. 397a ZGB).

71 Der *Alkohol-Typus* fällt unter die Trunksucht (N 51 zu Art. 397a ZGB).

72 Dass die Gerichte die Frage der Einreihung der *Nikotinabhängigkeit* unter die anderen Suchterkrankungen bisher nicht geklärt haben (vgl. SUHR BRUNNER S. 96), ist belanglos; zum fehlenden Anlass s. N 272 zu Art. 397a ZGB.

73 *Schnüffelstoffe* (N 73, 85 zu Art. 397a ZGB) lassen sich nicht in einen der vorstehenden Abhängigkeitstypen einfügen (Bundesamt/Aspekte S. 39).

74 Bei *Schwerstsüchtigen* ist oft eine affektive Verflachung mit hirnorganischer Störung zu beobachten (PGK-ZH Proz. Nr. KP930067/Beschluss vom 13. März 1993 i.S. F.P.).

Gleichzeitige Abhängigkeit von verschiedenen Drogen kommt durchaus vor (z.B. PGK-ZH Proz. Nr. KP92060/Beschluss vom 11. März 1992 i.S. G.F.: «Polytoxicomanie einschliesslich des Morphintyps»). 75

Die Anwendung der FFE bloss auf schwer «Drogensüchtige» wird sodann teils befürwortet (ZBl 1983 S. 51, DESCHENAUX/STEINAUER, Personnes physiques et tutelle, 2. A., Bern 1986, N 1141 und 1141a), bzw. beim Konsum von «harten» Drogen (vgl. ZBl 1983 S. 53: «starken», vgl. ZöF 1979 S. 181, SGGVP 1990 S. 114 Nr. 38 = SJZ 88 S. 271 Nr. 40). 76

Für eine FFE in Frage kommen – wobei die konkreten Auswirkungen der folgenden Tatbestände massgeblich sind (vgl. N 28 zu Art. 397a ZGB), soweit nicht ohnehin strafrechtliche Massnahmen Platz greifen (N 51 Vorbem. zu Art. 397a–f ZGB, Ausschuss S. 6, vgl. N 197 zu Art. 397a ZGB): 77

- Krisensituationen, akute Selbstgefährdung (lebensgefährdende Intoxikation, Suizidalität, erhebliche Unfallrisiken),
- akute Fremdgefährdung (Gewalttätigkeit, Risiko für Unfallverursachung, Brandverursachung etc.),
- psychische Leiden (Begleiterkrankung: Depression, schizophrene Psychose [vgl. PGK-ZH Proz. Nrn. KP92219/Beschluss vom 15. August 1992 i.S. H.S. und PG91204/Beschluss vom 7. August 1991 i.S. Z.R.], HIV-Encephalitis etc.), die eine stationäre Behandlung erforderlich machen (vgl. N 28 zu Art. 397a ZGB),
- schwere suchtbedingte Persönlichkeitsveränderung (vgl. PGK-ZH Proz. Nr. 118/84, Beschluss vom 26. September 1984 i.S. K.J.),
- erweiterte Selbstgefährdung (kontinuierliche oder häufige schwere Intoxikationszustände).

Der *mehr oder weniger regelmässige Drogenkonsum* oder eine blosse *Suchtgefährdung* stellen keinen Grund für eine FFE dar, wenn keine Drogenabhängigkeit gegeben ist (ZVW 47 S. 44), soweit nicht Minderjährige betreffend (N 36 Vorbem. zu Art. 397a–f ZGB). 78

Die zahlreichen Drogensüchtigen, die ihre Sucht beherrschen und sozial einigermassen integriert sind (SJZ 90 S. 324), fallen gleichermassen nicht in Betracht. 79

Im Jahre 1980 wurde die *Zahl der «Fixer»* in der Schweiz auf 13–15 000 geschätzt (ZöF 1980 S. 162), im Jahre 1994 basierten nach Schätzung 80 des stadtärztlichen Dienstes allein auf der Drogenszene des stillgelegten Bahnhofs «Letten» 15–20 000 Drogensüchtige (SJZ 90 S. 321).

2. Weitere Suchterkrankungen

a) Medikamente

81 *Die Sucht kann sich auf die Einnahme von Medikamenten aller Art* erstrecken (vgl. BBl 1977 III 24, ZöF 1984 S. 55, Bleuler S. 347), insbesondere:

- Schlaf- und Beruhigungstabletten (BJM 1982 S. 258, SJZ 79 S. 78, PGK-ZH Proz. Nr. 91/84, Beschluss vom 27. Juli 1984 i.S. B.W.),
- Schmerzmittel (Bleuler S. 348),
- Antidepressiva (Bleuler S. 347, Suhr Brunner S. 58),
- Antapentan, auf ärztliches Rezept abgegebenes Dopingmittel (AGVE 1986 S. 195).

82 Auch hier ist eine *genaue Abklärung* notwendig (SJZ 79 S. 10), somit nicht die blosse Feststellung des Konsums eines Übermasses von «Tabletten» (so: BJM 1982 S. 258, N 12 zu Art. 397e ZGB).

83 Medikamentenabhängige fallen in der Regel erst *dann auf, wenn sie auch Alkohol* konsumieren oder *Rezepte fälschen* (Nette S. 92, vgl. SJZ 79 S. 78).

84 *Psychosen* können durch sehr verschiedene Medikamente ausgelöst werden (Bleuler S. 347 dazu im einzelnen).

b) Lösungsmittel

85 Unter die weiterer Sucht dienenden Mittel fallen auch *flüchtige* (organische) *Lösungsmittel* (WHO Kat. F18, Bleuler S. 346, Art. 20 LVM: «volatile solvents», vgl. N 85 zu Art. 397a ZGB, ZVW 47 S. 43: «Schnüffelstoffe»).

86 Ein abschliessender *Katalog* besteht nicht; in Betracht kommen u.a.:

- Äther (Bleuler S. 346, Caviezel-Jost S. 188),
- Trichlor-Äthylen (Suhr Brunner S. 59),
- Azeton,

- Benzin,
- Verdünnungsmittel für Farben und Klebstoffe (CAVIEZEL-JOST S. 188),
- Schwefelkohlenstoff (SUHR BRUNNER S. 59).

Auch Lösungsmittel*gemische* werden missbraucht (THAMM S. 151). 87

Eventuell können später einmal *andere Süchte* an die Stelle der heute bekannten (ZöF 1975 S. 119) oder – eher noch, wie bei Alkohol, Nikotin und insbesondere Drogen ersichtlich – zu diesen hinzu treten. 88

Neben körperlichen sind auch psychische Folgeschäden bekannt (im einzelnen: THAMM S. 147 ff., BLEULER S. 346). 89

VI. Schwere Verwahrlosung

1. Verwahrlosung

Der *Begriff* ist reichlich unbestimmt und auslegungsbedürftig (ZöF 1984 S. 55). 90

«Verwahrlosung» lehnt sich an den Begriff des lasterhaften Lebenswandels im Sinne von Art. 370 ZGB an. Der Begriff ist allerdings enger (ZöF 1984 S. 55). 91

a) EMRK

Art. 5 Ziff. 1 lit. e *EMRK* erlaubt die FFE gegenüber einem *«Landstreicher»* («vagabond, vagrant»), welcher Begriff nicht definiert ist. Nach einem Urteil vom 18. Juni 1971 betreffend Art. 347 des belgischen Strafgesetzbuches gilt als Landstreicher, wer weder einen bestimmten Wohnsitz noch die Mittel für seinen Lebensunterhalt besitzt und weder ein Gewerbe noch einen Beruf gewohnheitsmässig ausübt (Fall DE WILDE, OOMS und VERSYP, Serie A Nr. 12, vgl. BBl 1977 III 24/25). 92

Eine Person, die keiner geregelten Arbeit nachgeht, ist *nicht als Landstreicher* zu betrachten, weil sie unter dem Verdacht steht, ihren Lebensunterhalt durch kriminelle Handlungen zu verdienen (EuGRZ 1983 S. 639). 93

94 Der *Begriff des ZGB*, «völlige Verwahrlosung», ist enger, da nicht jeder Landstreicher auch völlig verwahrlost zu sein braucht. Allerdings schliesst die Verwahrlosung das dem Landstreicher eigene Element des Umherziehens nicht notwendig ein (BBl 1977 III 24/25, Caviezel-Jost S. 210/220). Ob dem schon gezeigten Optimismus (ZVW 47 S. 88, vgl. ZVW 36 S. 47) ein die schweizerische Rechtsauffassung bestätigender Entscheid folgen wird, muss sich noch weisen (vgl. EuGRZ 1981 S. 126: offengelassen).

95 Landstreicherei – ohne Unterkunft und Einkünfte – birgt jedenfalls die *Gefahr der Verwahrlosung* in sich; ein Landstreicherleben reicht für eine FFE aber nicht aus (SJZ 79 S. 10/11 Nr. 1).

96 Nach der Gesetzgebung *Schwedens* werden Personen ohne genügende Mittel oder mit asozialer Lebensführung, die eine Gefahr für die öffentliche Ordnung oder Sicherheit schafft, in eine Arbeitsinstitution eingewiesen (Act of 4th June 1964, zit. in: BBl 1977 III 25 N 3).

b) Entwurf von 1977

97 Dieser sah *«völlige» Verwahrlosung* vor (BBl 1977 III 59), nachdem im Vorentwurf noch die Versorgung wegen Vernachlässigung familienrechtlicher Pflichten infolge Arbeitsscheu enthalten und in der Kommission sowohl Beibehaltung dieser Voraussetzung wie auch eine Erweiterung auf alleinstehende Arbeitsscheue (ohne familienrechtliche Verpflichtungen) abgelehnt worden war (a.a.O. S. 26).

98 Der Entwurf wollte jene Fälle decken, in welchen die EMRK die Versorgung zulässt, ohne dass Geisteskrankheit, -schwäche oder Suchterkrankung vorliegen, *indessen jemand in einen Zustand der Verkommenheit zu geraten droht, der mit der Menschenwürde schlechterdings nicht mehr vereinbar ist* (vgl. BBl 1977 III 25).

c) Heutige Norm

99 Auch bei der FFE wegen schwerer Verwahrlosung *handelt es sich um eine Massnahme i.S. der ultima ratio* (vgl. StenBull NR 1978 S. 757).

100 In den parlamentarischen Beratungen wurde der Begriff auf die heute massgebliche «schwere» Verwahrlosung geändert, in der Meinung,

dass mit der FFE *nicht* zugewartet werden solle, bis eine *totale Verwahrlosung* eingetreten ist (vgl. StenBull NR 1978 S. 755/56).

Insbesondere entfiel der Versorgungsgrund der Arbeitsscheu (BBl 1977 III 26), aber auch der *Liederlichkeit*, des *der Öffentlichkeit zur Last Fallens* und ähnliches (StenBull NR 1978 S. 746) wie etwa *Müssiggang* und *unsittlicher Lebenswandel* (Kreisschreiben-ZH S. 7). 101

Eine Unterbringung würde vor der EMRK standhalten, wenn sie – wegen Verletzung familienrechtlicher Pflichten aus Arbeitsscheu, Hilfsbedürftigkeit wegen beharrlicher Ablehnung zumutbarer Arbeit – im *Hinblick auf die Nichterfüllung gesetzlicher Pflichten* erfolgte (vgl. BBl 1977 III 25/26, GURADZE S. 63/73; SCHORN S. 119). 102

In Betracht fällt auch eine seelische, sittliche oder affektive Verwahrlosung (EGV-SZ 1983 S. 42). 103

Nicht genügen zum Beispiel:

- Gefährdung, schwer gestörtes Verhalten (nur bei Minderjährigen: Art. 310 Abs. 1 und 2 ZGB, HEGNAUER S. 194 N 27.35/27.36, ZVW 47 S. 44, SUHR BRUNNER S. 84 ff.), welche allerdings auf Umständen beruhen können, wie sie in Art. 397a ZGB umschrieben sind (RIEMER S. 150 N 10); 104
- Unfähigkeit, eine Arbeitsstelle und einen festen Wohnsitz zu halten, häufiges Übernachten in Scheunen oder unter freiem Himmel (SJZ 79 S. 10 ff. = AGVE 1981 S. 141).

Die Zwangs-Hospitalisierung *körperlich Kranker* kann nur unter dem Gesichtspunkt der Verwahrlosung erfolgen (N 52 Vorbem. zu Art. 397a–f ZGB). 105

2. Schweregrad

Aus den Materialien geht klar hervor, dass letztlich nicht eine völlige, sondern nur noch eine schwere Verwahrlosung verlangt wurde. Mit der Definition, dass jemandem drohen muss, in einen Zustand der Verkommenheit zu geraten, der mit der Menschenwürde schlechterdings nicht mehr vereinbar ist, wurde indessen schon *ursprünglich klargestellt, dass leichte Fälle – Clochard, Hippie – ausgeschlossen* sind (BBl 1977 III 25, Kreisschreiben-ZH S. 8; vgl. N 260 zu Art. 397a ZGB). 106

107 Dass aus *entwicklungs-psychologischer Sicht* und im Hinblick auf die pädagogisch-therapeutischen Möglichkeiten – Nacherziehung – und das spätere Wohlergehen Unstetigkeit und Arbeitsscheu beispielsweise bei einem 22jährigen einen völlig anderen Stellenwert haben können als bei einem 50jährigen (ZVW 38 S. 45, CAVIEZEL-JOST S. 230/232), entbindet nicht davon, die Voraussetzung schwerer Verwahrlosung zu prüfen.

108 *Die Auffassung, dass eine sehr restriktive Interpretation* des Verwahrlosungsbegriffs zwar die Gefahr moralisierender Willkür banne, in manchen Fällen aber auch die Gewährleistung echter Hilfe nicht mehr gesichert sei (ZVW 38 S. 45), verkennt wohl, dass eine solche zwingend eben nur unter der Voraussetzung einer schweren Verwahrlosung angeordnet werden kann.

109 Drohende Verwahrlosung ist zu bejahen, wenn *jemand die minimalen Bedürfnisse bezüglich Hygiene und Ernährung* nicht mehr selbständig erfüllen kann (AGVE 1988 S. 252 Erw. 3); damit wurde eine «schwere» Verwahrlosung als gegeben betrachtet.

110 Beim *Drogensüchtigen* ist eine schwere Verwahrlosung nicht automatisch anzunehmen (vgl. CAVIEZEL-JOST S. 221). Nur ein geringerer Teil der Drogenszene darf als schwer verwahrlost betrachtet werden (SJZ 90 S. 323).

111 Wenn CAVIEZEL-JOST (S. 279) es als vorstellbar bezeichnet, dass ein nach unseren Begriffen menschenunwürdiger Zustand vorliegt, indessen keine ernsthafte Gefährdung des psychisch/physischen Wohls, so geht sie wohl *von einem – hier nicht massgeblichen – subjektiven Empfinden* aus (SJZ 90 S. 323).

112 *Mit der Feststellung, dass auch eine seelische, sittliche oder affektive* eine schwere *Verwahrlosung* sein kann (EGV-SZ 1983 S. 42), wird noch nichts über den Schweregrad ausgesagt.

113 Zur Einschätzung der *Selbstgefährdung* stellen sich Fragen, die keineswegs nur eine allfällige Selbstmordgefahr im Auge haben, sondern etwa: Nimmt die körperliche Gesundheitsschädigung bedrohliche Ausmasse an, bestehen Anzeichen für eine suchtbedingte fortschreitende psychische Erkrankung, ist der Süchtige daran, in seiner Lebensgestaltung, seinem Wohlverhalten, seiner persönlichen Hygiene und seiner Gesamtverfassung in einen Zustand selbstdestruktiver Verkommenheit zu geraten,

welcher der Menschenwürde nicht mehr entspricht (ZVW 38 S. 45, vgl. N 321 ff. zu Art. 397a ZGB).

VII. Untersuchung

Die Einweisung zwecks Untersuchung ist durch Art. 5 Ziff. 1 lit. e *EMRK* gedeckt (FROWEIN/PEUKERT N 75 zu Art. 5 EMRK). 114

Die strengen materiellen und formellen Voraussetzungen von Art. 397a–f ZGB gelten auch für die Einweisung zu einer Untersuchung (BBl 1977 III 28, ZR 93 Nr. 8 S. 48 = SJZ 90 S. 105 je Erw. III/4/b/bb, RFJ/FZR 1993 S. 264; a.M. PKG 1986 S. 71/72: Grundlage ist Art. 397e Ziff. 5 ZGB; vgl. Pra 74 S. 12: für das Entmündigungsverfahren). 115

Sobald sich die FFE auf *mehrere Stunden* erstreckt, kommen die Art. 397a–f ZGB zur Anwendung, auch bei entsprechenden Massnahmen für Sachverständigen-Gutachten gemäss Art. 374 Abs. 2 ZGB (TUOR/SCHNYDER/SCHMID S. 405/06 unter Hinweis auf BGE 110 Ia 121 ff., ZöF 1984 S. 59, EGV-SZ 1983 S. 42, VILLIGER S. 201 N 335 und FN 55). 116

Auch nach § 1906 Abs. 1 Ziff. 2 *BGB* ist eine notwendige Untersuchung, welche ohne die Unterbringung des Betreuten nicht durchgeführt werden kann und wenn dieser auf Grund einer psychischen Krankheit oder geistigen oder seelischen Behinderung die Notwendigkeit der Unterbringung nicht erkennen oder nicht nach dieser Einsicht handeln kann, zulässiger Grund für die Unterbringung. 117

D. Geeignete Anstalt

I. Anstalt

Es gibt keine *Legaldefinition* zum Begriff der geeigneten Anstalt i.S. von Art. 397a Abs. 1 ZGB (vgl. ZVW 36 S. 55 und Zit.). 118

119 Der europäischen Rechtsprechung zur *EMRK* entsprechend (ZVW 36 S. 44/45 und Zit. in FN 21/22) ist der Begriff der Anstalt in einem sehr weiten Sinne zu *verstehen und soll sich auf alle «Versorgungseinrichtungen»* beziehen – auch wenn sie im alltäglichen Sprachgebrauch nicht als Anstalten bezeichnet werden –, in denen Personen ohne oder gegen ihren Willen persönliche Fürsorge unter Entzug ihrer Freiheit erbracht werden kann. Es muss sich dabei nicht notwendigerweise um geschlossene Anstalten handeln. Es genügt, wenn der Betroffene die Anstalt nicht verlassen darf (BBl 1977 III 28/29, KATZ S. 47, LUSTENBERGER S. 81, SUHR BRUNNER S. 115/16).

120 Dass zufolge ständiger oder fast lückenloser Überwachung der unerlaubte Austritt nur durch eigentliche *Flucht* möglich sein soll, ist nicht vorausgesetzt (a.M. ZVW 36 S. 102/03).

121 Ein *Schulheim* – Minderjährige betreffend – wurde als Anstalt im Sinne des Gesetzes angesehen, wenn darin die Kinder nicht nur in der Schule, sondern auch in ihrer Freizeit- und Lebensgestaltung überwacht und angeleitet werden, wenn ihre Freiheit mehr beschränkt wird als diejenige ihrer Altersgenossen im allgemeinen (ZVW 37 S. 111 zu Art. 405a ZGB, ZöF 1984 S. 54, PGK-ZH Proz. Nr. 54/85, Verfügung vom 3. Mai 1985 i.S. N.G.; a.M. ZBl 84 S. 55 FN 41, ZVW 36 S. 98: befürwortet enge Fassung).

122 Die im Entwurf zu Art. 15b BetmG vorgesehene «Hospitalisierung» – mit begrifflich notwendiger ärztlicher Betreuung – wurde während der parlamentarischen Beratungen in Einklang mit Art. 397a ZGB gebracht (StenBull NR 1978 S. 771), so dass auch andere *Anstalten für Drogensüchtige* zur Verfügung stehen.

II. Eignung

1. Allgemeines

123 Die Anstalt ist i.S. von Art. 397a Abs. 1 ZGB geeignet, wenn die Organisation und das vorhandene Personal es erlauben, die *wesentlichen Bedürfnisse* des Betroffenen zu befriedigen (BGE 114 II 213 = Pra 77 Nr. 250 S. 936/37 = JdT 1990 I S. 287 = SJ 1989 S. 161, BGE 112 II 486 =

Pra 76 Nr. 94 S. 330 = JdT 1989 I S. 571), wenn dem Betroffenen jene medizinische und persönliche Fürsorge gewährt werden kann ..., die eine Anstaltsentlassung binnen angemessener Frist ermöglicht (ZöF 1984 S. 56).

Geeignete Anstalt heisst allerdings nicht ideale Anstalt (TUOR/SCHNYDER/ 124 SCHMID S. 405) und auch nicht *optimale therapeutische Behandlungsmöglichkeit* (vgl. AGVE 1990 S. 225, N 220 ff. zu Art. 397a ZGB).

Die Anstalt, in welche eingewiesen wird, *muss konkret bezeichnet* 125 werden (AGVE 1987 S. 215), ansonsten ihre Geeignetheit gar nicht überprüft werden kann (vgl. N 37 zu Art. 397b ZGB und N 12 zu Art. 397e ZGB). Diese kann nicht generell, sondern nur im Einzelfall beurteilt werden (Pra 76 Nr. 94 S. 329, ZVW 42 S. 105).

Geeignet ist auch nur die Anstalt, welche bereit ist, den Betroffenen 126 *aufzunehmen* (CAVIEZEL-JOST S. 383, SJZ 79 S. 297, AGVE 1987 S. 215, vgl. N 125 zu Art. 397a und N 42 zu Art. 397b ZGB).

Ungeeignet sind *überbelegte* Anstalten, was bei bevorstehenden Auf- 127 nahmen z.B. – trotz noch zu leistender Motivationsarbeit – zur Entlassung Drogensüchtiger führt (vgl. SUHR BRUNNER S. 129).

Ein Antrag Morel auf Ergänzung von Art. 397a um einen Abs. 4: 128 «*Strafanstalten* sind keine geeigneten Anstalten» wurde, obwohl grundsätzlich zutreffend, abgelehnt, da ein Umkehrschluss zu vermeiden war und Überschneidungen z.B. mit Heilanstalten vorkommen (StenBull NR 1978 S. 755/58/59; vgl. N 128 zu Art. 397a ZGB).

Der Gesetzgeber konnte sich darauf verlassen, *dass der mit der FFE* 129 *verfolgte primär therapeutische Zweck* hinreichend Aufschluss darüber gebe, was unter der geeigneten Anstalt zu verstehen ist (BGE 112 II 487, ZVW 84 S. 56).

Die Eignung der Anstalt hängt damit auch von der darin *erwiesenen* 130 *Fürsorge* ab (SJZ 90 S. 323, ZVW 41 S. 3, AGVE 1987 S. 214, vgl. ZR 93 Nr. 8 S. 45 = SJZ 90 S. 103/04 je Erw. III/2/c, SJZ 79 S. 297, PGK-ZH Proz. Nr. 92/84, Beschluss vom 16. Juli 1984 i.S. G.F.), was sich wie folgt auswirkt:

- die FFE entfällt dort, wo auch die Anstaltseinweisung nichts mehr ausrichten kann (TUOR/SCHNYDER/SCHMID S. 404) bzw. über keine Therapiemöglichkeiten verfügt (GEISER S. 182);

– eine Anstalt ist ungeeignet, wenn sie von ihrem Konzept her an den Betroffenen Anforderungen stellen muss, welche dieser nicht zu erfüllen vermag (AGVE 1988 S. 266; zur vorausgesetzten Motivierbarkeit des Süchtigen für eine Langzeittherapie s. N 234 und 242 zu Art. 397a ZGB).

131 Ob sich eine geeignete Anstalt finden lässt, kann im Einzelfall schwierig sein und den Entscheid beeinflussen (BBl 1977 III 27, vgl. BOSSART S. 99: schon zum alten Recht). Fehlt es an einer geeigneten Anstalt, so ist der *Tatbestand für die Unterbringung* nicht erfüllt (TUOR/SCHNYDER/SCHMID S. 405, ZöF 1984 S. 57), eine Voraussetzung für die FFE fehlt.

132 Im Jahre 1990 wurde in einem Bericht betreffend die Untersuchung über die FFE bei allen Kantonsregierungen festgestellt «dass die wichtigsten Probleme ... hauptsächlich das *Vorhandensein geeigneter Anstalten* beträfen» (ZVW 45 S. 137 und 146 ff., vgl. ZVW 42 S. 106).

133 Zur entsprechenden Frage an den Gutachter s. N 177 zu Art. 397e ZGB.

134 Zur *Anstaltsneurose* und deren Behebung durch klinikinterne Massnahmen, aber auch zur Vorbereitung des Austritts s. BARTON RUSSEL bei: FINZEN (S. 12 und 76).

135 Ein Rückzug der Klage (N 12 zu Art. 397f ZGB) im Hinblick auf eine konkrete Abklärung einer *Verlegung* in eine geeignete Anstalt ist zulässig (PGK-ZH Proz. Nr. PG91254/Beschluss vom 2. Oktober 1991 i.S. K.C.).

2. Eignung für Geisteskranke

136 Für im medizinischen Sinn geisteskranke Betroffene, welche der stationären psychiatrischen Behandlung (N 223 ff. zu Art. 397a ZGB) bedürfen, erweist sich grundsätzlich eine *psychiatrische Klinik* als geeignete Anstalt (vgl. SUHR BRUNNER S. 114).

137 Die psychiatrische Klinik ist nicht eine Anstalt zur lebenslänglichen Unterbringung psychisch Abnormer, sondern ein relativ teures *Behandlungszentrum*, in dem Patienten, welche durch die Maschen des sozialpychiatrischen ambulanten und teilstationären Netzes nicht aufgefangen

werden können, mittels relativ aufwendiger therapeutischer Interventionen entlassungsfähig gemacht werden (ZVW 42 S. 100, vgl. AGVE 1988 S. 265).

Insoweit sind die medizinischen Unterscheidungen psychischer Störungen, insbesondere deren internationale *Klassifikation* (DILLING/MOMBOUR/SCHMIDT S. 16 ff., BLEULER S. 202 ff., CAVIEZEL-JOST S. 120 ff.), vor allem für den Gutachter von Bedeutung und insoweit mittelbar für den Richter, als er konkret ein unvollständiges, unklares oder nicht gehörig begründetes Gutachten ergänzen oder erläutern lassen muss, wenn er nicht sogar einen neuen Sachverständigen zu bestellen hat (vgl. § 181 Abs. 1 und 2 ZPO-ZH). 138

Dass der *juristische* Begriff der Geisteskrankheit zu berücksichtigen ist (N 27 zu Art. 397a ZGB), ändert an der hier massgeblichen Fragestellung im Gutachtensauftrag nichts (N 177 zu Art. 397e ZGB). 139

Die Frage, ob eine psychiatrische Klinik kaum die geeignete Anstalt für eine *Psychopathin* sei (EGV-SZ 1983 S. 42), kann nicht generell beantwortet werden. 140

Da bei *senil-arteriosklerotisch* bedingten psychischen Störungen der Prozess durch geeignete sozialtherapeutische Massnahmen – Intensivierung des noch vorhandenen psychischen Potentials – verzögert werden kann, stellt sich die Frage der Eignung psychiatrischer Kliniken anstelle von *speziellen Abteilungen* in Spitälern oder gerontologischen Kliniken (vgl ZVW 40 S. 99, N 309 zu Art. 397a ZGB). 141

L'Hospice «Le pré-aux-boeufs»/Sonvilier ist auf Personen ausgerichtet, die sich zufolge psychischer und körperlicher Behinderung im freien Erwerbsleben nicht behaupten können, mit Schwergewicht auf «Zuhause», angepasste Betreuung und Beschäftigung (ZVW 45 S. 96). 142

3. Eignung für Geistesschwache

Bei fehlenden Mitteln der Klinik für die grundsätzlich befürwortete *Milieu- und Verhaltenstherapie* für Geistesschwache (N 227 zu Art. 397a ZGB) entfällt die Eignung der Anstalt (vgl. AGVE 1992 S. 277–79). 143

144 Von der einweisenden Behörde wurde auch schon ein *gewöhnliches Spital* für eine Betroffene mit altersbedingten körperlich-psychischen Schwierigkeiten als geeignet betrachtet (PGK-ZH Proz. Nr. KP930069/ Beschluss vom 20. März 1993 i.S. B.-K.T. und K.M.).

145 *Ganz ausnahmsweise wurde auch einer Strafanstalt* für einen debilen, rasch gekränkten Kläger, der sich zu Drohungen und Tätlichkeiten hinreissen liess, wobei übermässiger Alkoholkonsum zusätzlich einen unheilvollen Einfluss hatte, die Eignung nicht zum vorneherein abgesprochen, indessen die Klärung der Bedürfnisse der persönlichen Fürsorge (N 196 zu Art. 397a ZGB) und deren Befriedigung verlangt (vgl. BGE 112 II 486 ff. = Pra 76 Nr. 94 S. 330 = JdT 1989 I S. 571, vgl. SUHR BRUNNER S. 119/120).

146 Ab dem Jahre 1993 wurden im Kt. Zürich geistig behinderte und nicht weiter behandelbare Betroffene aus psychiatrischen Kliniken in nurmehr administrativ geleitete *Wohnheime* verlegt (Auskunft Gesundheitsdirektion vom 15. März 1995).

4. Eignung für Trunksüchtige

147 Die erste Phase der *Entziehung* und Entwöhnung von Alkohol wird normalerweise in einer psychiatrischen Klinik (gelegentlich auch in einem gewöhnlichen Spital) durchgeführt (ZVW 45 S. 145, SUHR BRUNNER S. 115). Bei vielen Alkoholikern muss die Behandlung, soll sie Aussicht auf Erfolg haben, in psychiatrischen Spitälern oder offenen Heilstätten beginnen (BLEULER S. 328).

148 Die zweite, sechs- bis zwölfmonatige Phase der Entwöhnung und schrittweisen *Wiedereingliederung* in das Berufs- und das soziale Leben für Betroffene, welche nicht absolut unmotiviert sind (N 234 zu Art. 397a ZGB), erfolgt in spezialisierten Trinkerheilanstalten (vgl. ZöF 1984 S. 57 und Zit., ZVW 47 S. 48), wobei es an genügenden Plätzen vielerorts mangelt (ZVW 45 S. 146), oder in therapeutischen Gemeinschaften (SUHR BRUNNER S. 115; zur Zwangsbehandlung s. N 207 ff. zu Art. 397a ZGB).

149 Als *geeignete Anstalten* für Trunksüchtige wurden zum Beispiel schon bezeichnet:

- La Sapinière (Tannenhof; Extraits 1989 S. 9/10);
- Psychiatrische Klinik Königsfelden ausnahmsweise (AGVE 1982 S. 131/32, 1987 S. 214);
- eine Arbeitskolonie, weil namentlich das bestehende Vertrauensverhältnis zwischen Anstaltsverwalter und Betroffenem es ermöglichte, diesen nach seinen konkreten Bedürfnissen zu behandeln (N 196 zu Art. 397a ZGB, SJZ 79 S. 297);
- eine psychiatrische Klinik bei Folgeerscheinung psychischer Störung und Notwendigkeit psychotherapeutischer Behandlung (AGVE 1987 S. 214, ZöF 1984 S. 57 und Zit., SUHR BRUNNER S. 115).
- eine Anstalt, welche als «Minimaltherapie» mindestens gewährleistet, dass der Betroffene vom Alkoholkonsum im Hinblick auf eine Rückbildung der alkoholbedingten Wesensveränderung ferngehalten wird, wobei auf diesen Zeitpunkt die Versetzung in eine Anstalt mit Therapiemöglichkeit sichergestellt werden soll (AGVE 1981 S. 150, PGK-ZH Proz. Nr. KP92241/Beschluss vom 29. August 1992 i.S. S.L., N 178 zu Art. 397a ZGB).

Als *ungeeignet* erwiesen sich: 150

- für einen renitenten Trunksüchtigen eine Arbeitskolonie, in welcher eine Entwöhnungskur nur auf freiwilliger Basis versucht wird (AGVE 1988 S. 267, vgl. N 234 zu Art. 397a ZGB);
- eine Arbeitserziehungsanstalt, wenn die Alkoholsucht auf einer schwer neurotischen Persönlichkeitsstruktur beruht und eine therapeutische Behandlung im Vordergrund stehen sollte (ZöF 1984 S. 57 und Zit.);
- die Klinik Rheinau/Kt. Zürich für eine nach dem körperlichen Entzug durchzuführende Alkoholtherapie (PGK-ZH Proz. Nr. PG91272/Beschluss vom 16. Oktober 1991 i.S. R.G., PGK-ZH Proz. Nr. PG91167/Verfügung vom 6. August 1991).

5. Eignung für Drogensüchtige

Zu unterscheiden sind die *verschiedenen Phasen*, allenfalls der Un- 151
tersuchung, des Drogenentzugs, der Motivierung, womöglich eine Übergangsphase und schliesslich die Langzeittherapie.

Zur gemeinsamen Unterbringung mit Psychiatriepatienten s. N 177 152
zu Art. 397a ZGB.

a) Drogenentzug

153 Der stationäre *Drogenentzug* wird in Spitälern, psychiatrischen Kliniken (z.B. Rapport VD S. 34) oder speziellen Entzugsabteilungen oder -einrichtungen durchgeführt (MÜHLE S. 14), in insgesamt 44 Institutionen im Frühjahr 1994 (a.a.O. S. 21).

154 Wo weder ein psychisches Leiden noch eine ausgeprägte psychische Krisensituation im Vordergrund steht, kann die erzwungene Behandlung auch in einer *sozialtherapeutischen Institution* durchgeführt werden (Ausschuss S. 10).

155 Selbst der unkomplizierte Drogenentzug allein stellt – entgegen einer populären Meinung – keineswegs eine hinreichende Indikation für die Einweisung in eine *psychiatrische Klinik* dar. Den meisten Süchtigen kann nämlich mit Unterstützung des geschulten Personals von sonderpädagogischen Einrichtungen über den Entzug hinweggeholfen werden. Wird ärztlich-psychiatrische Hilfe nötig, genügt oft der Beizug eines Konsiliararztes, und nur in Ausnahmefällen wird die Überweisung in eine psychiatrische Klinik notwendig (LANZ/Seminar S. 1). Mitte 1993 wurden versuchsweise in den psychiatrischen Kliniken des Kt. Zürich gleichwohl i.S. einer vorübergehenden Notlösung per FFE eingewiesene Drogensüchtige aufgenommen (vgl. LANZ/Seminar S. 2).

156 Bei *akuter Selbstgefährdung* eines Drogensüchtigen und bei psychischem Leiden ist das psychiatrische Krankenhaus mindestens für die Dauer der psychiatrischen Behandlungsbedürftigkeit die geeignete Anstalt (Ausschuss S. 10); in diesem Sinne werden sehr selten und nur bei völlig uneinsichtigen weiblichen Betroffenen, deren absehbares Suchtverhalten in absoluter Verwahrlosung und/oder Tod enden würde, z.B. die Anstalten Hindelbank beansprucht (ZVW 45 S. 96).

157 Bei Sucht nach *Weckaminen* (N 69 zu Art. 397a ZGB) erfolgt die Behandlung in der (psychiatrischen) Klinik (BLEULER S. 342).

b) Motivationsphase

158 *Die geeignete Institution mit einem sozialpädagogischen Konzept* für den Vollzug der FFE wurde im Kt. Zürich in den Jahren 1992/93 geplant (Ausschuss S. 1 ff.) und in einer spezialisierten Abteilung der

Klinik Rheinau inzwischen in die Tat umgesetzt sowie für eine weitere solche Institution «Obere Halden, Egg» vorgesehen.

Solange die Motivierbarkeit des Drogenabhängigen für eine Langzeittherapie noch nicht ausgeschlossen werden kann, wird die *(psychiatrische) Klinik* im Kt. St. Gallen allerdings als geeignete Anstalt betrachtet (SGGVP 1990–41 S. 119, 1991–34 S. 78). 159

c) Übergangsphase

Der Schnittstelle zwischen der körperlichen Entzugsbehandlung und dem anschliessenden ambulanten oder stationären Therapieprogramm kommt aus mehreren Gründen grösste Bedeutung zu. Nach dem körperlichen Drogenentzug von zwei bis drei Wochen ist eine Stabilisierung der persönlichen und sozialen Situation beim Betroffenen nicht erreicht. Der Übertritt in die stationären Rehabilitationseinrichtungen ist häufig erst nach einer *Wartezeit* möglich. Es wird unterschieden zwischen «Übergangsstationen und -plätzen», je nach organisatorischer Trennung vom Drogenentzug (vgl. MÜHLE S. 22). 160

Als für die Übergangsphase *geeignet* wurden schon befunden: 161

- eine psychiatrische Klinik (PGK-ZH Proz. Nr. KP92091/Beschluss vom 8. April 1992 i.S. S.B.);
- ein Kantonsspital (PGK-ZH Proz. Nr. KP930187/Beschluss vom 26. Juni 1993 i.S. W.C.).

d) Langzeittherapie

Für eine an die psychiatrische anschliessende Suchtbehandlung bedarf es nicht einer psychiatrischen Klinik (Ausschuss S. 10); diese stationäre Drogenrehabilitation wird in 162

- *Familien- oder Grossfamilien* (Konzept der Lebensgemeinschaft) und
- *therapeutischen Gemeinschaften* für Drogenabhängige, insgesamt 83 schweizerischen Institutionen im Frühjahr 1994 (MÜHLE S. 26, vgl. SUHR BRUNNER S. 115), durchgeführt.

BLEULER (S. 341) hielt noch für die Behandlung *Haschisch-Süchtiger* die bisherigen psychiatrischen Einrichtungen für ungenügend. Anzustreben seien offene Beratungsstellen, Tages- und Nachtkliniken, Fortbildungs-, 163

Umschulungs- und Arbeits-Heilstätten, allerdings unter fürsorgerischer Betreuung und ärztlicher Leitung. Müsste eine stationäre Fürsorgebedürftigkeit angenommen werden (a.M. SUHR BRUNNER S. 96, N 246 zu Art. 397a ZGB), wäre die Eignung der konkreten Anstalt entsprechend zu prüfen.

Die Anstalt ist dann *ungeeignet:*

164 – *wenn ein Drogensüchtiger nicht mehr motivierbar* ist (vgl. ZVW 47 S. 51/52, vgl. Rapport VD S. 18/19 bezüglich psychiatrischer Kliniken, N 242 zu Art. 397a ZGB). Ein Drogenabhängiger darf nicht in einer ungeeigneten Anstalt zurückbehalten werden einzig zum Zweck seiner Fernhaltung von Drogen und zur Verhinderung weiterer Straffälligkeit (AGVE 1991 S. 268/69). Letztere ist ohnehin nur im Rahmen strafprozessualer Möglichkeiten zu erwägen (vgl. § 58 Abs. 1 Ziff. 3 StPO-ZH: nicht bei Übertretungen [§ 19 Ziff. 1 BetmG], N 51 Vorbem. zu Art. 397a–f ZGB);
– wenn eine Klinik über *kein Behandlungskonzept* für Drogensüchtige verfügt (PGK-ZH Proz. Nrn. KP92060/Beschluss vom 11. März 1992 i.S. G.F., PG91320/Beschluss vom 14. Dezember 1991 i.S. S.B.).

165 Ist auch *körperlicher Verfall* wie etwa Leberschäden, Infektionen etc., festzustellen (ZöF 1980 S. 162, SCHREIBER S. 109, PGK-ZH Proz. Nr. KP940114/Beschluss vom 6. April 1994 i.S. K.M.: Entzündung), so bedarf es der somatischen Medizin, deren Fachärzte allenfalls durch die Anstaltsleitung beigezogen, indessen oft auch ambulant tätig werden können.

166 Zur Unterbringung von Drogensüchtigen in sozialtherapeutischen Institutionen s. auch N 3 Schlussbem.: Art. 15b Abs. 2 BetmG.

6. Eignung für andere Suchtkranke

167 Psychiatrische Kliniken sind für eine *Hospitalisation als vorsorgliche Massnahme bei Medikamentensucht* und akuter Krisensituation geeignet (SJZ 79 S. 80).

168 Die Erziehung zur *Dauerabstinenz* von Medikamenten sah BLEULER in noch zu errichtenden besonderen Behandlungsstätten vor (S. 340).

Eine sozialtherapeutische Wohngemeinschaft wurde schon für eine 18jährige *Benzin-Schnüfflerin* als geeignete Anstalt angesehen (PGK-ZH Proz. Nr. KP940322/Beschluss vom 25. Oktober 1994 i.S. F.B.). 169

Denkbar ist vorab die Einweisung in eine somatische Klinik bei *körperlichen Schädigungen* durch die zugeführten Suchtstoffe. 170

7. Eignung für Verwahrloste

Als *geeignet* wurden schon betrachtet: 171

- der «Tannenhof»/Ins, als Heim für heimatlose Männer, welche mit adäquaten Arbeiten beschäftigt werden, was der Selbstachtung diene (ZVW 45 S. 96);
- möglicherweise eine psychiatrische Klinik (SGGVP 1990–41 S. 118). 172

In Frage kommt auch eine Arbeitserziehungsanstalt.

Zur Eignung von Trinkerheilanstalt, Drogenheilstätte und somatischer Klinik s. N 176 ff. zu Art. 397a ZGB. 173

8. Eignung für Untersuchung

Psychiatrische Kliniken sind für die Abklärung der Frage geeignet, ob der Betroffene überhaupt psychisch krank sei (vgl. SUHR BRUNNER S. 114/15), aber auch umfassend (ZVW 45 S. 94) für diejenigen nach der Notwendigkeit einer Betreuung, Suchtbehandlung oder Verwahrlosung. 174

Die Untersuchung der Drogensüchtigen durch die Ärzte ist nicht *in der Drogenszene* zumutbar und in einem sog. Rückführungszentrum durchführbar (vgl. ZR 93 Nr. 8 S. 47 = SJZ 90 S. 105 je Erw. III/4/b/aa). 175

9. Überschneidungen

Überschneidungen sind denkbar bei den materiellen Einweisungsgründen – denkbar sind geisteskranke oder -schwache Süchtige (Alkoholiker, Drogenabhängige) mit Verwahrlosungserscheinungen (N 23 zu Art. 397a ZGB), allenfalls auch somatischer Erkrankung –, indessen nur *beschränkt bezüglich der Eignung* einer Anstalt. 176

177 Es versteht sich von selbst, dass der Grund für die Unterbringung der Betroffenen es grundsätzlich nicht erlaubt, diese in einer geschlossenen Klinikabteilung zu *vereinigen*, so z.B. nicht Drogenabhängige und sonstige psychisch Kranke (SUHR BRUNNER S. 117).

178 *Leitgedanke* muss die zu erweisende Fürsorge sein (N 205 zu Art. 397a ZGB), welche auch eine Verlegung – z.B. nach Behandlung somatischer Krankheit – mit sich bringen kann.

179 *Die Einweisung des Süchtigen in eine psychiatrische Klinik* ist z.B. insbesondere dann angezeigt, wenn es sich um psychisch schwer abnorme Trinker handelt (SUHR BRUNNER S. 115, N 54 zu Art. 397a ZGB).

E. Unterbringen i.w.S.

180 Die Unterbringung als *Oberbegriff* umfasst das Unterbringen im engeren Sinn und das Zurückbehalten (TUOR/SCHNYDER/SCHMID S. 405, ZöF 1984 S. 53).

181 Unterbringen i.e.S. «oder» Zurückbehalten sind wörtlich *alternativ* zu verstehen.

I. Unterbringen i.e.S.

182 *Unterbringen im engeren Sinn heisst (Zwangs-)Einweisung* in eine Anstalt (TUOR/SCHNYDER/SCHMID S. 405, ZöF 1984 S. 53).

183 Die Unterbringung unterscheidet sich damit vom *freiwilligen Eintritt* (N 183 zu Art. 397a ZGB).

184 Zur Dauer der Unterbringung s. N 380 ff. zu Art. 397a ZGB.

II. Zurückbehalten

Zurückbehalten heisst – *begrifflich* – die behördliche Anordnung der FFE gegenüber jemandem, der sich bereits (freiwillig) in einer Anstalt befindet (BBl 1977 III 22, Tuor/Schnyder/Schmid S. 405). Le code civil ne régit pas le cas de l'admission volontaire d'une personne dans un établissement psychiatrique; il s'applique en revanche, au cas d'une personne qui, entrée volontairement, devrait être empêchée d'en sortir (SJ 105 S. 168 Erw. 5a). 185

Dieser Tatbestand ist davon zu unterscheiden, dass eine Vormundschaftsbehörde die «Zurückbehaltung» anordnet, d.h., ein *Entlassungsgesuch* eines von ihr eingewiesenen Betroffenen *abweist* (N 103 zu Art. 397b ZGB). 186

Eine gewisse Freiwilligkeit liegt auch insoweit vor, als *auf die gerichtliche Beurteilung* der FFE – aus welchen Gründen auch immer, auch zufolge Beeinflussung von Dritten (Suhr Brunner S. 127) – *verzichtet* wird. 187

Freiwilliger Eintritt ist nicht nur in psychiatri*sche Kliniken denkbar, sondern z.B. auch in Männer- und Altenheime* (ZöF 1984 S. 54). 188

Der freiwillige Eintritt erfordert relative Urteilsfähigkeit (BGE 90 II 9, Spirig S. 22 und Zit.) – welche auch bei Geisteskranken gegeben sein kann (Nägeli S. 107) – im Hinblick auf die stationäre Behandlung oder Betreuung, insbesondere aber die Möglichkeit der Zurückbehaltung. 189

Die Urteilsfähigkeit ist bei der Aufnahme z.B. durch den *Chefarzt* einer staatlichen Klinik zu prüfen (vgl. § 28 Patientenrechts-VO-ZH, ZG 813.13), aber auch durch den ärztlichen Leiter einer privaten Klinik oder einer sonstigen Anstalt. 190

Urteilsfähigkeit ist grundsätzlich *zu vermuten* (BGE 90 II 9, Spirig S. 32 und Zit.). Liegt aber ein ärztliches Einweisungszeugnis vor, welches psychische, stationär zu behandelnde Störungen belegt, so bedarf die – allerdings nur relativ erforderliche (N 189 zu Art. 397a ZGB) – Urteilsfähigkeit einer eingehenden Prüfung. Ebenso bei behördlich festgestellter Urteilsunfähigkeit, soweit sie sich auf die hier massgeblichen Verhältnisse bezieht und zeitlich nicht weiter zurückliegt (vgl. Spirig S. 31). 191

192 Sodann stellt sich die Frage, ob nicht allzu grobschlächtige Regelungen dieser Probleme im Ergebnis nur zu *Schein- oder Halbfreiwilligkeit* führen. Es könnte also sein, dass unter dem neuen Recht mit seinem genau vorgeschriebenen Verfahren Personen rechtens ohne oder gegen ihren Willen in Anstalten eingewiesen worden sind, die unter fortdauerndem früherem Recht angeblich freiwillig in einer Anstalt untergebracht worden wären, in Wirklichkeit aber un- oder halbfreiwillig diese Massnahme erduldet hätten. Das Problem der Halb- oder Pseudofreiwilligen stellt sich aber auch unter der vorliegenden Regelung (SCHNYDER in: Festschrift für H. Lange, S. 955).

193 Ob ein *ernstgemeinter* freiwilliger Eintritt (AGVE 1990 S. 217) in die oder ein solcher Verbleib in der Klinik vorliegt, beurteilt sich nicht nur anhand der Aussagen des Betroffenen, sondern auch aufgrund seines bisherigen Verhaltens (AGVE 1992 S. 282).

194 Gemäss § 117g rev. EG-ZGB-ZH obliegt die Zurückbehaltung freiwillig eingetretener Betroffener – bei nicht anders erweisbarer nötiger Fürsorge – dem ärztlichen *Leiter einer Klinik* (a.M. SUHR BRUNNER S. 116/144).

195 Eine Anweisung an einen während sistiertem Verfahren *probeweise* unter strengen Auflagen aus der Klinik *entlassenen* trunksüchtigen Kläger für den Fall, dass der Versuch misslingen sollte, ohne weiteres Verfahren für eine langfristige stationäre Behandlung in die Klinik einzutreten (AGVE 1985 S. 211, SUHR BRUNNER S. 103), ist selbstverständlich zwangsweise nur in den Formen der FFE durchzusetzen, wobei es auf die Verhältnisse im Zeitpunkt des Entscheids – nach Aufhebung der Sistierung – ankommt (N 13 zu Art. 397a ZGB) und hierzu wiederum das rechtliche Gehör zu gewähren ist (N 113 zu Art. 397f ZGB).

F. Persönliche Fürsorge

I. Zweck

196 Die Unterbringung oder Zurückbehaltung in einer Anstalt – um die es hier einzig geht – soll die *persönliche Fürsorge* ermöglichen. Wo sie

nicht erforderlich ist, entfällt die Anwendung von Art. 397a ZGB (BBl 1977 III 27; a.M. CAVIEZEL-JOST S. 272: genereller Begriff). Die Fürsorge muss *primäres Ziel* sein und nicht die FFE (ZöF 1984 S. 56).

Mit der FFE wird primär ein therapeutischer Zweck verfolgt (BGE 112 II 487, ZöF 1984 S. 56). Es geht um die *Besserung bzw. Heilung* in der Anstalt innerhalb absehbarer Zeit (vgl. BGE 106 Ia 36, vgl. N 261 zu Art. 397a ZGB). 197

Die nötige persönliche Fürsorge «erweisen» heisst *betreuen* (ZöF 1984 S. 52), *pflegen*, insbesondere aber *behandeln*. 198

Es ist darauf zu achten, dass dem Betroffenen jene medizinische und persönliche Fürsorge gewährt werden kann ..., *die eine Anstaltsentlassung binnen angemessener Frist* ermöglicht (ZöF 1984 S. 56). 199

Dass die Fürsorge dem Betroffenen *unmittelbar erwiesen* werden muss, macht sie zur persönlichen. 200

Zur erforderlichen Notwendigkeit der Fürsorge s. N 261 zu Art. 397a ZGB. 201

II. Art der Fürsorge

1. Allgemeines

Über die *Anstaltsbetreuung* oder Betreuung in einer Anstalt steht kein Wort in den Art. 397a–f ZGB, deshalb hat man sich mit der Bezeichnung «fürsorgerische Freiheitsentziehung» begnügt (vgl. StenBull NR 1978 S. 754, BGE 118 II 263). 202

Das konkrete *Behandlungskonzept* muss genügend Erfolg versprechen (AGVE 1992 S. 275). Die FFE entfällt dort, wo auch die Anstaltseinweisung nichts mehr ausrichten kann (TUOR/SCHNYDER/SCHMID S. 404, vgl. AGVE 1986 S. 194), d.h., die Betreuung und Behandlung – z.B. mangels Behandlungskonzeptes (PGK-ZH, Proz. Nr. PG91320, Beschluss vom 14. Dezember 1991 i.S. S.B.) – erfolglos erscheint. 203

204 *Kranke ohne mögliche Behandlung einzusperren, widerspricht der Menschlichkeit und entbehrt auch jeden Sinnes*, soweit sie nicht bei übertragbaren Krankheiten vorgesehen ist (N 53 Vorbem. zu Art. 397a–f ZGB, SJZ 90 S. 327). Dem ist auch nicht mit der (falschen) Qualifizierung der Behandlungsart bzw. -möglichkeit als Rechtsfrage beizukommen (a.M. SJZ 91 S. 71/72).

205 *Voraussetzung* für die FFE ist, dass begründete *Aussicht auf Besserung bzw. Heilung in der Anstalt* innerhalb absehbarer Zeit besteht (BGE 106 Ia 36; a.M. AGVE 1988 S. 259: keine Notwendigkeit stationärer Behandlung).

206 Zur Betreuung ausserhalb der Anstalt s. N 291 zu Art. 397a ZGB.

2. Zwangsbehandlung

a) Gesetzliche Grundlage

207 In den meisten Kantonen fehlen – Missachtung des *Legalitätsprinzips* – gesetzliche Regelungen für die Zwangsbehandlung (ZVW 46 S. 100), ausgenommen z.B. im Kt. Tessin (Legge sull'assistenza sociopsichiatrica del 26 gennaio 1983, ZVW 42 S. 106/09) und Genf (Art. 5 LPAAM, BGE 114 Ia 353), während dies z.B. vom Kt. Zürich auf dem Verordnungswege bestimmt wurde (§ 61 aKrankenhaus-VO-ZH bzw. § 29 Abs. 2 Patientenrechts-VO-ZH, vgl. EuGRZ 1993 S. 399/400), neuerdings teilweise aber im Prozessgesetz (§ 203b rev. ZPO-ZH).

208 *Medizinische Zwangsbehandlung* im Rahmen der Unterbringung in einer Anstalt ist – auch im Lichte der EMRK (Villiger Rz 335) – zulässig (Honsell S. 305 und zit. BGE, Hug, Persönliche Freiheit und besondere Gewaltverhältnisse, Diss., Zürich 1976, S. 207/8 und 217/18).

209 Im übrigen sind privatrechtliche Normen, das Leitbild und Gewissen eines gewissenhaften Arztes massgeblich (BGE 70 II 210, ZR 93 Nr. 81 S. 243, Bucher in: Arzt und Recht, Bern 1985, S. 40).

210 Die *BRD* kennt analoge Bestimmungen für über einen längeren Zeitraum oder regelmässig medikamentös oder auf andere Weise oder durch mechanische Vorrichtungen bewirkte FFE gegenüber psychisch

Kranken oder geistig-seelisch Behinderten (§ 1906 Ziff. 2 Abs. 4 BGB, vgl. N 42 zu Art. 397d ZGB).

b) Möglichkeiten der Zwangsbehandlung

Ob Fürsorge nötig ist, kann als Rechtsfrage von den Justiz-Behörden beurteilt werden; wie sie – insbesondere von Medizinern oder Sozialtherapeuten – zu erweisen ist, kann nur von entsprechenden Fachleuten beurteilt werden, fällt in den *Fachbereich des Arztes* (AGVE 1989 S. 200, ZVW 46 S. 81, ZBl 1983 S. 53; a.M. SJZ 91 S. 71/72), insbesondere die Auswahl der Medikamente oder die Art ihrer Verabreichung (SJZ 84 S. 363 Nr. 59). 211

Ein Leitsatz der «Triester Schule» lautet: «La libertà è terapeutica» (vgl. ZVW 46 S. 81), womit folgende Frage aufgeworfen wird: «Est-il conceptuellement concevable qu'un acte imposé soit thérapeutique? ... seul un médecin peut répondre; le juriste doit toutefois souligner que le but directement thérapeutique est une condition sine qua non de la licéité de l'acte» (ZVW 46 S. 81). 212

Zwangsbehandlung ist nur zur Besserung oder Heilung des Krankheitszustandes, der die FFE nötig gemacht hat, zulässig (ZVW 47 S. 49/50, SGGVP 1988–38 S. 81). Zwangseingriffe zu einem anderen Zweck können dagegen keinesfalls auf Art. 397a ZGB abgestützt werden (ZVW 47 S. 49/50). 213

Zwangsbehandlung umfasst in psychiatrischen Kliniken *Isolierung und Zwangsinjektion* (vgl. WALTI S. 12, z.B. § 29 Abs. 2 Patientenrechts-VO-ZH, ZG 813.13). Sie ist bezüglich Psychopharmaka auf dringende Notfälle und eigentliche Akutsituationen beschränkt (EuGRZ 1993 S. 400 = ZBl 1993 S. 504 ff.). 214

Bei *Abwehrhaltung* einer Geistesschwachen gegen die grundsätzlich befürwortete Milieu- und Verhaltenstherapie (N 227 zu Art. 397a ZGB) ist die FFE abzubrechen (vgl. AGVE 1992 S. 277–79). 215

Nur *teilweise Zwangsbehandlung* ist bei Trunk- und Drogensüchtigen möglich; verstreicht die mit Entzug und Motivationsversuchen erzwungene Denkpause (BJM 1985 S. 243: sechs Monate bei schwerstem Alkoholmissbrauch) ungenutzt, wird sich auch der Staat dem selbstgewählten Lebensweg beugen müssen (vgl. ZVW 45 S. 98; N 234 zu Art. 397a ZGB). 216

217 *Ein hoher Prozentsatz von Betroffenen hält nachträglich* die Zwangsbehandlung für gerechtfertigt (vgl. ZVW 46 S. 85 N 17 und Zit.).

218 Zur Zuständigkeit für die Beurteilung einer ausschliesslich angefochtenen Zwangsbehandlung s. N 42 zu Art. 397d ZGB.

3. Fürsorge im einzelnen

219 *«Dauerndes Bedürfnis nach Beistand und Fürsorge»* ergibt sich deckende Voraussetzungen der Art. 369 und 397a ZGB (ZR 85 Nr. 118 Erw. III/2/c, SCHNYDER/MURER N 132 zu Art. 396 ZGB).

220 Es wird die Klärung der *Bedürfnisse* der persönlichen Fürsorge und deren Befriedigung verlangt (vgl. BGE 112 II 490 = Pra 76 Nr. 94 S. 330 = JdT 1989 I S. 571).

221 Es geht um eine Heilbehandlung oder einen *ärztlichen Eingriff, welcher ohne die Unterbringung nicht durchführbar* ist (vgl. N 261 zu Art. 397a ZGB = § 1906 Abs. 2 BGB), um eine medizinisch verantwortbare Behandlung (SPIRIG/Seminar S. 4/5).

222 *Schwerste Pflegebedürftigkeit* rechtfertigt grundsätzlich eine FFE (AGVE 1988 S. 253 Erw. 3).

a) Fürsorge bei Geisteskrankheit

223 Sie wird u.a. durch *medikamentöse Behandlung* mit Neuroleptika erwiesen (BLEULER S. 172 ff., vgl. SCHREIBER in: FamRZ 1991 S. 1018 ff.), über welche es genaue Angaben zu Dosierung und Wirksamkeit, insbesondere Nebenwirkungen gibt (vgl. WOGGON S. 5 ff., BAER/G. OTT S. 153 ff., ZR 93 Nr. 81 S. 247 Erw. VI/2/b/ee/bbb/C). Eine Besserung manischer Symptomatik, wenn auch nur langsam, wurde als mit hohen Dosen von Psychopharmaka für möglich erachtet (PGK-ZH Proz. Nr. KP92143/ Beschluss vom 3. Juni 1992 i.S. V.P.).

224 Geduldige soziale, erzieherische und psychotherapeutische *Betreuung Schizophrener*, einschliesslich Erschütterungs- und Überraschungsbehandlung, darunter auch Frühentlassung aus der Klinik, forderte BLEULER (S. 466).

Kann eine Geisteskrankheit als solche nicht geheilt werden, so muss die FFE bzw. die dadurch ermöglichte Behandlung zumindest geeignet sein, die *Auswirkungen auf das Verhalten des Betroffenen zu mildern* (SGGVP 1988–38 S. 81). 225

Ist der Geisteskranke einer Behandlung unzugänglich, so ist er grundsätzlich zu entlassen (PGK-ZH Proz. Nrn. KP940403/Beschluss vom 30. November 1994 i.S. M.M., KP94011/Beschluss vom 16. Januar 1994 i.S. U.V., KP92246/Beschluss vom 9. September 1992 i.S. L.W.). 226

b) Fürsorge bei Geistesschwäche

Bei Behandlungsbedürftigkeit und -fähigkeit einer *Geistesschwachen ist grundsätzlich Milieu- und Verhaltenstherapie*, beruhend auf Leistung und Gegenleistung *bzw. Belohnung und Konsequenzen nebst Beschäftigungstherapie* anzuwenden (vgl. AGVE 1992 S. 277–79, vgl. N 141, 227 ff. zu Art. 397a ZGB). 227

Arbeit, Freizeitbetätigung und Erholung sind bei Geistesschwachen zu sichern (Bleuler S. 620), Gruppentherapie erwachsener Schwachsinniger mit rhytmischen Übungen, einfachen Melodien und Tanzbewegungen sowie freies Malen mit Farben anzuwenden (a.a.O. S. 621). Ärztliche Behandlung von Erregungen, einschliesslich durch Medikamente, ist erforderlich, daneben Musiktherapie und Heilgymnastik (a.a.O. S. 622). 228

Keine Entlassung ist möglich, wenn durch *frühzeitige, intensive Behandlung bessere Heilungsaussichten* bestehen, auch wenn bei Geistesschwäche eine Hirnschädigung durch neuropsychologische Behandlung nicht vollständig geheilt werden kann (AGVE 1990 S. 224 Erw. 4). 229

Kann eine Geistesschwäche als solche nicht geheilt werden, so muss die FFE bzw. die dadurch *ermöglichte Behandlung zumindest geeignet sein, die Auswirkungen auf das Verhalten des Betroffenen zu mildern* (SGGVP 1988–38 S. 81). 230

c) Fürsorge bei Trunksucht

Die zur Hauptsache fürsorgerische und psychotherapeutische Behandlung erfolgt durch sofortige völlige *Entziehung* des Alkohols, Gewöhnung an Totalabstinenz und *Beeinflussung des Charakters* (Bleuler S. 328). 231

232 *Einzeltherapie* wird in der seit 1888 bestehenden Forel-Klinik, Ellikon a.d.Thur, praktiziert (MÜLLER, in: Aspekte der Alkoholismus-Behandlung, Sonderbeilage zum 101. Jahresbericht 1989 des Vereins Forel-Klinik Ellikon an der Thur, S. 17 ff.).

233 Für Alkoholkranke wird auch *Gruppentherapie* angeboten (im einzelnen: ZöF 1971 S. 1 und 17 je ff.).

234 Die Erforderlichkeit der Unterbringung i.S. von § 1906 Abs. 1 BGB gegen den Willen eines vom Alkohol abhängigen Betroffenen wird verneint (PALANDT N 6 und Zit. zu § 1906 BGB, AGVE 1988 S. 267, EGV-SZ 1981 S. 17 ff.), indessen ist die *Motivierung* eines Trunksüchtigen *zur Langzeitbehandlung* zu versuchen (vgl. SGGVP 1990 S. 118). Erweist sich dieser als einer solchen Behandlung unzugänglich, so ist er zu entlassen (PGK-ZH Proz. Nrn. KP940129/Beschluss vom 10. April 1994 i.S. V.A., KP92380/Beschluss vom 6. Januar 1992 i.S. DC.R., KP92131/ Beschluss vom 27. Mai 1992 i.S. G.H.).

235 Im allgemeinen sieht die Behandlung von Trunksüchtigen gleich aus wie diejenige von Rauschgiftsüchtigen (SUHR BRUNNER S. 93), insbesondere was die Motivationsphase betrifft (N 242 zu Art. 397a ZGB).

d) Fürsorge bei Drogensucht

236 Dem Drogenabhängigen gegenüber ist ein gewisses Mass an Autorität sicher zu befürworten. Wichtig ist auch, dass die *Betreuung subtil* gehandhabt wird, da Drogenabhängige in der Regel sehr sensible Menschen sind (ZöF 1980 S. 166 und 164).

237 *Die Zwangseinweisung dient zunächst dem körperlichen Entzug* (vgl. BLEULER S. 334), welcher in weicher und harter («cold turkey») Form erfolgen kann (ZöF 1980 S. 166, vgl. SUHR BRUNNER S. 78/79 und 93).

238 Bei *Krisensituationen* kann eine Zwangseinweisung in eine geschlossene psychiatrische Klinik in vielen Fällen lebensrettend und/oder weichenstellend sein, auch für eine weiterführende Suchtbehandlung auf freiwilliger Basis (Ausschuss S. 6). Den Suchtgequälten ist wenn nötig eine letzte, erzwungene Denkpause zu ermöglichen (ZVW 45 S. 98).

Die Einweisung von Drogensüchtigen führte im Jahre 1993 in verschiedenen zürcherischen Kliniken zu erheblichen *Gewaltakten*, gepaart mit Entweichungen. Insbesondere ist eine Sedierung von Betroffenen mit Medikamenten – abgesehen von Methadon – nicht risikolos möglich, da sich die Drogensüchtigen häufig in einem körperlich sehr schlechten Zustand befinden und oft eine Vielzahl von Medikamenten und Substanzen unbekannter Herkunft eingenommen haben, so dass die Applikation eines weiteren starken Medikaments zu gefährlichen Wechselwirkungen führen kann. Eine kausale, d.h. die Ursache behebende Therapie mit Medikamenten ist zudem hier nicht möglich (vgl. LANZ/Seminar S. 2/3). 239

Pädagogisch-therapeutische Behandlungsmöglichkeiten (CAVIEZEL-JOST S. 230/232) schliessen an die Entzugsphase an. 240

Das psychische Verlangen nach Drogen kann auch nach monatelanger Abstinenz durch verstandes- oder gefühlsmässige Anstösse wieder aufbrechen. Eine grundlegende Entwöhnung von Drogen setzt deshalb eine *Rückbildung der Wesensveränderung* und gleichzeitig eine *Umorientierung* in verschiedenen Lebensbewältigungsbereichen (Tagesablauf, Arbeit, Freizeit, Beziehungs- und Konfliktverhalten u.a.) voraus. Die FFE ist somit auch nach dem erfolgreichen körperlichen Drogenentzug gerechtfertigt, solange die psychische Abhängigkeit nicht beseitigt ist (ZVW 47 S. 43 und Zit.) bzw. die stationäre Behandlung wegen Uneinsichtigkeit, fehlender Motivierbarkeit für eine Langzeittherapie und ständigen Fluchten noch nicht ausgeschlossen ist (vgl. ZVW 47 S. 51/52, SGGVP 1990 S. 118, 1991–34 S. 78, SUHR BRUNNER S. 93, ZöF 1979 S. 185: strafrechtlicher Massnahmevollzug), indessen nicht, wenn der Betroffene eigentlicher Therapie nicht zugänglich ist (PGK-ZH Proz. Nrn. KP92114/Beschluss vom 2. Mai 1992 i.S. B.P., KP940114/Beschluss vom 6. April 1994 i.S. K.M., KP940106/Beschluss vom 30. März 1994 i.S. P.S., KP940060/Beschluss vom 9. März 1994 i.S. J.A., vgl. EGV-SZ 1985 S. 61 ff.). 241

Motivation als sich rasch wandelnde psychische Gegebenheit ist immer *Motivationsgeschichte* mit kürzeren und längeren Epochen. Motivation kann schlummern und auf Erweckung warten, sie kann sich zaghaft bemerkbar machen, sie kann über Tage, Wochen und Monate tragend wirksam sein und dann doch plötzlich wieder zusammenbrechen. Es gilt, Motivation immer wieder zu wecken und labile Motivation stets von neuem zu festigen. Dabei kann die FFE ein hilfreiches Instrument sein (ZVW 40 S. 22). 242

243 Der schriftlichen Bewerbung (um einen *Rehabilitationsplatz) folgt in der Regel ein persönliches Vorstellungsgespräch* in der Institution. Überprüft wird die Motivation des Bewerbers, diskutiert werden gegenseitige Vorstellungen über die Rehabilitation. Anschliessend wird bei einem Konsens der Eintrittszeitpunkt festgelegt (MÜHLE S. 30).

244 Um eine Heilung zu erreichen, ist nach der Entziehung eine monate- oder jahrelange sozialmedizinische und psychotherapeutische *Nachfürsorge* notwendig, bei welcher in ganz unregelmässigen Abständen Rückfälle vorkommen können (vgl. BLEULER S. 334/35, ZVW 47 S. 43, PGK-ZH Proz. Nr. KP92219/Beschluss vom 15. August 1992 i.S. H.S.).

245 Zurzeit liegt eine erste schweizerische Untersuchung zur FFE bei 60 Drogensüchtigen vor; in dieser wird nach der Dauer der *Suchtkarriere* differenziert und festgestellt, dass langjährige Drogenkonsumenten auf die Anordnung von Zwangsmassnahmen äusserst negativ reagieren, während diese für jüngere, erst seit kurzem Drogenabhängige, nicht denselben repressiven Charakter aufweise. Besonders jungen, noch nicht lange drogenabhängigen Menschen könne unter Umständen mit einer Zwangsmassnahme geholfen werden, jedoch nur, wenn sämtliche anderen Möglichkeiten ausgeschöpft seien und im Rahmen der Zwangsmassnahme ein qualifiziertes Therapieprogramm angeboten werde (MAIER S. 7 und 69 ff., vgl. ZVW 40 S. 24: letztlich generell).

246 Die Behandlung der *Sucht nach Haschisch* umfasst nach BLEULER (S. 341) vor allem gruppentherapeutische und sozialtherapeutische Massnahmen mit dem Ziel der Wiedereingliederung in neue Lebensgemeinschaften und der Begeisterung für neue Lebensziele. Die Fürsorgebedürftigkeit wird heute aber auch schon generell verneint (SUHR BRUNNER S. 96), was es indessen im Einzelfall zu prüfen gilt.

247 Auch bei der *Sucht nach Weckaminen* erfolgt die Behandlung in der Klinik mit sofortigem Entzug und nachfolgender Gruppenpsychotherapie und sozialpsychiatrischer nachgehender Fürsorge bei grosser Rückfallgefahr (BLEULER S. 342).

248 Zur ambulanten Behandlung s. N 302 ff. zu Art. 397a ZGB.

249 Zur Motivierung zwecks Langzeittherapie s. N 3 Schlussbem.

e) Fürsorge bei anderen Suchterkrankungen

Bei schwerer *Medikamentensucht* wird eine Hospitalisierung zwecks Entziehung empfohlen mit nachfolgender Erziehung zur Dauerabstinenz (BLEULER S. 340) 250

Sozialtherapeutische Behandlung wurde schon bei einer *Benzin-Schnüfflerin* durchgeführt (PGK-ZH Proz. Nr. KP940322/Beschluss vom 25. Oktober 1994 i.S. F.B.). 251

f) Fürsorge bei Verwahrlosung

Die Fürsorge für schwer Verwahrloste erstreckt sich auf die Behandlung körperlicher *Krankheiten* und darauf, *Kleidung* zu verbessern oder neu zu beschaffen, *Unterkunft und Arbeit* zu besorgen. 252

Die Fürsorge kann der Vermittlung von Beschäftigung mit *adäquaten Arbeiten* dienen, was die Selbstachtung fördert (vgl. ZVW 45 S. 96). 253

Es bestehen pädagogisch-therapeutische Behandlungsmöglichkeiten (ZVW 38 S. 45). 254

g) Fürsorge bei Untersuchung

Dabei besteht die Fürsorge in der *Untersuchung selbst, aber auch im Rahmen der zu erweisenden Beherbergung* in der Anstalt (vgl. ZR 93 Nr. 8 S. 42 = SJZ 90 S. 103 je Erw. III/2/c/aa). 255

Die Untersuchung hat sich bei *Drogensüchtigen* nicht nur auf ihren Allgemein- und Ernährungszustand, ihr Suchtverhalten und durchlaufene Therapieversuche, sondern auch auf das soziale Netz zu erstrecken (vgl. ZR 93 Nr. 8 S. 39 = SJZ 90 S. 101 je Erw. III/1/b/aa und bb). 256

G. Verhältnismässigkeit

I. Allgemeines

257 Die Verwaltungsmassnahme, die FFE (N 31 Vorbem. zu Art. 397a ZGB) muss:

- *geeignet sein, das im öffentlichen Interesse angestrebte Ziel zu erreichen* (HÄFELIN/MÜLLER, Grundriss des allgemeinen Verwaltungsrechts, Zürich 1990, Rz 493),
- *im Hinblick auf das im öffentlichen Interesse* angestrebte Ziel erforderlich sein und darf in sachlicher, räumlicher, zeitlicher und personeller Beziehung nicht über das Notwendige hinausgehen (a.a.O. Rz 496 und 498),
- *durch ein das private überwiegendes öffentliches Interesse gerechtfertigt sein* (a.a.O. Rz 516).

258 Dass bei der FFE die Verhältnismässigkeit gewahrt werden muss, drückt Art. 397a ZGB mit den Worten aus: ... wenn ihr die

- einerseits – *nötige* (vgl. ZVW 47 S. 45, N 261 ff. zu Art. 397a ZGB) persönliche Fürsorge,

259 – anderseits – *nicht anders* erwiesen werden kann (N 291 ff. zu Art. 397a ZGB, RIEMER S. 83 N 147, TUOR/SCHNYDER/SCHMID S. 404; BGE 114 II 217 = Pra 77 Nr. 250 S. 935 = JdT 1990 I S. 287 = SJ 1989 S. 161, BGE 106 Ia 35, vgl. SGGVP 1990–39 S. 115, Art. 1 Abs. 3 und 4 öPersFrG).

260 Die Versorgung muss *ultima ratio* bleiben (StenBull NR 1978 S. 746/52). Im «darf» klingt einmal mehr an, dass dieser (recte:) Eingriff nur dann erlaubt ist, wenn andere Massnahmen nicht ausreichen (BBl 1977 III 27: «Eintritt»). Dieselbe Schranke ergibt sich aus dem Erfordernis der «schweren» Verwahrlosung.

II. Notwendigkeit der Fürsorge

261 *Es geht um die notwendigerweise in einer Anstalt* zu erbringende Fürsorge.

Sind die wesentlichen Bedürfnisse des Betroffenen zu befriedigen (BGE 112 II 487, 114 II 213 = Pra 77 Nr. 250 S. 936/37 = JdT 1990 I S. 287 = SJ 1989 S. 161), so erfordert dies nicht eine *ideale* oder gesellschaftlich geforderte *durchschnittliche* Lebensführung des Betroffenen. 262

Nötig ist die FFE: 263

- wenn der Betroffene *für sich eine Gefahr* bildet (N 321 ff. zu Art. 397a ZGB), indem er hochwertige Rechtsgüter wie Leben und Gesundheit gefährdet (BGE 106 Ia 36);
- wenn er gleichermassen *Dritte gefährdet* (BGE 106 Ia 36); welche Drittgefährdung sich richtig gesehen als Belastung der Umgebung (N 336 ff. zu Art. 397a ZGB) erweist;
- bei Gefahr eines *sofortigen Rückfalls* (AGVE 1989 S. 198 Erw. 5).

Zur entsprechenden Frage an den Gutachter s. N 177 zu Art. 397e ZGB. 264

1. Notwendigkeit der Fürsorge für Geisteskranke/-schwache

Lange nicht jeder Geisteskranke oder -schwache bedarf der (öffentlichen) Fürsorge. Dies ist nur dann der Fall, wenn sich diese Gründe so auswirken, dass das *öffentliche Interesse* es als notwendig erscheinen lässt, der betroffenen Person Schutz und Hilfe zu gewähren (ZöF 1984 S. 55). 265

Eine im Jahre 1987 getroffene Feststellung, wonach die Zahl der Zwangshospitalisierungen allgemein rückläufig sei, im wesentlichen aber eine Folge der Veränderung im psychiatrischen Leistungsangebot mit einem Ausbau der halbstationären und ambulanten Einrichtungen und einer markanten Reduktion der Verweildauer in den Kliniken ist (ZVW 42 S. 103), lässt konkrete Rückschlüsse auf die *zurückhaltendere Annahme* der Notwendigkeit von FFE zu. 266

2. Notwendigkeit der Fürsorge für Süchtige

Lange nicht jeder Süchtige bedarf der (öffentlichen) Fürsorge (ZöF 1984 S. 55). Die Drogenabhängigkeit muss eine Fürsorgebedürftigkeit zur Folge haben, d.h., der Betroffene muss wegen seiner Abhängigkeit 267 in einem Zustand sein oder in einen solchen geraten, der eine *ernsthafte Gefährdung* seines psychischen und/oder physischen Wohls zur Folge hat (ZVW 47 S. 44); insoweit lässt es das öffentliche Interesse als notwendig erscheinen, dem Betroffenen Schutz und Hilfe zu gewähren (ZöF 1984 S. 55).

268 Dass ein Betroffener wegen seiner Sucht nicht fähig sein müsse, existentielle gesundheitliche und wirtschaftliche Interessen zu wahren, also grösste Schwierigkeiten mit dem Halten oder Finden eines Arbeitsplatzes, mit dem Führen seines Haushaltes, in wirtschaftlicher und finanzieller Hinsicht bei der Verwaltung seines Vermögens sowie mit dem Sich-Wehren gegenüber Ausnützungsversuchen haben solle (SUHR BRUNNER S. 96 unter Hinweis auf SCHNYDER/MURER N 104 zu Art. 369 ZGB), *lässt sich nicht ohne weiteres aus dem Vormundschaftsrecht* auf die FFE übertragen. Aus diesem Katalog von Fürsorgeleistungen fallen die existentiellen gesundheitlichen Probleme in Zusammenhang mit der Haushaltsführung sowie mangelnde Selbstbehauptung in Betracht.

269 Alkohol- und Drogensüchtige sind rein ärztlich gesehen immer behandlungsbedürftig. Die Behandlungsbedürftigkeit allein ist nun aber bei Süchtigen gemäss allgemeinen Gepflogenheiten kaum je eine genügend verhältnismässige Indikation für eine zwangsweise Einweisung. Süchtige gelten über lange Strecken *hinsichtlich Behandlung immer noch ein Stück weit für selbstverantwortlich* (ZVW 38 S. 45).

270 *Die Notwendigkeit einer weiteren FFE nach der Untersuchung* wurde schon bejaht:

- zur Vorbereitung einer stationären Therapie (PGK-ZH Proz. Nr. KPD94006 i.S. T.K., Verfügung vom 20. Mai 1994),
- zur Vorbereitung einer ambulanten Therapie (AGVE 1988 S. 268; PGK-ZH Proz. Nr. KPD94005, Verfügung vom 20. Mai 1994).

271 *Verneint* wurde die Notwendigkeit z.B. bei einer nach der zulässigen Untersuchung (N 114 ff. zu Art. 397a ZGB) weitergeführten FFE, wenn blosse Meldungen an Vormundschaftsbehörde und behandelnden Arzt erforderlich sind (ZR 93 Nr. 8 S. 47–49 = SJZ 90 S. 103–106 je Erw. III/4 und 5).

272 Die meisten süchtigen (Ketten-)Raucher sind immer noch in der Lage, ihre persönlichen existentiellen Interessen trotz *Nikotinabhängigkeit* selbst wahrzunehmen (vgl. SUHR BRUNNER S. 96, N 72 zu Art. 397a ZGB).

Ist auch *körperlicher Verfall* wie etwa Leberschäden, Infektionen etc. festzustellen (SCHREIBER S. 109), so bedarf es der Behandlung durch entsprechende Fachärzte. 273

a) Notwendigkeit der Fürsorge für Süchtige bei Trunksucht

Bei Alkoholmissbrauch ist die Unterbringung u.a. *nur bei akuter Lebensgefahr*, der *Gefahr länger dauernden Siechtums* (vgl. N 100 zu Art. 397a ZGB) gerechtfertigt (COEPPICUS S. 895). 274

Nötig ist die persönliche Fürsorge z.B. bei Schädigung von Leber, Blut und Haut zufolge Trunksucht, da mit schwerwiegenden Konsequenzen für die physische und psychische Gesundheit zu rechnen ist, wenn die Betroffene nicht mehr ohne *fremde Hilfe* die Gefahr abwenden kann (vgl. PKG 1989 Nr. 19 S. 97). 275

Es lässt sich nur rechtfertigen, jede Motivierbarkeit eines Trunksüchtigen (N 234 zu Art. 397a ZGB) auszuschliessen, wenn wiederholte Versuche, auch mit stationärer Behandlung, sich als völlig wirkungslos erwiesen haben oder die Motivierbarkeit sonst mit zwingendem Nachweis ausgeschlossen werden kann (AGVE 1985 S. 210) bzw. mangels Fortschritten in der Motivation keine Erfolgsaussichten mehr bestehen (a.a.O. S. 215). 276

b) Notwendigkeit der Fürsorge für Süchtige bei Drogensucht

Lebensrettende Massnahmen sind bei Einweisungen in Krisensituationen (N 238 zu Art. 397a ZGB) zu treffen (Ausschuss S. 6). 277

Bei erweiterter Selbstgefährdung (N 77 zu Art. 397a ZGB) ist das Ziel ein *Moratorium* zum Zwecke der Situationsabklärung, um für eine gemeinsame Behandlungsplanung eine Chance zu erhalten (Ausschuss S. 8). Eine «Zwangsmotivierung» (so wohl: KATHOLNIGG S. 196) ist ein Widerspruch in sich; letztlich kann es immer nur darum gehen, dem in seiner Sucht Gefangenen mittels vorübergehenden Zwangs die psychisch-geistige Freiheit wiederzugeben, in welcher er unabhängig über eine suchtfreie Zukunft entscheiden kann (SJZ 90 S. 326, vgl. WETTSTEIN S. 5, ZVW 47 S. 46 und Zit.). 278

279 Nach heute in Ländern unseres Kulturkreises herrschender (massgeblicher: N 234, 242 zu Art. 397a ZGB) *medizinischer Auffassung bedarf es der Freiwilligkeit* des Süchtigen bei der langfristigen Therapie; dies belegen insbesondere die Behandlungskonzepte anerkannter Drogenentzugsstationen verschiedener Länder (SJZ 90 S. 324–25 und Zit., Ausschuss S. 7, vgl. SGGVP 1990–41 S. 118, 1991–34 S. 75, ZVW 47 S. 51/52, Prot. RR-ZH vom 11. Juli 1990 betr. Nr. 2309/Interpellation Hegetschweiler et alii Ziff. 16, SUHR BRUNNER S. 135; teilweise a.M. SJZ 91 S. 71/72).

c) Notwendigkeit der Fürsorge für Süchtige bei weiteren Suchterkrankungen

280 Hier gilt es die Notwendigkeit der Fürsorge bzw. Behandlung besonders dann zu prüfen, wenn ein bisher *unbekanntes Suchtmittel* (N 280 zu Art. 397a ZGB) in Frage steht.

281 Die Notwendigkeit fürsorgerischer Betreuung ist bei *Nikotinsucht* nicht gegeben, da die meisten – bzw. wohl fast alle – Süchtigen in der Lage sind, selbst für sich zu sorgen (vgl. SUHR BRUNNER S. 96).

282 Als unnötig betrachtet wurde eine FFE, weil eine *Medikamentensüchtige* imstande war, selbst über die anzufangende (freiwillige) Therapie zu entscheiden (SJZ 79 S. 78 Nr. 11).

3. Notwendigkeit der Fürsorge für Verwahrloste

283 Die Hemmschwelle für die zu erweisende Fürsorge liegt im verlangten *Schweregrad* der Verwahrlosung. Die durchschnittliche landläufige Lebensführung ist hier so wenig massgeblich wie eine ideale.

284 Bei *Alkoholmissbrauch* ist die Unterbringung des schwer Verwahrlosten gerechtfertigt (vgl. COEPPICUS S. 895 und Zit. für das deutsche Recht; vgl. N 176 zu Art. 397a ZGB).

4. Notwendigkeit der Untersuchung

Eine Einweisung zur Untersuchung ist nur statthaft, wenn eine FFE ernsthaft in Betracht kommt, aber *wichtige Grundlagen für einen definitiven Einweisungsentscheid* noch fehlen (AGVE 1989 S. 188, SGGVP 1989–20 S. 45, ZVW 40 S. 111). Diese Einweisungsform darf nicht zum Normalfall werden (ZVW 42 S. 104). 285

Keine FFE ist statthaft, wenn die Untersuchung *ambulant* durchgeführt werden kann (AGVE 1989 S. 188, SGGVP 1989–20 S. 45, ZVW 40 S. 111), somit nicht bei Einverständnis mit der Begutachtung (PGK-ZH Proz. Nr. KP92021/Beschluss vom 29. Januar 1992 i.S. P.V.). 286

Der Hinweis auf eine *polizeiliche Vorführung* im Weigerungsfall (PGK-ZH Proz. Nr. KP92382/Beschluss vom 9. Januar 1993 i.S. D.R.) steht nicht im Einklang mit § 199 Abs. 2 Satz 1 ZPO-ZH, welcher diesfalls stationäre Begutachtung vorsieht. Fraglich ist auch, ob eine Untersuchung eines polizeilich Vorgeführten überhaupt erfolgversprechend sein kann. 287

Ziel einer stationären Abklärung ist es, darüber klar zu werden: 288

- ob beim Betroffenen (Süchtigen) eine ambulante Behandlung in Frage kommt,
- ob er sich zu einer freiwilligen stationären Behandlung in irgend einer offenen Rehabilitationseinrichtung bewegen lässt und welche Art von Einrichtung in Frage kommt, oder
- ob eine Einweisung nach Art. 397a ZGB zur längerfristigen Behandlung und Rehabilitation angezeigt erscheint (ZVW 40 S. 24; vgl. aber N 234, 240 ff. zu Art. 397a ZGB).

Die lediglich zur stationären Begutachtung eingewiesene Person darf nicht länger gegen ihren Willen in *der Anstalt zurückbehalten werden, als dies zur eigentlichen Begutachtung erforderlich* ist (SGGVP 1989–21 S. 47, AGVE 1989 S. 186). 289

Welche Untersuchungen für eine Begutachtung notwendig sind, liegt im Rahmen der gestellten Fragen im *Ermessen des Gutachters* (vgl. ZSR NF 109 S. 430 ff.). 290

III. Andere Mittel

1. Fürsorgerische Mittel

a) Umgebung

291 *Entscheidend ist hier das Umfeld des Betroffenen* (vgl. N 336 zu Art. 397a ZGB), ob er über ein soziales Netz verfügt, d.h.:

- Unterkunft,
- Arbeit oder Einkünfte,
- medizinische und fürsorgerische Betreuung,
- Kontaktpersonen (Verwandte, Freunde, Bekannte);

(vgl. BGE 107 II 318, ZR 93 Nr. 8 S. 44 = SJZ 90 S. 101 je Erw. III/2/b, vgl. AGVE 1982 S. 137, PGK–ZH Proz. Nr. PG91229, Beschluss vom 7. September 1991 i.S. F.H.).

292 In diesem Lichte betrachtet, war die im *Kt. Zürich ursprünglich erforderliche Zustimmung der nächsten Angehörigen* oder eines fürsorgenden Dritten (§ 117c Abs. 2 aEG-ZGB) durchaus von Bedeutung; die Regelung scheiterte denn auch nur an der bisweilen mangelnden Durchsetzbarkeit und daran anknüpfenden, im Widerspruch zur materiellen Rechtslage stehenden, formellen Entscheiden (N 4 zu Art. 397b ZGB).

293 *Gegen eine FFE* sprachen:

- eine durch die mitklagende Schwester in die Wege geleitete Hauspflege (PGK-ZH Proz. Nr. KP930069/Beschluss vom 20. März 1993 i.S. B.-K.T. und K.M.),
- dass der benachbarte Vormund und dessen Ehefrau den Kläger zu Haushaltsgeschäften anleiteten (PGK-ZH Proz. Nr. KP930145/Beschluss vom 26. Mai 1993 i.S. H.R.),
- eine, wenn auch nur vorübergehende, Unterkunft in einer Notschlafstelle (PGK-ZH Proz. Nr. KP940170/Verfügung vom 22. Juli 1994 i.S. H.D.; a.M. PGK-ZH Proz. Nr. PG91238/Beschluss vom 18. September 1991 i.S. B.B.).

294 *Zur FFE führten* u.a. unter dem Gesichtswinkel des fehlenden sozialen Netzes:

- mangelnde Unterkunft (PGK-ZH Proz. Nr. KP940074/Beschluss vom 12. März 1994 i.S. V.U.),

- mangelndes Vertrauen in die Bezugsperson, von welcher sich der Betroffene nicht unterstützen liess (PGK-ZH Proz. Nr. PG91037/ Beschluss vom 2. März 1991 i.S. G.R.),
- fehlende Unterkunft und mangelnde adäquate Arbeitsmöglichkeit bei Haschischkonsum und Alkoholabusus (PGK-ZH Proz. Nr. KP930262/ Beschluss vom 28. August 1993 i.S. E.R.).

Dass eine andere Massnahme als die FFE nur *getroffen werden* 295
könne, wenn dem Betroffenen durch nahestehende Personen wirksam geholfen werden könne, ohne dass diese dadurch zu sehr belastet würden (BGE 114 II 213 = Pra 77 Nr. 250 S. 936 = JdT 1990 I S. 287 = SJ 1989 S. 161), *trifft insoweit nicht zu, als auch andere fürsorgerische Massnahmen* denkbar sind (N 298 zu Art. 397a ZGB).

Die Erweisung nötiger persönlicher Fürsorge *hängt auch sehr stark* 296
vom Können und guten Willen der Bezugspersonen des Betroffenen ab (vgl. ZVW 40 S. 135). Angehörige und Bezugspersonen haben nicht selten einen krankmachenden Anteil am pathologischen Geschehen beim Betroffenen (ZVW 42 S. 104).

Zur prozessualen Frage der Abklärung dieser Umstände s. N 23 zu 297
Art. 397e ZGB.

b) Fürsorgerische Massnahmen

Sorgfältig ist zu prüfen, ob nicht andere, weniger in die persönliche 298
Freiheit einschneidende Mittel der Fürsorge angewandt werden können (ZöF 1984 S. 56). d.h.:

- vorab die vielfältigen Mittel der freiwilligen Sozialhilfe, Massnahmen kantonalen Rechts wie Verwarnung, Aussetzen des Entscheids (N 317 zu Art. 397a ZGB),
- Bevormundung, Beistand-, Beiratschaft (BBl 1977 III 27, Schnyder/ Murer N 33 zu Art. 367 ZGB: Stufenfolge), wobei sich die FFE nicht ohne weiteres in die *Stufenfolge* vormundschaftlicher Massnahmen einordnen lässt (ZVW 42 S. 106),
- Eheschutzmassnahmen (Art. 171 ZGB, vgl. AGVE 1981 S. 142 zu Art. 169 aZGB).

Es muss *nicht* eine andere, *mildere Massnahme* zunächst *tatsächlich* 299
angeordnet und durchgeführt werden; dies ist dann nicht nötig, wenn

alle anderen Massnahmen als eine Anstaltsunterbringung zum vornherein als aussichtslos erscheinen (ZöF 1984 S. 56).

300 Die stationäre Fürsorge wurde unter folgenden Bedingungen *zum Beispiel abgelehnt*:

- wenn halbstationäre oder ambulante Behandlung angezeigt wäre (ZVW 42 S. 105/06, AGVE 1985 S. 205 ff.);
- wenn angezeigte halbstationäre oder ambulante Einrichtungen von den Behörden nicht geschaffen bzw. nicht aufgrund interkantonaler Vereinbarung benützbar gemacht werden (vgl. ZVW 42 S. 102 und S. 105/06, N 123 ff. zu Art. 397a ZGB);
- wenn bei einer Geistesschwachen keine Schutzbedürftigkeit oder Belastung der Umgebung vorliegt, die nicht durch weniger weit gehende Vorkehren beseitigt werden können (AGVE 1990 S. 223);
- wenn vorab eine milieugestaltende und sich autoritativ auswirkende Massnahme, konkret eine Bevormundung nach Art. 370 ZGB, ins Auge gefasst werden musste (EGV-SZ 1983 S. 16 ff.);
- wenn eine stationäre Therapie nicht mehr mit Krisenintervention begründet werden konnte und keine Erfolgsaussichten auf eine Verbesserung oder Stabilisierung des Zustandes des Betroffenen gegeben waren – die Anstalt (ohnehin) hinsichtlich der Behandlung nicht mehr geeignet war (N 124 zu Art. 397a ZGB) – und eine Fürsorgemöglichkeit fehlte (vgl. SGGVP 1990–39 S. 115);
- wenn ambulante Massnahmen genügten, z.B.:
  = ärztliche Betreuung unter Meldung beim Sozialdienst (AGVE 1991 S. 275);
  = «contrôle journalier» (JdT 1987 III S. 11, 1988 III S. 125);
  = nach Art. 124a Abs. 1 und 4 EG-ZGB-FR die Entlassung von Weisungen abhängig gemacht werden konnte, insbesondere von der Verpflichtung, sich einer ambulanten Behandlung oder einer medizinischen Nachkontrolle zu unterziehen (RFJ/FZR 1993 S. 273);
- wenn inzwischen genügende Eheschutzmassnahmen getroffen worden waren (PGK-ZH Proz. Nr. PG91324/Beschluss vom 18. Dezember 1991 i.S. A.H.);
- wenn Eheschwierigkeiten nach dem Sühnvorstand nicht mehr als übermässig belastend erschienen (PGK-ZH Proz. Nr. KP940326/Beschluss vom 17. September 1994 i.S. K.M.);
- wenn ein Rechtsanwalt für das Scheidungsverfahren beigezogen worden war (PGK-ZH Proz. Nr. KP940225/Beschluss vom 25. Juni 1994 i.S. B.N.);

- wenn nach aufgetretenen schweren ehelichen Konflikten die Kinder in einen Tageshort verbracht worden waren (PGK-ZH Proz. Nr. KP930004/Beschluss vom 23. Januar 1993 i.S. B.N.);
- wenn der Kläger die eheliche Beziehung als stabil empfand (PGK-ZH Proz. Nr. PG91312/Beschluss vom 4. Dezember 1991 i.S. B.T.), wobei allerdings die notwendig zu ermittelnde Meinung der Ehegattin fehlte;
- wenn der Kläger glaubhaft versicherte, ein schriftlich akzeptiertes Hausverbot zu befolgen (PGK-ZH Proz. Nr. PG91318/Beschluss vom 18. Dezember 1991 i.S. F.P.), was allerdings bei vormaligem Wortbruch ausgeschlossen wäre (vgl. N 33 zu Art. 397e ZGB);
- wenn der psychisch gestörte Kläger u.a. glaubhaft versprach, die Nachbarin nicht mehr zu belästigen (PGK-ZH Proz. Nr. PG91261/Beschluss vom 2. Oktober 1991 i.S. H.E.), wobei ebenfalls kein vorheriger Wortbruch geschehen sein durfte.

Eine *FFE kommt zum Beispiel* in Frage: 301

- wenn andere, weniger einschränkende Vorkehren ungenügend sind (AGVE 1981 S. 141), z.B. sozialpychiatrische ambulante und teilstationäre (ZVW 42 S. 100);
- weil praktisch keine andere Möglichkeit zur Gewährung der existentiellen Grundbedürfnisse (Kost und Logis) besteht, nachdem der angetrunkene Kläger wegen seines Verhaltens von Fürsorgeeinrichtungen wiederholt weggewiesen werden musste (EGV-SZ 1981 S. 16 ff.);
- wenn die Betreuung eines Trunksüchtigen durch seine über 80-jährige Mutter nach dem Wegzug seiner Schwester anders nicht möglich ist (vgl. AGVE 1988 S. 256 Erw. 6c);
- bei ungenügender Betreuung ausserhalb einer Anstalt für eine schwer behinderte geistesschwache Pflegebedürftige (AGVE 1988 S. 253/54 Erw. 3);
- wenn eine Weisung, das Flughafenareal nicht mehr zu betreten, um der Gefahr des Alkoholmissbrauchs zu entgehen, offensichtlich weder ausreichend noch kontrollierbar ist (a.M. PGK-ZH Proz. Nr. KP940055/Beschluss vom 16. März 1994 i.S. A.M.).

2. Ambulante Behandlung

a) Ärztliche

Bei einem wegen Geisteskrankheit in einer psychiatrischen Klinik 302
untergebrachten Patienten kann sich die Verhältnismässigkeit einer

weiteren Zurückbehaltung etwa daraus ergeben, dass der Betroffene nach ärztlicher Erkenntnis eine medikamentöse oder *therapeutische Behandlung* weiterhin benötigt, wie sie *nur im Rahmen einer Anstalt*, jedenfalls aber nicht ambulant, gewährt werden kann (ZöF 1984 S. 56).

303 Der Patient darf auch trotz Besserung seines ursprünglichen Zustandes noch in der Klinik zurückbehalten werden, wenn die *Nachbetreuung* oder soziale (Wieder-)Eingliederung noch nicht gewährleistet ist und aufgrund aller Erfahrung begründeter Anlass zur Annahme besteht, dass sich der Patient der notwendigen Anschlussbehandlung entziehen und so den Besserungserfolg sofort wieder zunichte machen würde und in den Zustand zurückgeriete, der zur Einweisung führte und zur erneuten Klinikeinweisung führen müsste (ZöF 1984 S. 56).

304 Anders ist es, wenn der Patient bereits krankheitseinsichtig und zur Nachbehandlung ausdrücklich bereit ist (vgl. N 306 zu Art. 397a ZGB), wenn er in geregelte Verhältnisse entlassen werden kann und auch die Nachbetreuung vorbereitet ist. In einem solchen Fall muss der Patient auf sein Verlangen entlassen werden, auch wenn es aus *rein medizinischer Sicht* besser für ihn wäre, noch einige kurze Zeit in der Klinik zu verbleiben (ZöF 1984 S. 57).

305 Damit die Notwendigkeit stationärer Betreuung entfällt, muss u.a. eine klare *Bereitschaft* des Klägers *vorliegen, die verordneten Medikamente gemäss ärztlicher Weisung* weiterhin einzunehmen und mit einer fachkundigen Person eine allfällige Herabsetzung der Medikamente besprechen und im Falle erneuter Schwierigkeiten zweckmässige Massnahmen treffen zu können (PGK-ZH Proz. Nr. PG91229/Beschluss vom 7. September 1991 i.S. F.H., vgl. aber N 306 zu Art. 397a ZGB).

306 Oft entzieht sich der Betroffene aus krankhaften Gründen einer ambulanten Behandlung (vgl. ZVW 38 S. 45). Die Bereitschaft eines psychisch kranken Betroffenen, über längere Zeit Medikamente einzunehmen, lässt *sich oft nur im Rahmen einer nachgehenden fürsorgerischen Betreuung* aufrechterhalten (ZVW 30 S. 98).

307 Eine *FFE wurde zum Beispiel* ausgesprochen,

- weil eine ambulante medikamentöse Behandlung einer die Umgebung schwer belastenden, von Verfolgungswahn geplagten Betroffenen nicht möglich war (AGVE 1986 S. 201);

– weil die Überwachung der Medikation bei Epilepsie nicht gewährleistet war (PGK-ZH Proz. Nr. KP930056/Beschluss vom 10. März 1993 i.S. B.T.).

Auch bei Skepsis angesichts der relativ hohen Dosen an Neuroleptika wurde eine Entlassung angeordnet, *allerdings unter Auflage kontrollierter Nachbehandlung* (vgl. AGVE 1982 S. 136/37). 308

Ambulante oder teilambulante Behandlung ist bei *altersbedingten psychischen Störungen* angezeigt (ZVW 30 S. 99, vgl. N 143 ff. zu Art. 397a ZGB). Hospitalisationen von alten Menschen können oftmals durch einfache medikamentöse Interventionen verhindert werden (ZVW 42 S. 101). 309

Ambulante Einzeltherapie gibt es gegenüber Trunksüchtigen (FURGER in: Aspekte der Alkoholismus-Behandlung, Sonderbeilage zum 101. Jahresbericht 1989 des Vereins Forel-Klinik Ellikon an der Thur, S. 9 ff.), insbesondere die Fortsetzung einer in der Anstalt begonnenen Antabuskur (PGK-ZH Proz. Nr. KP930151/Beschluss vom 29. Mai 1993 i.S. V.F.). 310

Ambulant behandelt werden *Drogensüchtige* z.B. mittels: 311

- Einweisung in das Methadonprogramm (vgl. ZR 93 Nr. 8 = SJZ 90 S. 98 ff. je Erw. III/2/b/aa, BLEULER S. 335, SUHR BRUNNER S. 164 ff., PGK-ZH Proz. Nr. KP930403/Beschluss vom 22. Dezember 1993 i.S. V.A.; vgl. Rapport VD S. 33);
- Heroinabgabe an sonst nicht behandelbare Schwerstsüchtige (Verordnung des Bundesrates über die Förderung der wissenschaftlichen Begleitforschung zur Drogenprävention und Verbesserung der Lebensbedingungen Drogenabhängiger vom 21. Oktober 1992, SR 812.121.5);
- ambulanter Untersuchung (z.B. Urinprobe; SUHR BRUNNER S. 99);
- – im Jahre 1994 im Rahmen einer Untersuchung der Drogenentzugsstation Neuenhof – Abgabe eines Opiatantagonisten (Naltrexon) nebst medizinisch-psychosozialer Betreuung (STUCKI ANDRÉ und ACKLE PETER, in: Drogalkohol, [Zeitschrift für] Alkohol und Drogen – Forschung und Praxis der Prävention und Rehabilitation, Lausanne 1994, Nr. 3 S. 159).

b) Fürsorgerische Betreuung

312 *Vorliegen kann ein dauerndes Bedürfnis nach Beistand und Fürsorge* (vgl. ZR 85 Nr. 118 S. 299 Erw. III/2/c). Zu dieser im Rahmen medikamentöser Nachbehandlung s. N 305 zu Art. 397a ZGB.

313 Vorab kommen in Frage (SUHR BRUNNER S. 99):

- Ratschläge,
- Einladungen,
- Hilfs- und Betreuungsangebote durch Sozialarbeiter.

314 *Die FFE kann ersetzt werden: «par des mesures postérieures* à prendre par le Département de la Justice» (RJJ 1992 S. 266) bzw. der zuständigen kantonalen Behörden. Darunter fallen (SUHR BRUNNER S. 99):

- Verwarnung,
- Weisungen,
- Anordnung medizinischer Untersuchung (z.B. Urinprobe),
- Verpflichtung, sich betreuen oder behandeln zu lassen.

315 *Das von der, lediglich eine Übernachtungsmöglichkeit* als Fürsorge erweisenden, Klinik zur Zeit beobachtete Regime des freien Ausgangs samt möglichem Austritt der sich im Grenzbereich einer nicht mehr einfühlbaren Verhaltensweise bewegenden, zu keiner Arbeitstätigkeit fähigen Klägerin in eine zur Zeit nicht vorhandene geeignete Unterkunft erweist sich als verhältnismässig, wobei die Unterbringung ausserhalb der Klinik mit genügender Intensität anzustreben ist (PGK-ZH Proz. Nr. KP940237/Beschluss vom 27. Juli 1994, i.S. T.W.).

316 *Schwierig sind die Verhältnisse bei Trunksüchtigen*: Solange ihre Familien- und Arbeitsverhältnisse noch einigermassen stabil sind, wird eine Anstaltsunterbringung unter dem Gesichtspunkt der Verhältnismässigkeit kaum zulässig sein; wenn die Massnahme dann endlich möglich wird, ist ein Behandlungserfolg oft bereits illusorisch (ZöF 1984 S. 57).

317 *Einen bedingten Aufschub des Vollzugs einer Einweisung* auf ein bis zwei Jahre sieht § 13 AlkoholfürsorgeG-BL vor (BLVGE 1987 S. 100). Dies bedeutet indessen, dass beim Widerruf des Vollzugs erneut gerichtliche Beurteilung verlangt werden können muss, sodass der Betroffene den Eintritt der Bedingung gerichtlich überprüfen lassen kann (vgl. N 376 zu Art. 397a ZGB).

Auch *Alkoholfürsorgestellen* der Gemeinden sind in Betracht zu ziehen (ZVW 47 S. 46). 318

Die Verhältnismässigkeit einer ärztlichen Meldung an die Vormundschaftsbehörde und den behandelnden Arzt, nicht aber die FFE nach durchgeführter ärztlicher Untersuchung eines Drogensüchtigen, wurde festgestellt (ZR 93 Nr. 8 S. 48/49 = SJZ 90 S. 105/06 je Erw. III/4/b/cc/bbb). 319

Dass vielfältige Ausstiegsversuche – von Drogenabhängigen – jenseits des alltäglich sichtbaren Szenenlebens und ausserhalb einer professionellen Betreuung selbständig eingeleitet und durchgehalten werden (SCHREIBER S. 107), fällt als zu vage Hoffnung hier ausser Betracht. 320

3. Selbstgefährdung

Die Verhältnismässigkeit der FFE ist gegeben bei *erheblicher Selbstgefährdung*. Ein Antrag CONDRAU ging dementsprechend u.a. auf die Aufnahme der Voraussetzung in das Gesetz: «wenn der Betroffene sich selbst an Leib und Leben gefährdet» (StenBull NR 1978 S. 755). 321

Bei der eigentlichen Suizidgefahr fällt der sog. *appellative Selbstmord(-versuch)* auf, bei welchem sich der Betroffene verletzt, um auf sich aufmerksam zu machen (z.B. AGVE 1992 S. 275). 322

Selbstgefährdung liegt aber auch vor bei ernstlicher Gefährdung der Gesundheit, z.B. durch jeglichen Konsum von Alkohol (vgl. PKG 1989 S. 95 Nr. 19). 323

Dementsprechende Voraussetzungen sind ausdrücklich in folgenden *in- und ausländischen Gesetzen* enthalten: 324

- «Wer sich selbst tötet oder erheblichen gesundheitlichen Schaden zufügt» (§ 1906 Abs. 1 Ziff. 1 BGB), wobei letzteres bei gescheitertem Versuch eintreten kann;
- «wenn Grund zur Annahme besteht, dass er wegen psychischer Erkrankung sich ... gefährde» (Art. 2 Ziff. 5 öPersFrG);
- «wer an einer psychischen Krankheit leidet und im Zusammenhang damit sein Leben oder seine Gesundheit ernstlich und erheblich gefährdet» (§ 3 öUbG);

- «dont l'état dénote un grave danger pour sa vie ou son état mental» (für einen spontan eintretenden Betroffenen in Art. 12 Abs. 1 du Règlement d'exécution de la LPAAM, SJ 1991 S. 474).

325 Die Rechtsprechung hat die *Verhältnismässigkeit* der FFE bejaht, «wenn der Betroffene für sich ... eine Gefahr bildet, indem er hochwertige Rechtsgüter wie Leben und Gesundheit gefährdet» (BGE 106 Ia 36).

326 Das *Erkennen der Suizidalität* kann schwierig sein. Anträge auf Unterbringung wegen Suizidgefahr werden gestellt nach einem einschlägigen äusseren Geschehen (Aufschneiden der Pulsadern, Einnahme von Schlaftabletten) oder wenn der Betroffene (ausdrücklich) entsprechende Äusserungen gemacht hat (anders: COEPPICUS S. 896: auch «stillschweigend»).

327 Das Auftreten von Suizidgedanken, -ankündigungen und -phantasien ist immer ein Hinweis auf eine Suizidgefährdung und *ernst zu nehmen.* Denn 85% aller Suizidhandlungen kündigen sich vorher mehr oder weniger deutlich an (COEPPICUS S. 896 und N 53/54).

328 Die Mehrzahl der (erfolglosen) Suizidenten ist später über die *Rettung* dankbar (COEPPICUS S. 896).

329 Die Unterbringung kann nicht erfolgen, wenn die *Entscheidung, aus dem Leben zu gehen, ein Akt ernsthafter, freiverantwortlicher Selbstbestimmung* ist (COEPPICUS S. 896, NJW 1984 S. 1469 und 2639, 1988 S. 1532). Mit derartigen «Bilanzsituationen» oder «Akten letzter Freiheit» beschäftigt sich zwar die Literatur intensiv, sie kommen aber in der Praxis so gut wie nie vor (COEPPICUS S. 896 und N 50/50a)

330 Der *Wille der (psychisch) Kranken* ist unbeachtlich, wenn ihr Leben bedroht ist, nicht weil sie hierüber nicht verfügen können (a.M. NJW 1983 S. 350, 1986 S. 1011), sondern weil der Betroffene während seiner akuten Krankheit vor sich selber zu schützen ist.

331 Alkoholkranke sind häufig verzweifelt und haben nicht selten Selbstmordgedanken (THAMM S. 129). Selbstmordgedanken hegen auch Drogenabhängige, welche nicht von der Sucht loskommen (vgl. SUHR BRUNNER S. 76). Abzuwägen ist in Fällen der *Alkohol- und Drogensucht* auch Art und Ausmass u.a. der Selbstgefährdung, was allerdings eine genügend breit gefächerte Interpretation dieses Begriffes erfordert (ZVW 38 S. 45, vgl. N 336 ff. zu Art. 397a ZGB).

Zur Einschätzung der Selbstgefährdung bei Verwahrlosung stellen sich Fragen, die keineswegs nur eine allfällige Selbstmordgefahr im Auge haben, sondern etwa: Nimmt die körperliche Gesundheitsschädigung bedrohliche Ausmasse an, bestehen Anzeichen für eine suchtbedingte fortschreitende psychische Erkrankung, ist der Süchtige daran, in seiner Lebensgestaltung, seinem Wohlverhalten, seiner persönlichen Hygiene und seiner Gesamtverfassung in einen Zustand selbstdestruktiver Verkommenheit zu geraten, welcher der Menschenwürde nicht mehr entspricht (ZVW 38 S. 45). 332

Selbstgefährdung wurde schon *verneint:*

- weil eine Klägerin «jede Suizidalität glaubhaft bestritt» (PGK-ZH Proz. Nr. KP930319/Beschluss vom 16. Oktober 1992 i.S. L.K), was wohl kaum eine überzeugende Begründung abgibt; 333
- bei einer an Anorexie leidenden Klägerin, weil sie selber Hilfe gesucht hatte, als ihr Zustand lebensbedrohlich geworden war (PGK-ZH Proz. Nr. KP930088/Beschluss vom 27. März 1993 i.S. L.K.).

Besondere Probleme ergeben sich daraus, dass die *Anstalt hie und da die Entscheidung dem Richter überlassen* will – insbesondere auch die Verantwortung bei Suizidgefahr –, so dass es ihrer Stellungnahme dann an Überzeugungskraft für den Experten und den Richter gebricht (Coeppicus S. 896). 334

Zur gezielten Befragung durch den Richter s. N 104 ff. zu Art. 397f ZGB, 335
zur Drittgefährdung s. N 341 ff. zu Art. 397a ZGB.

Kommentar zu Abs. 2

A. Berücksichtigung

Im Rahmen der Prüfung der materiellen Einweisungsgründe («dabei»: N 3 zu Art. 397a ZGB) ist die Belastung (N 350 zu Art. 397a ZGB) der Umgebung (N 360 zu Art. 397a ZGB) durch den Betroffenen 336

(N 14 ff. zu Art. 397a ZGB) lediglich zu berücksichtigen. Als Streitfrage erweist sich, ob der Umstand, dass der Betroffene die Umgebung belastet, keine *Voraussetzung* für die FFE (ZVW 47 S. 48) oder als Element (TUOR/SCHNYDER/SCHMID S. 404) bzw. *sekundär* mit zu berücksichtigen ist (SUHR BRUNNER S. 96, vgl. N 7 zu Art. 397a ZGB).

337 Zunächst ist *nicht vorausgesetzt*, dass der Betroffene die Umgebung belastet (vgl. PKG 1989 S. 99); auch ohne dies muss die FFE erfolgen, wenn er psychisch beeinträchtigt, süchtig oder schwer verwahrlost und dergestalt fürsorgebedürftig ist, dass sich mangels anderweitiger Möglichkeiten – insbesondere fehlender fürsorglicher Umgebung – die stationäre Behandlung oder Betreuung in einer Anstalt als verhältnismässig erweist.

338 Als Voraussetzung für die FFE wurde in den Beratungen u.a. verlangt, «wenn der Betroffene ... andere an Leib und Leben gefährdet» (StenBull NR 1978 S. 755).

Bei der FFE muss aber per definitionem die Selbstgefährdung (N 321 ff. zu Art. 397a ZGB) im Vordergrund stehen und keine Gleichstellung mit der Drittgefährdung erfolgen, womit die FFE einen polizeilichen Anstrich bekäme (a.a.O. S. 757).

339 Insoweit erweist sich die Belastung der Umgebung nicht als notwendige Voraussetzung einer FFE und im übrigen als *sekundär zu berücksichtigender* Umstand mit *Schutzfunktion* für die übrigen Beteiligten (Prot. KR-ZH vom 3. Oktober 1994 S. 11540).

340 Anderseits reicht die Belastung der Umgebung *für sich allein nicht* aus, um eine FFE anzuordnen (AGVE 1987 S. 212).

B. Belastung, insbesondere Drittgefährdung

I. Abgrenzung

341 Abzugrenzen ist von der Belastung i.S. von Art. 397a Abs. 2 ZGB die *Belästigung* Dritter, soweit sie polizeirechtlich zur Aufrechterhaltung

von Ruhe und Ordnung aufgrund der Allgemeinen Polizei-Verordnungen (z.B. §§ 9 ff., 25 und 52 Allg. Polizei-VO der Stadt Zürich vom 14. Oktober 1959) bekämpft werden kann (N 101 zu Art. 397a ZGB).

Insbesondere wenn der Betroffene für Dritte eine Gefahr bildet, indem er hochwertige Rechtsgüter wie *Leben und Gesundheit gefährdet, kommt vorab die Strafverfolgung* zum Zug (z.B. Art. 129 StGB; a.M. BGE 106 Ia 36, SGGVP 1988 S. 81, Suhr Brunner S. 112). 342

In Betracht fallen aber auch die dem Schutz des *einzelnen Geschädigten dienenden strafrechtlichen Antragsdelikte* der Drohung (Art. 180 StGB), der Ehrverletzung (Art. 173–77 StGB) und der Tätlichkeit (Art. 126 Abs. 1 StGB, vgl. SJ 1991 S. 476 ff.). 343

Belastet der Betroffene die Umgebung schwer, so ist vorab an polizei- und straf- sowie zivil- und verwaltungsrechtliche Massnahmen zu denken (N 341 zu Art. 397a ZGB, vgl. SJ 1991 S. 476 ff.: Art. 684 ZGB/122 ff. StGB), *was sich wiederum als Problem der Verhältnismässigkeit* der FFE (N 344 ff. zu Art. 397a ZGB) erweist. Mit der Bestimmung von Art. 397a Abs. 2 ZGB wird nicht das Verhältnismässigkeitsprinzip gelockert, vielmehr gilt auch in diesem Zusammenhang, dass der Schutz der Umgebung wenn möglich auf andere Weise als durch Anstaltsunterbringung des Belästigers geschehen soll (ZöF 1984 S. 57/58). Wo Straftatbestände objektiv verwirklicht werden, kann der Schutz der Umgebung – zwar – vorrangig werden (AGVE 1986 S. 200), indessen ist er auf strafprozessualem Wege zu verwirklichen. 344

Bezüglich aller Delikte sind die Aussichten einer Strafverfolgung und deren Wirkung auf den Betroffenen auch hinsichtlich der möglichen Unzurechnungsfähigkeit bzw. verminderten Zurechnungsfähigkeit (Art. 10 und 11 StGB), der möglichen zu treffenden Massnahmen für verwahrloste Dauerdelinquenten (Art. 42 StGB), psychisch Kranke und Süchtige (Art. 43 und 44 StGB), insbesondere aber auch im Lichte bloss begangener Übertretungen (Art. 103 und 104 Abs. 2 StGB) zu prüfen. 345

Abzuwägen ist in Fällen der Alkohol- und Drogensucht auch Art und Ausmass u.a. der Fremdgefährdung, was allerdings eine genügend breit gefächerte Interpretation dieses Begriffes erfordert (ZVW 38 S. 45, vgl. N 321 ff. zu Art. 397a ZGB). 346

Zu den zu berücksichtigenden Interessen der Öffentlichkeit gehört es auch, dass eine Person auch vor sich selber geschützt werden soll, wenn 347 aufgrund konkreter Umstände angenommen werden muss, dass sie nicht in der Lage sei, vernunftgemäss zu handeln (Selbstmordgefährdete; ZöF 1984 S. 56, vgl. N 321 ff. zu Art. 397a ZGB). Insoweit kann durchaus eine Belastung der Umgebung gleichzeitig vorliegen.

348 Im *österreichischen Recht* verschärft dagegen der Tatbestand, dass jemand «an einer psychischen Krankheit leidet und im Zusammenhang damit das Leben oder die Gesundheit anderer ernstlich und erheblich gefährdet» (§ 3 öUbG, vgl. Art. 2 Abs. 1 Ziff. 5 öPersFrG), die Bekräftigung des Elements der Gefahrenabwehr (Kopetzki S. 63).

349 Auch § 1906 Abs. 1 *BGB* spricht von der Gefahr, dass sich jemand selbst tötet oder erheblichen gesundheitlichen Schaden zufügt.

II. Art der Belastung

350 Auch bei der Einschätzung der Fremdgefährdung geht es keineswegs nur um Gefahren für Leib und Leben *von Drittpersonen, sondern ebensosehr auch um elementare Gefährdungen* des Wohlbefindens und der seelischen Gesundheit anderer: So droht etwa den Kindern oder andern Angehörigen eines Süchtigen durch dessen suchtbedingtes Fehlverhalten ein kaum wieder gutzumachender seelischer Schaden (vgl. ZVW 38 S. 45).

351 Berücksichtigt wurden *zum Beispiel* als Belastung der Umgebung:

- ein tiefes Zerwürfnis mit der verbrecherischen, der Justiz entgehenden Mutter, welche ihrerseits in die Klinik gehen sollte (PGK-ZH Proz. Nr. PG91287/Beschluss vom 6. November 1991 i.S. W.M.);
- Anschuldigungen gegenüber Nachbarn (AGVE 1986 S. 198 Erw. 3/c–e);
- Hausfriedensbruch (AGVE 1982 S. 145), aber nur wenn keine strafprozessuale Massnahme fruchten kann;
- Ausschalten von auf Dauerbetrieb angelegten elektrischen Apparaten aus Angst vor Strahlungen und Gasen im ehelichen Haushalt (vgl. AGVE 1984 S. 221);
- Überbelastung der Ehefrau (PGK-ZH Proz. Nr. KP930204/Beschluss vom 7. Juli 1993 i.S. G.W.);

– die Auswirkung von Wahnvorstellungen der Mutter mit Auseinandersetzungen, wenn die Kinder im Entwicklungsalter stehen, und Telefonanrufe sowie Hausbesuche bei Dritten (vgl. AGVE 1986 S. 203).

III. Mass der Belastung

Einerseits hat die Umgebung, namentlich die Familie, ein *hohes Mass an Belastung* zu tragen (TUOR/SCHNYDER/SCHMID S. 404); nur eine unzumutbare Belastung erfüllt den Tatbestand des Art. 397a Abs. 2 ZGB (ZöF 1984 S. 57). 352

Anderseits darf die Umgebung nicht zu ihrem eigenen Schaden *überfordert* werden (BBl 1977 III 27). «Selbstverleugnung» zu verlangen (ZöF 1984 S. 57), geht zu weit; auch die Ehe verpflichtet z.B. den Ehegatten nicht zur Selbstaufopferung (HEGNAUER, Grundriss des Eherechts, 3. A., S. 147 Ziff. 15.15, BGE 79 II 127). 353

Diese Belastung kann einen solchen Grad erreichen – z.B. zufolge gesundheitlicher Gefährdung (ZöF 1984 S. 57) –, dass sie als ein Element (s. aber: N 337 zu Art. 397a ZGB) neben anderen bei der FFE berücksichtigt werden darf (TUOR/SCHNYDER/SCHMID S. 404). 354

Erheblich war die Belastung der Umgebung *zum Beispiel* durch: 355

- ständig wiederkehrende Ehrverletzungen und Demütigungen der Nachbarn (AGVE 1986 S. 200/01 Erw. 3/c–e);
- tagelangen Hausfriedensbruch im Bundes- und einem Pfarrhaus (AGVE 1982 S. 145);
- regelmässiges Ausschalten von elektrischen Apparaten (AGVE 1984 S. 221);
- in steigendem Masse sich ergebende Auswirkung von Wahnvorstellungen der Mutter mit relativ lautstarken Auseinandersetzungen, wenn die Kinder im Entwicklungsalter stehen, und häufige Telefonanrufe sowie Hausbesuche bei Dritten (vgl. AGVE 1986 S. 203);
- nächtlichen Lärm; die Feststellung «De nuit toute émission inutile est incommodante et en générale excessive» (BGE 101 II 248 = JdT 1976 I S. 252, vgl. SJ 1991 S. 473 ff.) schliesst zu Unrecht den nützlichen Lärm aus, welcher indessen gerechtfertigt sein kann (z.B. Dreiklanghorn der Ambulanzen, Feuerwehrfahrzeuge etc.);

- Aufsuchen der stadtzürcherischen Drogenszene, was zu drei Kontrollen innerhalb zweier Monate führte, was, wenn auch für die FFE nicht entscheidend, so doch berücksichtigt wurde (ZR 93 Nr. 8 S. 46/47 = SJZ 90 S. 104 je Erw. III/3).

356 *Die Belastung der Umgebung war zum Beispiel nicht* zu berücksichtigen:

- bei einem geistesschwachen, in Zusammenhang mit der Verteidigung seiner Schwester gegenüber verängstigten Nachbarn aggressiven Alkoholiker nach Einweisung der Schwester in eine Klinik (AGVE 1988 S. 260 Erw. 6/d, vgl. N 29 zu Art. 397f ZGB);
- bei Beschimpfung von Amtspersonen und querulatorischem Verhalten, einmaligem (allerdings nicht nachgewiesenem, vgl. N 23 zu Art. 397e ZGB) Stein- oder Birnenwurf und gefährlicher Fahrweise in einem Einzelfall (AGVE 1986 S. 192);
- bei tölpelhaftem, unnatürlichem Auftreten eines Jünglings gegenüber Frauen (AGVE 1990 S. 228);
- bei einmaligem Betreten des ETH-Gebäudes, um in Russland durchzuführende skurrile landwirtschaftliche Projekte mit irgendwelchen Fachleuten zu besprechen (PGK-ZH Proz. Nr. KP940466/Beschluss vom 24. Dezember 1994 i.S. St.H.).

C. Betroffener

357 Zur die Umgebung belastenden Person des Betroffenen s. N 14 ff. zu Art. 397a ZGB.

358 Wer eine *Drogenszene* aufsucht, hat selbstverständlich nur für die von ihm verursachte Belastung einzustehen (vgl. ZR 93 Nr. 8 S. 46/47 = SJZ 90 S. 104 je Erw. III/3).

D. Bedeutung für die Umgebung

I. Bedeutung

Gemeint ist damit die *Auswirkung* des belastenden Verhaltens des Betroffenen auf die Umgebung. 359

II. Umgebung

Mit Umgebung ist in erster Linie, wenn auch nicht ausschliesslich, die *Familie* gemeint (ZöF 1984 S. 57), *Ehegatte*, *Angehörige*, *Hausgenossen und Nachbarn* (BBl 1977 III 27, AGVE 1988 S. 256 Erw. 6 d). 360

Auch die *Quartiere*, welche die Auswirkungen einer offenen Drogenszene erdulden müssen, gehören zur Umgebung eines dieselbe aufsuchenden Drogenabhängigen (vgl. ZR 93 Nr. 8 S. 46/47 = SJZ 90 S. 104 je Erw. III/3). 361

Zu einer anderweitigen Bedeutung der Umgebung bzw. des Umfeldes eines Betroffenen s. N 291 zu Art. 397a ZGB. 362

Kommentar zu Abs. 3

A. Allgemeines

Der Entwurf ging unter Berücksichtigung der bundesgerichtlichen Rechtsprechung zu den Grundrechten beim Recht auf Entlassung über die *EMRK* hinaus (BBl 1977 III 20). 363

364 *Dies entspricht der Regelung bei analogen familienrechtlichen Massnahmen* (vgl. Art. 179 Abs. 1, 313 Abs. 1, 433 Abs. 2 und 439 Abs. 2 ZGB) und ist eine gesetzgeberische Konkretisierung des unverjährbaren und unverzichtbaren Grundrechts der persönlichen Freiheit (TUOR/SCHNYDER/SCHMID S. 405, vgl. BBl 1977 III 3).

365 Der Betroffene hat Anspruch darauf, dass von seiten der *Behörden alle zumutbaren Anstrengungen* unternommen werden, um ihn als vollwertiges Mitglied in die Gesellschaft zurückzuführen (BGE 112 II 491, vgl. ZR 93 Nr. 81 S. 252 und Zit.).

366 *Diese Anstrengungen müssen gleich am Anfang des Klinik- bzw. Anstaltsaufenthaltes* einsetzen, da die Wiedereingliederung desto schwieriger wird, je länger der Betroffene aus der Gesellschaft «ausgewiesen» ist (ZöF 1979 S. 76, vgl. N 32 zu Art. 397e ZGB).

367 Die eidgenössische *Invalidenversicherung* mit ihren subventionierten Wohnheimen und geschützten Werkstätten, wie auch ergänzende Angebote *privater* Hilfsvereine, Beratungsstellen und *Behörden* (ZöF 1979 S. 76) sind in Betracht zu ziehen.

368 Liegt keiner des in Art. 397a ZGB enthaltenen *abschliessenden Katalogs von Freiheitsentziehungsgründen* mehr vor, so ist ein allfällig Internierter zu entlassen (RIEMER S. 149 N 8).

B. Betroffener

369 Zum Betroffenen s. N 14 ff. zu Art. 397a ZGB.

370 Zur Überprüfung der Haft aller Betroffenen in angemessenen Abständen von Amtes wegen s. N 383 zu Art. 397a ZGB.

C. Zwingende Bestimmung

Es «müssen» *sämtliche kantonalen Behörden* Art. 397a ZGB beachten (vgl. BGE 112 II 491, SJ 1983 S. 161), d.h. nicht nur die einweisenden Vormundschaftsbehörden (N 13 zu Art. 397b ZGB) und die mit konkreten Verfahren befassten Gerichte aller Instanzen (N 56 ff. zu Art. 397d ZGB), sondern auch die Leiter öffentlicher Anstalten (ZVW 42 S. 101, vgl. § 28 Patientenrechts-VO-ZH, ZG 813.13); dies auch während hängigem Gerichtsverfahren (vgl. N 14 zu Art. 397f ZGB). 371

Da die rasche Entlassung häufig von den sozialtherapeutischen Bedingungen nach der Entlassung abhängt, *sind die nachbehandelnden Stellen verpflichtet, Wohn- und Arbeitsgelegenheit* wie auch die Möglichkeit ambulanter *ärztlicher Betreuung* so rasch wie möglich zu schaffen (vgl. ZVW 42 S. 100, N 291 zu Art. 397a ZGB). 372

Die gleiche Pflicht trifft selbstverständlich *auch die verantwortlichen Organe privater Einrichtungen* (Art. 55 Abs. 3 ZGB) bzw. jede natürliche Person, welche Betroffene zurückbehält. 373

Zum für den Richter (Art. 397d ZGB) massgeblichen Zeitpunkt der Urteilsfällung s. N 29 zu Art. 397f ZGB. 374

D. Entlassung

Dem Betroffenen ist grundsätzlich zu ermöglichen, die *Anstalt zu verlassen.* 375

La mainlevée du placement ... ne saurait en principe être conditionelle (= *unbedingt*). Il s'impose de respecter strictement le principe de proportionnalité (N 257 ff. zu Art. 397a ZGB) et, en conséquence, de procéder à une nouvelle tentative de remise en liberté dès lors qu'elle n'est pas d'emblée vouée à l'échec (JdT 1987 III S. 7, vgl. N 298 ff. zu Art. 397a ZGB). 376

377 Wird ein Betroffener unter *Auflagen* bedingt entlassen, so ist bei Missachten derselben bzw. Wegfall der Bedingung ein neues, ordentliches Einweisungsverfahren notwendig, in welchem die gesetzlichen Voraussetzungen nach Art. 397a–f ZGB zu überprüfen sind. Der Betroffene muss sich gegen die Vorwürfe wie bei der ursprünglichen Einweisung zur Wehr setzen können.

378 Zur ambulanten Nachbehandlung oder Nachkontrolle gemäss Art. 15b Abs. 2 BetmG s. N 42 Vorbem. zu Art. 397a–f ZGB.

379 Art. 397a Abs. 3 ZGB gilt auch bei der Überprüfung einer *Verlegung* eines Betroffenen: En cas de recours contre une décision de transfert d'un établissement dans un autre ... avant d'éxaminer si le nouvel établissement est approprié (N 118, 123 zu Art. 397a ZGB) à l'état de l'intéressé, contrôler si le placement se justifie encore au moment où elle statue (RJJ 1992 S. 266).

E. Zeitliches

I. Dauer der FFE

1. Einweisung auf bestimmte Dauer

380 *Eine Klinikeinweisung auf eine zum voraus bestimmte (Jahres-)Dauer* ist mit Art. 397a Abs. 3 ZGB nicht vereinbar, eine im Zeitpunkt des Entscheids vorhersehbare Befristung – z.B. halb- oder ganzjährige Kur in einer Trinkerheilanstalt jedenfalls mit dem entsprechenden Vorbehalt von Art. 397a ZGB – zu versehen; einerseits bleibt es dem Betroffenen unbenommen, schon vor Ablauf der Jahresfrist ein Entlassungsgesuch zu stellen (vgl. LGVE 1986 II 5 S. 128, vgl. Extraits 1984 S. 77). Sofern es der Erfolg der (in casu auf ein Jahr vorgesehenen) Behandlung rechtfertigt, ist der Betroffene anderseits bereits vor Jahresfrist zu entlassen (BJM 1985 S. 243).

381 Bei Einweisung einer mündigen Person in eine Anstalt durch einen *schaffhausischen* Vormundschaftspräsidenten ist diese vorsorgliche Massnahme nach Ablauf von 30 Tagen aufzuheben, wenn bis dahin keine entsprechende Verfügung des Vormundschaftsinspektors vorliegt oder besondere Gründe für die weitere Zurückbehaltung in der Anstalt bis zu dessen Entscheid bestehen (ABSH 1982 S. 137).

382 Das einschlägige *schwedische Gesetz* (LVM) sieht vor, den Zwangsentzug abzubrechen, sobald dessen Zweck erfüllt ist, spätestens nach sechs Monaten (Art. 20). Es handelt sich dabei um eine ausnahmsweise Zwangsbehandlung, den körperlichen Entzug (1–4 Wochen) mit anschliessender Motivation (5–5¾ Monate), welcher für 5% der Schwerstsüchtigen gerichtlich angeordnet wird und eine Erfolgsrate von 33% aufweist (SJZ 90 S. 325 und Zit., vgl. N 3 Schlussbem.).

2. Einweisung oder Zurückbehaltung auf unbestimmte Dauer

383 § 117l rev. EG-ZGB-ZH trägt seit Mitte 1995 der Rechtsprechung zur EMRK teilweise Rechnung, wonach die *Überprüfung der Haft «in angemessenen Abständen»* (reasonable intervals) zu erfolgen hat, es sei denn, das innerstaatliche Recht bestimme von sich aus ein regelmässiges Haftprüfungsverfahren (VILLIGER N 365 und FN 123/33, vgl. ZöF 1981 S. 27: Kt. Zug, Art. 6 Abs. 2 öPersFrG, § 1906 Ziff. 2 Abs. 3 Satz 1 BGB und N 38 zu Art. 397a ZGB; a.M. ZVW 47 S. 94). Dies ist in Abs. 1 nur insoweit vorgesehen, als Zwangseinweisungen oder gerichtliche Überprüfungen erfolgten, also nicht bezüglich der anderen ca. 2 000 psychisch bzw. 8 500 chronisch Kranken, z.B. Alterspatienten (Prot. KR-ZH vom 10. Oktober 1994 S. 11627/28). Die Bestimmung lautet:

> «Sind seit der Einweisung oder der letzten Überprüfung der FFE sechs Monate verstrichen, ist die Anstalt verpflichtet, ihrer Aufsichtsbehörde die betroffene Person schriftlich zu melden.
> Die Aufsichtsbehörde entscheidet so rasch als möglich über die Entlassung der betreffenden Person.
> Gegen den ablehnenden Entscheid kann die betroffene oder eine ihr nahestehende Person innert zehn Tagen beim Einzelrichter gerichtliche Beurteilung verlangen.»

384 Art. 124d EG-ZGB-FR sieht vor, dass die Anstalt *in regelmässigen, von der Einweisungsbehörde bestimmten Abständen* einen schriftlichen und ausführlichen Bericht über den Betroffenen zu erstatten hat. Damit

wird gewährleistet, dass der Betroffene so bald wie möglich wieder entlassen werden kann (RFJ/FZR 1993 S. 268).

II. Zeitpunkt der Entlassung

385 Muss (N 371 zu Art. 397a ZGB) der Betroffene entlassen werden, «sobald» es sein Zustand erlaubt, so heisst dies in aller Regel *«sofort»*. Damit kann es nicht angehen:

- eine Verweildauer von weiteren zwei Tagen in der Klinik vorzusehen (PGK-ZH Proz. Nr. PG91293/Beschluss vom 13. November 1991 i.S. R.A.), bzw. von fünf Tagen (PGK-ZH Proz. Nr. PG91174/Beschluss vom 10. Juli 1991 i.S. S.B.);
- einen Kläger sofort zu entlassen, obwohl er noch einige Tage in der Klinik bleiben könne (PGK-ZH Proz. Nr. KP940484/Beschluss vom 11. Januar 1995 i.S. H.K.).

386 Die *administrative* Behandlung des Austritts ist auf das für den unmittelbaren Austritt aus der Anstalt Notwendige zu beschränken (vgl. ZR 93 Nr. 8 S. 49 = SJZ 90 S. 106 je Erw. III/4/b/cc/bbb).

387 *Eine Zurückbehaltung während kurzer Zeit, um das Umfeld zu verbessern* und so einer erneuten Klinikeinweisung vorzubeugen (AGVE 1992 S. 285, vgl. PGK-ZH Proz. Nrn. KP930385 und 930368/Beschlüsse vom 4. Dezember 1992 i.S. H.R. und W.R.: sogar bis 20. Dezember 1993), kommt nicht in Frage, da es sonst die Anstaltsleitung in der Hand hätte, den Zeitpunkt der Entlassung zu bestimmen. Entweder ist vom Gericht über die zuständige Vormundschafts- bzw. Fürsorgebehörde das Notwendige während hängigem Verfahren zu veranlassen (vgl. PGK-ZH Proz. Nr. KP92195/Verfügung vom 19. August 1992 i.S. G.M.) oder dann die Klage mit der Begründung, dass die nötige Fürsorge anders nicht erwiesen werden könne (N 291 ff. zu Art. 397a ZGB) unter Hinweis darauf, dass der Austritt umgehend zu ermöglichen sei, abzuweisen.

388 *U.U. kommen vorab den Austritt vorbereitende Urlaube* in Frage (vgl. ZR 93 Nr. 81 S. 254 Erw. IV/3/c).

F. Zustand des Betroffenen

Vorausgesetzt ist einzig, dass der Zustand des Betroffenen es erlaubt, während behördlichen *Schwierigkeiten organisatorischer Natur* nur sehr untergeordnete Bedeutung zukommen darf (N 371 zu Art. 397a und N 32 ff. zu Art. 397f ZGB). 389

Die Einweisung darf nicht länger ausgedehnt werden, als die *Geisteskrankheit* – im juristischen Sinne (N 27/28 zu Art. 397a ZGB) – besteht (EuGRZ 1985 S. 644 und Zit.). 390

Eine Zurückbehaltung eines *Trunksüchtigen* nach dem körperlichen Alkoholentzug in einer nicht mehr geeigneten Anstalt im Hinblick auf den Übertritt in eine geeignete Arbeitsanstalt während eines ganzen Monats erweist sich als zu lange Frist (a.M. AGVE 1992 S. 284; vgl. N 178 zu Art. 397f ZGB), auch wenn administrative Massnahmen vorab erforderlich sind (vgl. PGK-ZH Proz. Nr. KP92195/Beschluss vom 19. August 1992 i.S. G.M.: fünf Tage). 391

Die Entlassung hat nach der *Untersuchung* zu erfolgen, wenn keine konkreten Massnahmen zu treffen sind (ZR 93 Nr. 8 S. 48/49 = SJZ 90 S. 104/05 je Erw. III/4/b/cc/bbb, vgl. SJZ 90 S. 327 und Zit.). Sind solche nach der Untersuchung erforderlich, z.B. die Einweisung in ein Methadonprogramm oder der Eintritt in eine geeignete Anstalt zu organisieren, so darf der Betroffene dementsprechend zurückbehalten werden (PGK-ZH Proz. Nrn. KPD94005 und 06, Verfügungen vom 20. Mai 1994 i.S. T.K. und L.E.). 392

Zur Entlassung aus einer ungeeignet gewordenen Anstalt s. N 131 zu Art. 397a ZGB. 393

Vorbemerkungen zu Art. 397b–f

1 Mit den Art. 397b–f regelt das ZGB das Verfahren in den *Grundzügen* (vgl. RFJ/FZR 1993 S. 258).

2 Der Entwurf ging unter Berücksichtigung der bundesgerichtlichen Rechtsprechung zu den Grundrechten in verschiedenen Punkten *über die EMRK* hinaus (BBl 1977 III 20); darauf wird bei den einzelnen Bestimmungen (Art. 397a Abs. 3, 397d Abs. 2, 397e Ziff. 1, 2 und 5 sowie 397f Abs. 1 und 2 ZGB) eingegangen.

3 Der *Eingriff in das kantonale Verfahrensrecht* erfolgte nur soweit, als dies von der EMRK her und für eine sachgerechte Regelung unentbehrlich ist (BBl 1977 III 19). Diese Verfahrensregeln des Bundesrechts gehen dem kantonalen Recht vor (SCHNYDER in: Festschrift für H. Lange, S. 948).

4 Im formellen Privatrecht, welches materielles Verwaltungsrecht regelt (N 16 Vorbem. zu Art. 397a–f ZGB), ist damit noch teils wiederholtes EMRK-Recht, teils bundesrechtliches Prozessrecht enthalten.

Art. 397b

[1] **Zuständig für den Entscheid ist eine vormundschaftliche Behörde am Wohnsitz oder, wenn Gefahr im Verzuge liegt, eine vormundschaftliche Behörde am Aufenthaltsort der betroffenen Person.** B. Zuständigkeit

[2] **Für die Fälle, in denen Gefahr im Verzuge liegt oder die Person psychisch krank ist, können die Kantone diese Zuständigkeit ausserdem andern geeigneten Stellen einräumen.**

[3] **Hat eine vormundschaftliche Behörde die Unterbringung oder Zurückbehaltung angeordnet, so befindet sie auch über die Entlassung; in den andern Fällen entscheidet darüber die Anstalt.**

[1] La décision est prise par une autorité de tutelle du domicile ou, s'il y a péril en la demeure, par une autorité de tutelle du lieu où se trouve la personne en cause. B. For et compétence

[2] Pour les cas de péril en la demeure ou de maladie psychique, les cantons peuvent en outre attribuer cette compétence à d'autres offices appropriés.

[3] Si le placement ou le maintien dans un établissement a été ordonné par une autorité de tutelle, celle-ci est aussi compétente pour en prononcer la mainlevée; dans les autres cas, la compétence appartient à l'établissement.

[1] La decisione è presa dall'autorità tutoria del domicilio o, se vi è pericolo nel ritardo, del luogo di dimora della persona interessata. B. Competenza

[2] In caso di pericolo nel ritardo o di malati psichici, i Cantoni possono inoltre attribuire tale competenza ad altri uffici idonei.

[3] Se il collocamento o il trattenimento nello stabilimento è stato ordinato da un'autorità tutoria, questa è pure competente a decidere del rilascio; negli altri casi la decisione sul rilascio spetta allo stabilimento.

Inhaltsübersicht

Note

Kommentar zu Abs. 1 1

A. Allgemeines 1

B. Rechtsvergleichung 5

I. Einweisung durch Richter 5

II. Einweisung durch Verwaltungsbehörde 8

C. Zuständigkeit 10
I. Sachliche 11
II. Funktionelle 13
III. Örtliche 17
1. Am Wohnsitz 18
2. Am Aufenthaltsort 20
a) Aufenthalt 20
b) Gefahr im Verzug 23
IV. Konkurrenz 26
D. Entscheid 29
I. Verfahren 29
II. Inhalt der Entscheidung 38
III. Vollzug 40
Kommentar zu Abs. 2 44
A. Kantonale Kompetenz 45
B. Zuständigkeit 48
C. Andere geeignete Stellen 50
D. Voraussetzungen 65
I. Gefahr im Verzug 65
II. Psychisch Kranke 68
E. Entscheid 72
F. Konkurrenz und Abgrenzung 76
Kommentar zu Abs. 3 85
A. Vormundschaftliche Behörde 88
I. Voraussetzung 91
II. Entscheid 93
B. Andere Fälle 98
I. Voraussetzungen 98
II. Anstalt 100
III. Entscheid 102

Kommentar zu Abs. 1

A. Allgemeines

Festnahme bedarf einer gesetzlichen Grundlage, welche Art. 5 Ziff. 1 lit. a–f *EMRK* entspricht (vgl. VILLIGER N 323/324). Das ZGB bezeichnet demzufolge die dafür zuständige Behörde. 1

Der Gesetzestext wurde gegenüber dem Entwurf des ZGB in Abs. 1 ergänzt (N 44 zu Art. 397b ZGB), im übrigen lediglich in Abs. 3 knapper formuliert (BBl 1977 III 59/60). 2

Das ZGB legt dabei nur den Rahmen fest und belässt den *Kantonen grosse Freiheit* (TUOR/SCHNYDER/SCHMID S. 406), was bei der Bezeichnung anderer geeigneter Stellen geradezu Wildwuchs hervorgerufen hat (N 51 zu Art. 397b ZGB). 3

Die ursprünglich im Kt. Zürich vorgesehene – indessen, wie sich zeigte, oft nicht innert nützlicher Frist beizubringende (Antrag des RR-ZH vom 10. April 1985 S. 4) – *Zustimmung eines nächsten Angehörigen oder eines Dritten, welcher die Fürsorge für den Kranken ausübte* (§ 117c Abs. 2 aEG-ZGB-ZH), wurde am 14. April 1986 mit Wirkung ab 1. Juli 1986 aufgehoben (RRB Nr. 2267 vom 4. Juni 1986). 4

B. Rechtsvergleichung

I. Einweisung durch Richter

Nach § 1906 *BGB* muss das Vormundschaftsgericht die Unterbringung genehmigen; ohne Genehmigung ist die Unterbringung, wenn mit dem Aufschub Gefahr verbunden ist, zulässig, die Genehmigung indessen unverzüglich nachzuholen. 5

6 Art. 4 Abs. 2 *öPersFrG* sieht die Festnahme bei Gefahr im Verzug ohne richterlichen Befehl vor, indessen die Übergabe des Betroffenen an das zuständige Gericht innerhalb von 48 Stunden, bzw. ist das Gericht, welches über die Zulässigkeit der Unterbringung entscheidet (§ 18 öUbG), durch den Abteilungsleiter zu verständigen (§ 17 öUbG).

7 Nach Art. 211 *CCesp* entscheidet der Richter über die Unterbringung.

II. Einweisung durch Verwaltungsbehörde

8 Art. 327 *code de la santé publique* sieht die Einweisung durch den Staatsanwalt (procureur de la République) vor.

9 Art. 3 des *italienischen Gesetzes* Nr. 180 vom 13. Mai 1978 auferlegt dies dem Bürgermeister (sindaco; CIAN/TRABUCCHI, Commentario breve al CC, Padova, 1988 N zu Art. 420 aCCit).

C. Zuständigkeit

10 Zu unterscheiden sind sachliche, funktionelle und örtliche Zuständigkeit.

I. Sachliche

11 *Die Bestimmung behandelt einerseits die sachliche* Zuständigkeit (RIEMER S. 149 N 8).

12 *Tätig zu werden hat jedenfalls eine vormundschaftliche Behörde* (Art. 361 Abs. 1 ZGB), welche *kantonal zu bezeichnen* ist (SCHNYDER/MURER N 16 ff. zu Art. 361 ZGB), im Kt. Zürich: Gemeinderat der politischen Gemeinde (§ 73 Abs. 1 EG-ZGB-ZH).

II. Funktionelle

Es handelt sich um die bundesrechtlich vorgeschriebene *Vormundschafts-* oder um eine ihrer *Aufsichtsbehörden* (Art. 361 Abs. 2 ZGB, TUOR/SCHNYDER/SCHMID S. 406). 13

Nach *zürcherischem Recht* entscheidet die Vormundschaftsbehörde (§ 117a Abs. 1 EG-ZGB-ZH) und kraft Aufsichtsbefugnis oder auf Rekurs einer (dem Betroffenen) nahestehenden Person an Stelle derselben die Aufsichtsbehörde, wenn jene untätig bleibt (§ 117a Abs. 2 EG-ZGB-ZH), d.h. der Bezirksrat (§§ 41 und 75 EG-ZGB-ZH) bzw. die Verwaltungskommission des Obergerichts (§ 18 Abs. 1 VO über die Organisation des Obergerichts, ZG 212.51 i.V.m. Ziff. II/1 der jeweiligen Geschäftsverteilung unter den Kammern im Konstituierungsbeschluss; vgl. ZR 93 Nr. 8 = SJZ 90 S. 98 je Erw. III/4/b/cc/aaa). 14

In den *übrigen Kantonen* sind folgende Behörden als zuständige vormundschaftliche Behörde seinerzeit bezeichnet worden (ZVW 37 S. 14 ff.): 15

- Vormundschaftsbehörde/Waisenamt/Gemeinderat (UR, SZ, OW, NW, GL, FR, ZG, BS, AR, AI, SG, GR, TG, TI, VS, NE, JU),
- Vormundschaftsinspektor (SH),
- Bezirksamt (AG),
- Regierungsstatthalter (BE, LU, BL),
- Departement des Innern (SO),
- Juge de paix (VD),
- Chambre des tutelles (GE).

Im Gegensatz zum Kt. Zürich sind z.B. im Kt. Aargau keine Rechtsmittel gegen die Nichtanordnung der FFE gegeben (AGVE 1992 S. 287 = AJP 1 S. 366; vgl. dazu aber N 39 zu Art. 397d ZGB). 16

III. Örtliche

Auch die örtliche Zuständigkeit ist in Art. 397b Abs. 1 ZGB geregelt (RIEMER S. 149 N 8). 17

1. Am Wohnsitz

18 Der *Wohnsitz* des Mündigen beurteilt sich nach Art. 23 ff. ZGB (vgl. BLVGE 1992 S. 125, PGK-ZH Proz. Nr. KP92291/Beschluss vom 17. Oktober 1992 i.S. M.O. und KP940012/Beschluss vom 14. Januar 1994 i.S. A.Y.).

19 Es handelt sich um den Wohnsitz *des Betroffenen* (personne en cause; entgegen «persona interessata», welcher Begriff auch den ihm Nahestehenden [Art. 397d Abs. 1 ZGB] umfassen könnte).

2. Am Aufenthaltsort

a) Aufenthalt

20 Gegensätzlich zum Wohnsitz bestimmt sich der blosse *Aufenthaltsort* (Art. 24 Abs. 2, Art. 26 ZGB).

21 Aufenthalt wird durch *freiwilligen Eintritt* in *die Klinik oder durch eine rechtmässige vorsorgliche Klinikeinweisung* begründet (SGGVP 1990–40 S. 117).

22 Es handelt sich um den Aufenthalt des Betroffenen (personne en cause; zur «persona interessata» s. N 19 zu Art. 397b ZGB).

b) Gefahr im Verzug

23 Die dem altertümlichen Begriff der vorausgesetzten Gefahr im Verzug (vgl. § 117a Abs. 3 rev. EG-ZGB-ZH: «droht Gefahr»; Prot. KR-ZH vom 10. Oktober 1994 S. 11612) anhaftende *Dringlichkeit* («im Verzug») ist der *Notlage* («Gefahr») gleichzusetzen (HAUSER/HAUSER, Komm. zum aGVG, N 4 zu § 18), bzw. begründet die Notlage die Dringlichkeit, womit diese den eigentlichen Grund für das Einschreiten bildet.

24 Zu denken ist insbesondere an *Selbst-* (N 321 ff. zu Art. 397a ZGB) und *Drittgefährdung* (N 341 zu Art. 397a ZGB), welche vom Betroffenen ausgeht und unmittelbar abgewendet werden muss.

Bei Wohnsitz ausserhalb des Kt. Aargau z.B. betrachten sich die aargauischen Behörden nur in einer Notfallsituation, als Behörden am Aufenthaltsort, zuständig (AGVE 1990 S. 230). 25

IV. Konkurrenz

Zur *Einweisung* sind nach Art. 397b Abs. 1 und 2 ZGB je nach Dringlichkeit zuständig: 26

- die vormundschaftliche Behörden
  = am Wohnsitz,
  = am Aufenthaltsort.

Art. 397b Abs. 1 ZGB weist die Kompetenz *nicht absolut alternativ* zu, vielmehr kann die Wohnsitzbehörde auch bei Dringlichkeit tätig werden. 27

Zur Konkurrenz s. auch N 76 ff. zu Art. 397b ZGB. 28

D. Entscheid

I. Verfahren

Dass das ZGB keine näheren Vorschriften über den Vollzug der Massnahmen enthalte (BBl 1977 III 29), trifft nur insoweit zu, als Art. 397e Ziff. 1, 4 und 5 ZGB das Verfahren nicht abschliessend regeln (a.a.O. S. 33), indessen bezüglich: 29

- Unterrichtung über die Gründe der Anordnung (N 45 ff. zu Art. 397e ZGB),
- Rechtsmittelbelehrung (N 79 ff. zu Art. 397e ZGB),
- Erteilung aufschiebender Wirkung (N 139 ff. zu Art. 397e ZGB),
- Beizug eines Sachverständigen (N 162 ff. zu Art. 397e ZGB).

30 Zum anwendbaren Verfahrensrecht s. N 6, 8 Vorbem. zu Art. 397a–f und N 35, 44 zu Art. 397e ZGB.

31 Im Entwurf zum ZGB wurde die Ernennung eines *Beistands* nicht generell vorgesehen, wobei wohl einerseits weniger die Gefahr einer die verantwortungsvolle Betreuung schwächenden übermässigen Massnahme, als die Schwierigkeit, Beistände – welche ja einzig konkret dem Betroffenen Hilfe leisten könnten – innert nützlicher Frist zu finden, den Ausschlag gab. Entscheidend war allerdings anderseits das von ärztlicher Seite betonte *Diskretionsbedürfnis* des Betroffenen (vgl. BBl 1977 III 29/30).

32 Hinsichtlich der *Betreuung* der Betroffenen durch Lehrer, Geistliche, Anstaltspsychiater, besondere Sozialdienste (BBl 1977 III 30), somit teils amtliche, teils private Stellen, zu welchen auch Angehörige und Bekannte (z.B. Nachbarn) treten, ist zu beachten, dass sie teils nur freiwillig tätig werden und teils u.U. widersprechende Interessen vertreten. Je nach dem drängt sich aus diesen Gründen die Bestellung eines Beistands i.S. von Art. 392 Ziff. 1/393 Ziff. 2 ZGB auf (vgl. BBl 1977 III 30); z.B. dann, wenn dem Betroffenen zufolge Geistesschwäche nicht einmal die schriftliche Rechtsmittelbelehrung erteilt werden kann (a.M. BGE 114 II 213 = Pra 77 Nr. 250 S. 934 = JdT 1990 I S. 287 = SJ 1989 S. 161).

33 Die Einweisungsbehörde hat den Betroffenen vor *der Zwangseinweisung in die Anstalt persönlich anzuhören* (Art. 4 BV, BBl 1977 III 33, § 117b Abs. 2 rev. EG-ZGB-ZH, ZVW 44 S. 151, OWVVGE VI 32 S. 57, ABSH 1988 S. 193; anders: RFJ/FZR 1993 S. 264 N 26).

34 Eine *Verweigerung des rechtlichen Gehörs* bei einer vorsorglichen Einweisung ist auch nicht zulässig, wenn der Sachverhalt klar dargestellt wird und die Interessenabwägung zwischen der Dringlichkeit der Einweisung und der Beschränkung der Rechte des Betroffenen besonders sorgfältig erfolgt (a.M. LGVE 1991 II 4 S. 161). Für diese Sorgfalt fehlt es eben gerade an dem persönlichen Eindruck und der Stellungnahme des Betroffenen (N 104 ff. zu Art. 397e ZGB).

35 Bei *Nichtanhörung* des Betroffenen durch die Verwaltungsbehörde ist der – heilbare (vgl. N 56 zu Art. 397e ZGB) – Mangel im raschmöglichst durchzuführenden Gerichtsverfahren (Art. 397f Abs. 1 ZGB) nachzuholen.

36 § 117b Abs. 2 rev. EG-ZGB-ZH sieht die Anhörung der dem Betroffenen *nahestehenden Personen*, sowie von mit ihm befassten *Behörden*

und Stellen vor, soweit erforderlich; zur Problematik im Lichte des erforderlichen raschen Verfahrens s. N 37 zu Art. 397f ZGB.

Bezüglich der Unterbringung muss sich die Vormundschaftsbehörde aber auch *mit der Anstalt* ins Einvernehmen setzen (SJZ 90 S. 328), nicht nur bezüglich der fachmännisch zu beurteilenden Eignung der Anstalt, sondern auch wegen möglicher Überbelegung (N 127 zu Art. 397a ZGB). 37

II. Inhalt der Entscheidung

Es handelt sich um die *Anordnung der Einweisung* gemäss Art. 397a Abs. 1 ZGB. Eine *rückwirkende FFE* wurde – in Zusammenhang mit der polizeilichen Zuführung zwecks Untersuchung, begrenzt auf 24 Stunden – als zulässig betrachtet, da sie klar begrenzt war, sich durch sachliche Gründe rechtfertigen liess, nicht zu stossenden Ungleichheiten führte und nicht in wohlerworbene Rechte eingriff (ZR 93 Nr. 8 = SJZ 90 S. 98 je Erw. II/4). 38

Die Vormundschaftsbehörde ist *nicht* zuständig zur Beurteilung *ärztlicher Anordnungen* (AGVE 1987 S. 217, vgl. N 58 zu Art. 397d ZGB). 39

III. Vollzug

Die vormundschaftliche Behörde kann ihren *Beschluss erlassen, ohne die Einweisung sofort zu vollziehen* (Art. 397e Ziff. 4 ZGB), und den gerichtlichen Entscheid abwarten (Art. 397d ZGB). 40

In *dringlichen Fällen* wird sofort vollzogen, d.h. der Betroffene in die Anstalt verbracht; zur dortigen Aufnahme s. N 126 zu Art. 397a und N 98 zu Art. 397e ZGB. 41

Im Kt. Zürich entscheidet gemäss § 16 Abs. 1 der Verordnung über die kantonalen Krankenhäuser (ZG 813.11) der Chefarzt über die *Aufnahme* der Patienten; gemäss § 28 der Verordnung über die Rechte und Pflichten der Patienten in staatlichen Krankenhäusern (ZG 813.13) ist er dafür verantwortlich, dass (psychisch- und suchtkranke) Patienten 42 nur nach den massgeblichen gesetzlichen Vorschriften aufgenommen werden. Dabei hat er den vormundschaftlichen Beschluss zu berücksichtigen; kann er die Aufnahme wegen Platzmangels (N 126, 127 zu Art. 397a ZGB) oder aus medizi-nischen Gründen nicht verantworten, so steht ihm nur der – allerdings bei der Zwangseinweisung leicht begehbare – Weg offen, ein Gesuch des Betroffenen um gerichtliche Beurteilung unter Erteilung aufschiebender Wirkung (Art. 397e Ziff. 4 ZGB) zu unterstützen (SJZ 90 S. 329).

43 *Die Vormundschaftsbehörde kann eine private Anstalt* nicht zwingen, den Betroffenen aufzunehmen (ZVW 41 S. 8); für private zürcherische psychiatrische Kliniken, welche sich in bestimmtem, vertraglich festgelegtem Umfang zur Erfüllung öffentlicher Aufgaben verpflichtet haben – z.B. Psychiatrische Kliniken «Schlössli» in Oetwil a.S. und am Zürichberg in Zürich sowie Sanatorium Kilchberg/ZH –, gilt insoweit dasselbe wie für die öffentlichen Anstalten.

Kommentar zu Abs. 2

44 *Der Gesetzestext wurde gegenüber dem Entwurf des ZGB* in Abs. 2 um die «Gefahr im Verzug» ergänzt (BBl 1977 III 59).

A. Kantonale Kompetenz

45 Es besteht *kein Zwang*, anderen Stellen die Zuständigkeit einzuräumen (vgl. ZVW 37 S. 17: BL).

46 Die anderen Stellen können nur «ausserdem», d.h. *neben* den nach Abs. 1 zuständigen *vormundschaftlichen Behörden* bezeichnet werden (vgl. N 26 zu Art 397b ZGB).

47 Art. 397b Abs. 2 ZGB trägt dem Rechnung, dass einerseits u.a. der *Kt. Zürich* die Anstaltseinweisung als Sache des Sanitätswesens – der

nach kantonalem Sanitätsrecht zuständigen Organe – betrachtet hatte, die überhaupt nicht im ZGB geregelt werden sollte (vgl. StenBull StR 1978 S. 37 und 404), und anderseits dem Umstand, dass die *Gesellschaft für Psychiatrie* das amtliche Verfahren als für den psychisch Kranken zwangsläufig zu einer grossen seelischen Belastung und zu einem Eingriff in seine persönlichen Rechte führend beurteilte (StenBull NR 1978 S. 746 und S. 1231–36).

B. Zuständigkeit

Es handelt sich zunächst um die Zuständigkeit *zur Unterbringung.* 48

Der – in vielen Kantonen als zuständig bezeichnete (N 50 zu Art. 397b ZGB) – *Arzt* ist nicht nur zur FFE befugt, sondern hat vielmehr die geeigneten Massnahmen wie die vormundschaftlichen Behörden anzuordnen (BBl 1977 III 31/32, vgl. ZVW 47 S. 51: SG, ZR 93 Nr. 8 = SJZ 90 S. 98 je Erw. III/1/a/cc). 49

C. Andere geeignete Stellen

Die Ausgestaltung erfolgte in den Kantonen in sehr unterschiedlicher Weise (Tuor/Schnyder/Schmid S. 406). 50

Von den Kantonen, ausgenommen Basel-Land, wurden folgende privaten und amtlichen, überwiegend mit Einzelpersonen besetzten Stellen *aus Medizinalbereich, Justiz oder Verwaltung* bezeichnet, teils generell, teils nur bei Gefahr bzw. nur für psychisch Kranke, teils mehrfach (ZVW 37 S. 14 ff.): 51

- privater Arzt (ZH: § 117d Satz 1 rev. EG-ZGB-ZH, BE, LU, OW, NW, ZG, SO, SH, AI, SG, GR, AG, VD, GE, JU),
- leitender Spitalarzt (BS, SG, GE),

- Institutions de traitement et d'assistance agréées (pour toxicomanes; VD),
- Bezirksarzt und Stellvertreter/Kantonsarzt (SZ, SG, AG, TG, VD),
- Gerichtsarzt bzw. privater Arzt/Spitalabteilung mit Zustimmung Gerichtsarzt (BS),
- Friedensrichter, juge de paix (FR),
- Juge de la chambre des tutelles (GE),
- Autorité judiciaire (VD),
- Sozialvorsteher/Gemeinderat/Fürsorgebehörde (LU, UR, SH, GR, VD, NE),
- Ausschuss Vormundschaftsbehörde (AR, TI),
- Oberamtmann, Préfet (FR, VD),
- Direttore del Servizio Medico Psicologico (TI),
- Département de l'intérieur et de justice et police (VD),
- Conseil d'Etat (VD).

52 Hat der eidgenössische Gesetzgeber den Kantonen die Bezeichnung der «Zuständigkeit» anderer Stellen eingeräumt und ein Kanton einen *privaten Arzt* dem entsprechend als «zuständig» für die FFE bezeichnet (vgl. § 117a Abs. 3 und 117d rev. EG-ZGB-ZH), so *ist zu unterscheiden, ob dieser Arzt bereits im Auftragsverhältnis zum Betroffenen* steht oder *von Dritten* (Angehörigen, Bekannten, Nachbarn, Polizei etc.) *beigezogen* wird.

53 *Der private, bereits vom Betroffenen beauftragte* (Haus-)Arzt (vgl. BGE 118 II 254 ff.) handelt zunächst aufgrund seines privatrechtlichen Arztvertrags (Art. 394 ff. OR) in Erfüllung seiner wegen seiner Stellung als Fachmann erhöhten Sorgfaltspflicht (Art. 398 OR).

54 Der von *Dritten beigezogene private Arzt* handelt als Geschäftsführer ohne Auftrag (Art. 419 ff. OR, Gross S. 35; a.M. Gautschi, Kommentar zum OR, Bern 1964, N 27b Vorbem. zu Art. 419 OR: für «Hilfeleistung kraft öffentlich-rechtlicher Verpflichtung»). Wo es sich um einen Notfall handelt, braucht dieser Arzt nicht etwa einen Spezialisten beizuziehen (Gautschi a.a.O. N 24b zu Art. 398 OR).

55 Der *öffentlich-rechtliche Akt* der Begründung einer Zwangshospitalisierung durch den privaten Arzt (N 56 zu Art. 397b ZGB) ersetzt den Vertragswillen des Patienten (Gross S. 36).

Eine patentierte Berufsgruppe zur Ausübung hoheitlicher Tätigkeit heranzuziehen, erweist sich als *Beleihung* (GYSI, Verwaltungsrecht, Bern 1986, S. 56) und ist nicht etwa mit dem konkret vom Richter beauftragten Gutachter (§ 171 ZPO-ZH) oder dem amtlichen Verteidiger (vgl. § 12 StPO-ZH) bzw. unentgeltlichen Rechtsbeistand (vgl. § 87 ZPO-ZH) zu vergleichen, welche einerseits im Auftrag der Partei handeln (STRÄULI/MESSMER N 1 zu § 87 ZPO-ZH), anderseits zur Annahme des Auftrags nicht verpflichtet sind (vgl. § 173 ZPO-ZH), indessen mit dem Tierarzt, der seuchenpolizeiliche Aufgaben erfüllt (BGE 89 I 241). 56

Wo der Arzt nicht ohnehin schon «Behörde» (z.B. Bezirksarzt nach § 4 Abs. 1 Gesundheitsgesetz-ZH, ZG 810.1) oder Notfallarzt (§ 59 Gemeindegesetz-ZH, ZG 131.1) ist, wird er durch die Bezeichnung als «geeignete Stelle» (i.S. von Art. 397b Abs. 2 ZGB) für diesen Kompetenzbereich zur *«Behörde»* (SCHNYDER in: Festschrift für H. Lange, S. 947, vgl. GROSS S. 36), was bedeutet, dass der private Arzt seine hoheitliche Tätigkeit auszuüben verpflichtet ist. Dies auch, wenn das Kreisschreiben der zürcherischen Justizdirektion vom 16. Dezember 1980 z.B. den privaten Arzt nicht ausdrücklich als zur FFE verpflichtet erklärt (S. 14/15). 57

Unterlassen der zumutbaren Nothilfe ist sodann *strafbar* (Art. 128 Abs. 1 StGB; § 6 Abs. 1 StVG-ZH vom 30. Juni 1974, OS 45, 132; STRATENWERTH, Schweizerisches Strafgesetzbuch, Besonderer Teil I, Bern 1995, 5. A., S. 92 N 69 und Zit., ZBJV 127 S. 459). 58

Zu diesen «geeigneten Stellen» ergingen zum Beispiel folgende Entscheide: 59

- Der zürcherische Arzt war auch nach altem Recht zuständig, *ohne dass Gefahr im Verzug* lag (§ 117a Abs. 3 aEG-ZGB-ZH, ZR 93 Nr. 8 = SJZ 90 S. 98 je Erw. III/1/a/aa; zum neuen Recht: vgl. N 69 zu Art. 397b ZGB). 60
- *Präsidialverfügungen*: 61
  = Die zürcherische PGK hat – schon wegen der Bedeutung der FFE – stets die Genehmigung durch die gesamte Vormundschaftsbehörde verlangt (Proz. Nrn. PG91236/Beschluss vom 14. September 1991 i.S. S.G. und PG91082/Beschluss vom 13. Juli 1991 i.S. V.Y., SJZ 90 S. 327, §§ 67 und 68 Abs. 2 des Gesetzes über das Gemeindewesen vom 6. Juni 1926, ZG 131.1; vgl. N 67 zu Art. 397b ZGB); eine – weil schon ärztlich angeordnet – ohne Dringlichkeit verfügte und nicht genehmigte FFE ist zufolge fehlender Zuständigkeit aufzuheben (PGK-ZH Proz. Nr. KP950088/Beschluss vom 12. April 1995).

62 = Unzuständig ist der Ratspräsident der Vormundschaftsbehörde (OWVVGE V 50 S. 95).

63 = Bei Einweisung durch den Präsidenten der Vormundschaftsbehörde ist diese vorsorgliche Massnahme nach Ablauf von 30 Tagen aufzuheben, wenn bis dahin keine entsprechende Verfügung des Vormundschaftsinspektors vorliegt (ABSH 1982 S. 137).

64 – *Örtlich* ist der Bezirksarzt, in dessen Bezirk die Klinik liegt, zuständig, wenn Gefahr im Verzug liegt und der Betroffene am Ort der Klinik Aufenthalt hat (SGGVP 1990–40 S. 117).

D. Voraussetzungen

I. Gefahr im Verzug

65 Es handelt sich um denselben Begriff wie in Art. 397b Abs. 1 ZGB (N 23 zu Art. 397b ZGB).

66 Diese Voraussetzung wird bei den kantonal bezeichneten Stellen bisweilen bei psychisch Kranken *zusätzlich* vorausgesetzt (ZVW 37 S. 18: SH, AI), in § 117a Abs. 3 rev. EG-ZGB-ZH alternativ.

67 Die für *Sofortmassnahmen* – in Fällen, wo Gefahr im Verzug liegt – von den Kantonen bestimmten Stellen sind nur für die Anordnung dieser dringenden Massnahmen zuständig. Soll die Unterbringung in einer Anstalt länger dauern, so muss sie zuerst entweder von der durch das kantonale Recht bestimmten besonderen Stelle oder von der vormundschaftlichen Behörde angeordnet werden (vgl. BBl 1977 III 32).

II. Psychisch Kranke

68 *Psychisch Kranke* im Sinne dieser Bestimmung können nicht nur Geisteskranke, sondern auch Geistesschwache, Suchtkranke oder völlig Verwahrloste im Sinne von Art. 397a Abs. 1 ZGB sein (BBl 1977 III 31,

ZöF 1984 S. 74, SGGVP 1990–41 S. 118). Der Begriff umfasst primär Geisteskranke und -schwache, ist allerdings nicht deckungsgleich mit diesen Begriffen (TUOR/SCHNYDER/SCHMID S. 406), sonst hätte der Gesetzgeber nicht den zusätzlichen Begriff eingeführt (ZVW 40 S. 86). Dass dessen Umschreibung alle der FFE unterliegenden Gruppen beschlagen kann, spricht nicht schon dagegen (a.M. AGVE 1982 S. 134).

Soweit die Kantone Ärzte als für die Einweisung zuständig bezeichnet 69
haben (z.B. § 117a Abs. 3/117d rev. EG-ZGB-ZH, vgl. N 52 zu Art. 397b ZGB), lässt *sich bereits aus der erforderlichen medizinischen Qualifikation* der Schluss ziehen, dass sie dies im Hinblick auf eine Krankheit legiferiert haben, wobei sowohl an psychische Störungen zu denken ist, als auch an Suchtkrankheit sowie an körperliche, insbesondere in Zusammenhang mit der schweren Verwahrlosung (vgl. N 23 zu Art. 397a ZGB).

Drogensüchtige sind psychisch krank (DILLING/MOMBOUR/SCHMIDT: 70
WHO-Klassifikation Ziff. F1; ZR 93 Nr. 8 = SJZ 90 S. 98 ff. je Erw. III/1/a/bb; a.M. AGVE 1982 S. 134: generell für Süchtige); ein Drogenabhängiger nicht nur, solange er sinnvollerweise von der Anstaltspsychiatrie behandelt werden kann (a.M. SGGVP 1990–41 S. 118, 1991–34 S. 75).

Zum (psychisch kranken) Betroffenen s. N 14 ff. zu Art. 397a ZGB. 71

E. Entscheid

Zum Verfahren der kantonal bezeichneten Stelle s. N 35 ff. zu Art. 397e 72
ZGB.

Soweit ein privater Arzt zuständig ist, weist er den Betroffenen 73
mittels *Einweisungszeugnis*, bisweilen auf einem Formular (ZR 93 Nr. 8 = SJZ 90 S. 98 je Erw. III/1), ein.

Über die *Aufnahme* entscheidet die Anstaltsleitung (N 126 zu Art. 397a 74
und N 42 zu 397b ZGB), welche sie bei fachmännisch festgestellten fehlenden Voraussetzungen verweigert. Die *Wiederaufnahme* bedarf z.B.

nach § 117h Abs. 2 rev. EG-ZGB-ZH keines neuen Einweisungsverfahrens (zum Rechtsmittel s. N 36 zu Art. 397d ZGB).

75 Erachtet ein *Dritter* eine Unterbringung als notwendig, so muss er sie über den ordentlichen Weg – bei der Vormundschaftsbehörde – beantragen (N 12 zu Art. 379b ZGB, vgl. § 117a Abs. 2 EG-ZGB-ZH: Rekurs an Aufsichtsbehörde).

F. Konkurrenz und Abgrenzung

76 Zuständig zur zwangsweisen Unterbringung können aufgrund des ZGB folgende *Behörden und Stellen* sein:

- die vormundschaftliche Behörde
  = am Wohnsitz,
  = am Aufenthaltsort;
- der Vormund (Art. 406 Abs. 2 ZGB, BGE 116 II 407 = JdT 1992 I S. 339 = SJ 1991 S. 204);
- kantonal bezeichnete Stellen (Art. 397b Abs. 2 ZGB, N 51 zu Art. 397b ZGB).

77 Diejenige der *Vormundschaftsbehörde* wird durch die anderen Zuständigkeiten nicht eingeschränkt (vgl. SUHR BRUNNER S. 141: betr. Art. 397b Abs. 2 ZGB, N 26 zu Art. 397b ZGB).

78 Wenn *mehrere Stellen aus denselben Gründen* einen Betroffenen einweisen (vgl. SUHR BRUNNER S. 141: «gemeinsame Zuständigkeit» von Vormundschaftsbehörde und Arzt), so spielt dies für die gerichtliche Beurteilung (N 5, 9 zu Art. 397d ZGB) sowie die Zuständigkeit zur Entlassung eine Rolle (N 86 ff. zu Art. 397b ZGB).

79 Dass verschiedene Behörden und Stellen die Unterbringung gegenüber demselben Betroffenen verfügen können, ist selbstverständlich dann gegeben, wenn dessen *Entlassung* zwischen den einzelnen Verwaltungsakten verfügt worden ist.

80 Ob die verschiedenen zur Einweisung befugten Behörden und Stellen *im gleichen Zeitraum* die Unterbringung eines Betroffenen anordnen

können (befürwortet in: ZVW 38 S. 45), ist nach den Kriterien der Dringlichkeit (N 23 zu Art. 397b ZGB) und der festgestellten Gründe zu beurteilen. Die, allenfalls gegenseitige, Kenntnis von der parallelen Anordnung spielt dabei keine Rolle.

Hat die Wohnsitzbehörde zwar eine FFE beschlossen, indessen noch 81
nicht vollzogen (N 40 zu Art. 397b ZGB), so muss jede in einem solchen Falle dazu bezeichnete Stelle die FFE gegenüber derselben Person bei Gefahr im Verzug verfügen können, so auch die Aufenthaltsbehörde (N 23 zu Art. 397b ZGB).

Der Umstand, dass mehrere Verwaltungsbehörden gleichzeitig oder in 82
engerem Zeitraum aufgrund derselben gesetzlichen Bestimmungen eine Massnahme verfügen, *ist singulär. Dass das Bundesgericht eine Verfahrenskoordination* vorsieht, wenn verschiedene Bundesgesetze anzuwenden sind (BGE 114 Ib 227 Erw. 5b, 118 Ib 398), hilft nicht weiter.

Zum Entscheid des Richters s. N 30 ff. zu Art. 397d ZGB. 83

Hat der Betroffene die Massnahme nicht gerichtlich angefochten, so 84
stellt sich die Zuständigkeitsfrage für die Entlassung. Dabei ist auf die zeitlich nachfolgende FFE abzustellen, welche auch den seit der ersten ergangenen Verfügung eingetretenen Sachverhalt zu berücksichtigen hatte (a.M. SGGVP 1992 S. 75/76 Nr. 28: Nichtigkeit der zweiten Verfügung zufolge unmöglichen Inhalts).

Kommentar zu Abs. 3

Der Gesetzestext wurde in Abs. 3 gegenüber dem *Entwurf zum ZGB* 85
nur knapper formuliert (BBl 1977 III 60: «... steht der Entscheid über die Entlassung der Anstalt zu.»).

Durch die heutige Regelung wird die jeweils zuständige *vormund-* 86
schaftliche Behörde im Hinblick auf die Gesamtbetreuung des Betroffenen besonders in Pflicht genommen. Im übrigen hat selbstverständlich die *Anstalt* diese vormundschaftliche Behörde über die aus ihrer Sicht vorliegende Entlassungsreife raschmöglichst zu informieren (SCHNYDER in:

Festschrift für H. Lange, S. 948 und Zit.); vorgesehen ist z.B. aber auch der Beizug eines Berichts der Anstaltsleitung (§ 117e Abs. 1 Satz 2 rev. EG-ZGB-ZH). – De lege ferenda s. N 6 Schlussbem.

87 Ein *unzuständigenorts* eingereichtes Entlassungsgesuch ist an die Anstalt bzw. an die Vormundschaftsbehörde zu überweisen (Art. 397e Ziff. 3 ZGB, vgl. § 194 GVG-ZH), soweit nicht ein direkter Entscheid im Gerichtsverfahren getroffen werden kann (AGVE 1982 S. 137).

A. Vormundschaftliche Behörde

88 Zur Vormundschaftsbehörde s. N 13 zu Art. 397b ZGB.

89 *Auch die Vormundschaftsbehörde am Aufenthaltsort* des Betroffenen fällt unter diese Bestimmung. Dem steht die Meldepflicht nach Art. 397c ZGB nicht entgegen; vielmehr wird dort auch der Fall ausdrücklich vorausgesetzt, dass diese Vormundschaftsbehörde die «Zurückbehaltung» anordnet, d.h., über ein Entlassungsgesuch abschlägig entscheidet (N 186 zu Art. 397a ZGB).

90 Wurde die *ärztliche Einweisung* durch einen Gerichtsentscheid bestätigt, so entfällt die Zuständigkeit der Vormundschaftsbehörde, über die Entlassung zu entscheiden (EGV-SZ 1992 S. 56).

I. Voraussetzung

91 Zur Anordnung s. N 38, 73 zu Art. 397b ZGB,
zur Unterbringung s. N 180 ff. zu Art. 397a ZGB,
zur Zurückbehaltung s. N 186, 194 zu Art. 397a ZGB.

92 Zum unter *Auflagen* aufgeschobenen Vollzug einer rechtskräftig verfügten Anstaltseinweisung s. N 317 zu Art. 397a ZGB.

II. Entscheid

«Über die Entlassung befindet» die Vormundschaftsbehörde in einem *Beschluss*, bei welchem es *sich im Verhältnis zum gerichtlichen um einen Vorentscheid* handelt. 93

In dringlichen Fällen entscheidet der *Präsident* der Vormundschaftsbehörde (z.B. § 67 Abs. 2 zürcherisches Gemeindegesetz vom 6. Juni 1926, ZG 131.1), was – im Gegensatz zur Interessenlage bei der Einweisung eines Betroffenen (N 61 zu Art. 397b ZGB) – hier in eigener Kompetenz möglich sein muss. Es kann nicht angehen, dass der Betroffene wegen fehlender Abkömmlichkeit der insbesondere oft nebenamtlichen oder der überlasteten hauptamtlichen Vormundschaftsbehördemitglieder aus administrativen Gründen nicht entlassen wird, obwohl es sein Zustand erlaubt (Art. 397a Abs. 3 ZGB). 94

Dem *Vormund* ist zwar die Befugnis zur Unterbringung eingeräumt (Art. 406 Abs. 2 ZGB), indessen nicht diejenige zur Entlassung. 95

Wo die Vormundschaftsbehörde eingewiesen hat, besteht keine Entlassungskompetenz der *Anstalt* (offenbar a.M.: ZVW 44 S. 96). Ist die Anstalt der Auffassung, dass der Betroffene von der Vormundschaftsbehörde zu Unrecht eingewiesen worden sei, so kann sie nur *jenem behilflich sein, ein Gesuch um vorsorgliche Entlassung* beim Richter zu stellen und dieses mit einlässlicher Begründung unterstützen (Art. 397e Ziff. 3 ZGB, SJZ 90 S. 329, N 156 zu Art. 397e ZGB). 96

Zur *Begründung des Verwaltungsbeschlusses* oder der -verfügung besteht keine unbedingte Pflicht, da dem Betroffenen die Entscheidungsgründe nach der Natur der Sache bekannt sind (Kölz N 15 und Zit. zu § 8 VRG, BGE 98 Ia 460), nämlich der Wegfall der Voraussetzungen für eine Zurückbehaltung. Im Hinblick auf die Haftung der Vormundschaftsbehörde für einen durch eine vorzeitige Entlassung angerichteten Schaden nach Art. 426 ZGB empfiehlt es sich indessen, den Entscheid zu begründen. Deswegen braucht die Entlassung indessen nicht aufgeschoben zu werden. 97

B. Andere Fälle

I. Voraussetzungen

98 Es handelt sich um die *Unterbringung* (N 180 ff. zu Art. 397a ZGB) oder die *Zurückbehaltung* (N 186, 194 zu Art. 397a ZGB).

99 Die Massnahme muss durch eine *andere* als eine vormundschaftliche *Behörde* (N 13 zu Art. 397b ZGB) getroffen worden sein, damit:

- durch den Vormund (Art. 406 Abs. 2 ZGB),
- durch eine kantonal bezeichnete Stelle (N 50 ff. zu Art. 397b ZGB).

II. Anstalt

100 Zur Anstalt s. N 118, 123 zu Art. 397a ZGB.

101 Das auch für diesen Entscheid zuständige Organ der Anstalt ist z.B. die *Anstaltsleitung* (vgl. § 117f Abs. 2 rev. EG-ZGB-ZH), der Chefarzt eines zürcherischen kantonalen Krankenhauses (§ 16 Abs. 1 VO über die kantonalen Krankenhäuser, ZG 813.11; § 51 Gesetz über das Gesundheitswesen-ZH vom 4. Dezember 1962, ZG 810.1).

III. Entscheid

102 Die ärztliche Leitung (N 42 zu Art. 397b ZGB) eines zürcherischen Krankenhauses (für psychisch Kranke) hat zunächst dem gesetzlichen Vertreter oder der einweisenden Behörde zu *melden*, wenn der Zustand des Kranken die Entlassung erlaubt (SCHNYDER in: Festschrift für H. Lange, S. 948 und Zit., vgl. § 51 GesundheitsG-ZH, ZG 813.1).

103 Die zum Vorentscheid (N 93 zu Art. 397b ZGB) berufene Anstaltsleitung hat den Betroffenen auf sein Gesuch hin entweder zu *entlassen* (vgl. § 117f Abs. 1 rev. EG-ZGB-ZH) oder dieses *abzuweisen*.

Die Anstalt entlässt den Betroffenen administrativ nach den für sie geltenden Vorschriften, wobei für die Begründung dieser Verwaltungsverfügung dasselbe gilt wie bei Entlassung durch die Vormundschaftsbehörde (N 97 zu Art. 397b ZGB), allerdings im Lichte der hier geltenden Haftungsnormen (vgl. ZR 93 Nr. 81 Erw. IV/1 und 2). 104

Im Gerichtsverfahren trifft die Anstaltsleitung *ihren Entscheid im Rahmen der Vernehmlassung* (N 32 zu Art. 397e und N 20 zu Art. 397f ZGB). 105

An die *Begründung der Abweisung* eines Entlassungsgesuchs sind höhere Anforderungen zu stellen; z.B. genügt es nicht, im wesentlichen einfach «unkontrollierte Aggressionszustände» anzuführen (SGGVP 1989–23 S. 49). 106

Zur Weigerung einer Vormundschaftsbehörde, den Kranken trotz Empfehlung der Anstaltsleitung zu entlassen, s. N 96 zu Art. 397b ZGB. 107

Art. 397c

C. Mitteilungspflicht

Die vormundschaftliche Behörde am Aufenthaltsort und die andern vom kantonalen Recht bezeichneten Stellen benachrichtigen die vormundschaftliche Behörde am Wohnsitz, wenn sie eine entmündigte Person in einer Anstalt unterbringen oder zurückbehalten oder wenn sie für eine mündige Person weitere vormundschaftliche Massnahmen als notwendig erachten.

C. Obligation d'informer

L'autorité de tutelle du lieu où se trouve la personne en cause et les autres offices désignés par le droit cantonal informent l'autorité de tutelle du domicile lorsqu'ils placent ou retiennent dans un établissement une personne interdite ou lorsque d'autres mesures tutélaires leur paraissent devoir être prises à l'égard d'une personne majeure.

C. Obbligo d'informare

L'autorità tutoria del luogo di dimora e gli altri uffici designati dal diritto cantonale informano l'autorità tutoria del domicilio quando collocano o trattengono in uno stabilimento una persona interdetta oppure quando ritengono che altre misure tutorie siano necessarie nei confronti di una persona maggiorenne.

Inhaltsübersicht

Note

A. Allgemeines . . . 1

B. Behörden . . . 6

I. Vormundschaftliche Behörden . . . 6

II. Vom kantonalen Recht bezeichnete Stellen . . . 7

C. Verpflichtung . . . 8

I. Behörde am Aufenthaltsort . . . 8

II. Benachrichtigung . . . 11
1. Voraussetzung . . . 11
a) Anstalt . . . 11
aa) Unterbringen . . . 13
bb) Zurückbehalten . . . 14
b) Betroffene . . . 15
aa) Weitere vormundschaftliche Massnahmen für Betroffene . . . 16
bb) Beurteilung der Notwendigkeit . . . 18

2. Inhalt 20
a) Unterbringung 21
b) Weitere Massnahmen 23
3. Form 24

III. **Nachrichtempfänger** 27
1. Behörde 27
a) Bei entmündigten Betroffenen 27
b) Bei mündigen Betroffenen 29
2. Weitere Personen 30

A. Allgemeines

Diese Bestimmung gründet nicht auf Art. 5 *EMRK*. 1

Der heutige Text entspricht genau demjenigen des *Entwurfs zum ZGB* (BBl 1977 III 60). 2

Die Bestimmung steht in Zusammenhang mit Art. 397b ZGB (Sten-Bull StR 1978 S. 404), in welchem die Vormundschaftsbehörden am Wohnsitz des Betroffenen und an dessen jeweiligem Aufenthaltsort angesprochen werden (vgl. SCHNYDER in: Festschrift für H. Lange, S. 949). 3

Da im Entmündigungsverfahren ohnehin die Offizialmaxime kraft Bundesrechts gilt (SCHNYDER/MURER N 118 zu Art. 373 ZGB), dürfte Art. 397c ZGB höchstens zur Verdeutlichung der ohnehin die Amtsstellen treffenden Pflicht Bedeutung erlangen. 4

Fraglich erscheint, ob dieser Anweisung an eine Behörde überhaupt *Gesetzeshöhe* zukommt oder ob sie nicht einer Verordnung angemessener gewesen wäre (vgl. Art. 120 ff. VO über das Zivilstandswesen vom 1. Juni 1953). 5

B. Behörden

I. Vormundschaftliche Behörden

6 Zur Vormundschaftsbehörde s. N 13 zu Art. 397b ZGB.

II. Vom kantonalen Recht bezeichnete Stellen

7 Zu den vom kantonalen Recht bezeichneten Stellen s. N 50 ff. zu Art. 397b ZGB.

C. Verpflichtung

I. Behörde am Aufenthaltsort

8 Der *Aufenthaltsort* steht im Gegensatz zum Wohnsitz gemäss Art. 24 Abs. 1 ZGB (N 18 zu Art. 397b ZGB).

9 Der Aufenthalt u.a. in einer Erziehungs-, Versorgungs- oder Heil*anstalt* – wie sie hier in Frage kommen – begründet keinen Wohnsitz (Art. 26 ZGB). Gerade darum erweist sich eine Benachrichtigung als notwendig.

10 *Zur Frage des Wechsels des tatsächlichen Wohnsitzes* (SCHNYDER/MURER N 18 zu Art. 377 Abs. 1 ZGB) s. Kommentar zu Art. 377 ZGB.

II. Benachrichtigung

1. Voraussetzung

a) Anstalt

Zur Anstalt s. N 118, 123 zu Art. 397a ZGB. 11

Zur örtlichen Zuständigkeit für die Anfechtung der FFE am Wohnsitz 12
s. N 125 ff. zu Art. 397e ZGB.

aa) Unterbringen

Die Unterbringung (N 180 ff. zu Art. 397a ZGB) kann vor allem *in* 13
Notfällen akuter psychischer Erkrankung während eines vom gewöhnlichen, allenfalls auch vom Wohnsitz, abweichenden Aufenthaltes in Frage kommen (N 23 zu Art. 397b ZGB).

bb) Zurückbehalten

Hat die Vormundschaftsbehörde am Aufenthaltsort die Unterbringung 14
angeordnet, so entscheidet sie auch über die Entlassung (Art. 397b Abs. 3 ZGB). Weist sie das Begehren des Betroffenen ab, so *behält* sie ihn in der Anstalt *zurück*.

b) Betroffene

Zum Betroffenen s. N 14 ff. zu Art. 397a ZGB; 15
zur Frage der Mündigkeit s. N 1 zu Art. 397a ZGB, zu derjenigen der Entmündigung s. N 37 Vorbem. zu Art. 397a–f ZGB. Es handelt sich um nach Art. 369 ff. ZGB Bevormundete.

aa) Weitere vormundschaftliche Massnahmen für Betroffene

Zu denken ist an – über die FFE hinausgehende – Massnahmen wie 16
die Entmündigung, Verbeiständung und Verbeiratung als Hauptmassnahmen und innerhalb derselben zu treffende wie auch vorsorgliche Massnahmen (SCHNYDER/MURER ST N 100 ff. vor Art. 369 ff. ZGB).

17 Auch eine *Meldung anderen Inhalts* ist denkbar, so z.B. an einen Arzt, welcher einen Drogenabhängigen im Methadonprogramm betreut (ZR 93 Nr. 8 = SJZ 90 S. 98 je Erw. III/4/b/ccc).

bb) Beurteilung der Notwendigkeit

18 *Es genügt, dass die in Frage kommende Behörde am Aufenthaltsort* die weiteren Massnahmen für notwendig hält, wie aus dem italienischen Text etwas deutlicher hervorgeht (quando ritengono necessarie).

19 Das die ins Auge gefasste Massnahme betreffende *Ermittlungsverfahren* ist indessen nicht von der benachrichtigenden Behörde, für welche eine blosse dazu bestehende Wahrscheinlichkeit genügen muss, durchzuführen, sondern von der benachrichtigten, zuständigen Wohnsitzbehörde. Sind gewisse, nicht zu vernachlässigende Anhaltspunkte gegeben, so hat die Benachrichtigung zu erfolgen.

2. Inhalt

20 Der Inhalt der Benachrichtigung unterscheidet sich nach den Kriterien der – immer gegebenen – Unterbringung und der in Aussicht stehenden weiteren Massnahme.

a) Unterbringung

21 *Über die Unterbringung ist unter Angabe der Anstalt*, des *Zeitpunkts* und der dafür gegebenen *Gründe* zu berichten.

22 Im *Kt. Zürich* ist bei Versetzung eines durch die Vormundschaftsbehörde eingewiesenen Betroffenen in eine andere Anstalt die zuständige Behörde zu benachrichtigen (§ 117e Abs. 3 rev. EG-ZGB-ZH).

b) Weitere Massnahmen

23 Zweckmässigerweise hat die benachrichtigende Behörde eine Begründung für die von ihr als notwendig betrachteten und *zu bezeichnenden Massnahmen* zu geben und dies soweit möglich zu belegen.

3. Form

Ob mündlich oder schriftlich zu benachrichtigen sei, sagt das Gesetz nicht. Zum im Hinblick auf eine allfällige Haftung (Art. 429a ZGB) wünschbaren Nachweis der dem Gesetz genügenden Tätigkeit empfiehlt sich die *Schriftform.* 24

Der Einweisungs- oder Zurückbehaltungs*beschluss* ist der Wohnsitzbehörde zuzustellen. 25

Bei dringender Benachrichtigung soll die schriftliche der *telefonischen* folgen. 26

III. Nachrichtempfänger

1. Behörde

a) Bei entmündigten Betroffenen

Es ist dies die für die *Bevormundung* zuständige Vormundschaftsbehörde (N 13 zu Art. 397b ZGB) am Wohnsitz (Art. 376 ZGB), wobei diese örtliche Zuständigkeit indessen wechseln kann (Art. 377 Abs. 2 ZGB). 27

Der *Sitz der Vormundschaftsbehörde* gilt als Wohnsitz des Betroffenen, des schon Entmündigten (Art. 25 Abs. 1 ZGB). 28

b) Bei mündigen Betroffenen

Der *Wohnsitz des Mündigen* beurteilt sich nach Art. 23 ff. ZGB (vgl. N 18 zu Art. 397b ZGB). 29

2. Weitere Personen

Nach der Auffassung der Botschaft des Bundesrates «empfiehlt es sich im übrigen vielleicht, auch eine dem Schutzbedürftigen *nahestehende* 30

Person zu orientieren. Die kantonale Gesetzgebung kann Mitteilungspflichten vorsehen» (BBl 1977 III 41).

31 Zu unterscheiden sind dabei die Verhältnisse bei Minderjährigen (hier nicht kommentiert) und Entmündigten von denjenigen bei Mündigen:

32 Die Einwilligung des Mündigen ist unter Beachtung von *Amtsgeheimnis* und ärztlichem *Berufsgeheimnis* (Art. 320/321 StGB) einzuholen. Denkbar ist durchaus, dass der Betroffene, aus welchen Gründen auch immer, seine Unterbringung verschweigen lassen will.

33 Der *gesetzliche Vertreter* ist grundsätzlich aufgrund seiner umfassenden Fürsorgepflicht zu orientieren (Art. 272 und 367 Abs. 1 ZGB).

34 Der *Kt. Zürich* hat beim urteilsfähigen Entmündigten insbesondere einen aus wichtigen Gründen erklärten Widerspruch gegen die Auskunftserteilung an den gesetzlichen Vertreter und gegen dessen Einsicht in die Krankengeschichte vorgesehen (§ 16 VO über die Rechte und Pflichten der Patienten in staatlichen und vom Staat unterstützten Krankenhäusern vom 28. August 1991, ZG 813.13, vgl. §§ 5 und 29 dieser VO).

Art. 397d

[1] Die betroffene oder eine ihr nahestehende Person kann gegen den Entscheid innert zehn Tagen nach der Mitteilung schriftlich den Richter anrufen.
[2] Dieses Recht besteht auch bei Abweisung eines Entlassungsgesuches.

D. Gerichtliche Beurteilung

[1] La personne en cause ou une personne qui lui est proche peut en appeler par écrit au juge, dans les dix jours à compter de la communication de la décision.
[2] Elle en a également le droit lorsqu'une demande de libération est rejetée.

D. Contrôle judiciaire

[1] La persona interessata oppure una persona a lei prossima può adire per scritto il giudice, entro dieci giorni dalla notificazione della decisione.
[2] Questo diritto è dato anche in caso di rigetto della domanda di rilascio.

D. Decisione giudiziaria

Inhaltsübersicht

	Note
Allgemeines	1
I. Gesetz	1
II. Bedeutung	9
Kommentar zu Abs. 1	10
A. Betroffener	10
B. Alternativität	15
I. Klage Nahestehender	17
II. Klage beider Berechtigter	20
C. Nahestehender	23
D. Entscheide	29
I. Nach Art. 397d Abs. 1 ZGB anfechtbare Entscheide	29
II. Nicht nach Art. 397d Abs. 1 ZGB anfechtbare Entscheide	39
1. Entlassung	39
2. Andere nach Art. 397d Abs. 1 ZGB nicht anfechtbare Entscheide	42
E. Frist	46

F. Schriftform 51

G. Richter 56

Kommentar zu Abs. 2 61

A. Anspruch 61

B. Abweisung eines Entlassungsgesuches 63

Allgemeines

I. Gesetz

1 La généralisation du contrôle judiciaire de la privation de liberté à des fins d'assistance, consacrée par l'art. 397d CCS, est assurément compatible avec l'art. 5 § 4 CEDH (= *EMRK*; ZVW 36 S. 48).

2 In Abs. 1 der Bestimmung handelt es sich um eine Anforderung an das *kantonale Verfahren*, welche teils – was das Recht des Betroffenen angeht – schon aus Art. 5 Ziff. 4 EMRK fliesst (vgl. N 3 Vorbem. zu Art. 397b–f ZGB).

3 Der *Entwurf zum ZGB* ging unter Berücksichtigung der bundesgerichtlichen Rechtsprechung zu den Grundrechten bei Art. 397d Abs. 2 ZGB über die EMRK hinaus (BBl 1977 III 20, SCHNYDER in: Festschrift für H. Lange, S. 943), indem dem Betroffenen nicht nur bei der FFE, sondern auch bei Abweisung eines Entlassungsgesuchs durch die Anstalt oder die Vormundschaftsbehörde (N 103 zu Art. 397b ZGB) die Anrufung des Richters zugestanden wird (vgl. ZVW 36 S. 48). Dies entspricht der Auffassung, dass die persönliche Freiheit als ein ungeschriebenes Verfassungsrecht des Bundes betrachtet wurde (BGE 102 I 381 Erw. 2), dessen Beschränkung nicht mit der Einweisung in eine Anstalt für alle Zeiten endgültig beschlossen werden konnte.

4 Zudem sieht Art. 397d Abs. 1 ZGB ein weitergehendes Recht der *dem Betroffenen Nahestehenden* vor, welches ebenfalls über Art. 5 Ziff. 4

EMRK hinausgeht, indessen mit dem Grundrecht des Betroffenen auf persönliche Freiheit nichts zu tun hat.

Es ist nicht etwa vorgesehen, dass bereits der Einweisungsentscheid durch den Richter erfolgt; dieser ist von Bundesrechts wegen nur *Überprüfungsinstanz* (SCHNYDER in: Festschrift für H. Lange, S. 950). Zur kontroversen Beurteilung der Frage, ob die Kontrolle bereits im Einweisungsentscheid enthalten sein könne, s. Europäischer Gerichtshof im Fall de Wilde, Ooms und Versyp (Serie A Nr. 12: «Le contrôle voulu par l'art. 5 § 4 (CEDH) se trouve incorporé à la décision», EuGRZ 1980 S. 529 und ZVW 36 S. 49 unter Hinweis auf den Entscheid der Kommission). 5

Der *Gesetzestext* entspricht demjenigen des Entwurfes zum ZGB (BBl 1977 III 60). 6

Art. 397d ZGB bildet im Verhältnis zu Art. 420 ZGB eine *lex specialis* (SUHR BRUNNER S. 143). 7

§ 117i Abs. 1 rev. EG-ZGB-ZH fasst Art. 397d Abs. 1 und 2 ZGB zusammen. 8

II. Bedeutung

Die Möglichkeit, eine *neutrale Instanz* über die Rechtmässigkeit der Hospitalisation (FFE) entscheiden zu lassen, stellt nicht nur für den Patienten (= Betroffenen) einen Gewinn dar, sondern vermag auch die Klinik (= Anstalt) von ihrer Verantwortung zu entlasten und unter Umständen die Beziehung zum Patienten zu verbessern. Deren Personal muss sich viel bewusster mit der Problematik der FFE auseinandersetzen (vgl. ZVW 42 S. 101). 9

Kommentar zu Abs. 1

A. Betroffener

10 Zum Betroffenen s. N 14 ff. zu Art. 397a ZGB. Es handelt sich um den Kläger (N 23 Vorbem. zu Art. 397a–f ZGB) im gerichtlichen Verfahren.

11 Nicht zur *Klage legitimiert* sind – abgesehen von den nahestehenden Personen (N 24 zu Art. 397d ZGB) – alle übrigen am Verfahren Beteiligten, wie z.B. der Vormund (BGE 112 II 104 = Pra 75 Nr. 212 S. 734 = JdT 1989 I S. 376 und Zit.), die Vormundschaftsbehörde oder die Anstalt (a.M. ZVW 41 S. 6, §§ 203e/268b rev. ZPO-ZH, § 28 Abs. 1 öUbG: Abteilungs- bzw. Anstaltsleitung; vgl. N 39 zu Art. 397d ZGB).

12 An die Urteilsfähigkeit des Klägers – und damit seine *Prozessfähigkeit* (Sträuli/Messmer N 7 zu §§ 27/28 ZPO-ZH) – können keine hohen Ansprüche gestellt werden. Es genügt, wenn er erkennt, dass er gegen seinen Willen in einer Anstalt leben soll oder lebt, und er den gegenteiligen Willen zum Ausdruck bringen kann (BBl 1977 III 37; N 22 zu Art. 397f ZGB). Dass ein Kind bereits nach zurückgelegtem 16. Altersjahr auf Entlassung aus einer Anstalt klagen kann (Art. 314a Abs. 2 ZGB), ergibt einen gesetzlichen Anhaltspunkt für das Mass der verlangten Urteilsfähigkeit.

13 § 28 Abs. 1 öUbG erwähnt neben dem Betroffenen (vgl. Art. 351 Abs. 1 Code de la santé publique) dessen *Vertreter*, was sich von selbst versteht (Art. 367 Abs. 1 ZGB, Art. 32 OR).

14 Das italienische Recht sieht die gerichtliche Überprüfung *von Amtes wegen* vor (Cian/Trabucchi, Commentario breve dal CC, Padova 1988, N zu Art. 420 aCCit), wie auch Art. 211 Abs. 1 CCesp.

B. Alternativität

Die Frage, ob nur entweder der Betroffene «oder» eine nahestehende Person, nicht aber beide zusammen auf Entlassung klagen können, stellt sich im Hinblick auf das kantonale Prozessrecht, welches der Durchsetzung des – hier in Art. 397d Abs. 2 ZGB eingeräumten – materiellen Rechts dienen muss (GULDENER S. 31), wobei die Aktivlegitimation materiellrechtlicher Natur ist (STRÄULI/MESSMER N 19 und Zit. zu §§ 27/28 ZPO-ZH). 15

Denkbar wäre eine bloss unterstützende Beteiligung *des Nahestenden neben dem Betroffenen, z.B. als Nebenintervenient* (z.B. § 45 ZPO-ZH, STRÄULI/MESSMER N 4 zu § 45 ZPO-ZH). 16

I. Klage Nahestehender

Reicht der *Betroffene keine Klage* ein, so können dies ohne weiteres ihm Nahestehende. 17

Prozessual wird der klagende Nahestehende zur *Partei*. Wird er zur Beweisaussage (Art. 306 StGB; z.B. § 150 ZPO-ZH) zugelassen, so entspricht allerdings die Beweiskraft seiner Aussage praktisch derjenigen eines Zeugen, müssen doch die engen persönlichen Beziehungen in beiden Fällen gleichermassen berücksichtigt werden. 18

Sonst kann der Nahestehende als *Zeuge* im Prozess auftreten. Nicht unbedenklich erweist sich dabei die zürcherische Bestimmung, wonach im gemeinsamen Haushalt lebende Personen Verfahrensbeteiligte sind (§ 203e Abs. 2 Ziff. 4 rev. ZPO-ZH), da einem Teil von ihnen als Partei bezüglich des von Amtes wegen abzuklärenden Sachverhalts *(§ 203c Abs. 1 ZPO-ZH) die Verweigerung des Zeugnisses* wegen Verwandtschaft/Schwägerschaft verwehrt wird (§ 149 ZPO-ZH; dazu N 291 ff. zu Art. 397a ZGB). 19

II. Klage beider Berechtigter

20 Davon, ob Nahestehenden das Recht, die Entlassung des Betroffenen zu verlangen, auch zusteht, wenn dieser selbst klagt oder bereits geklagt hat, hängt ab, ob bei einem *Klagerückzug des Betroffenen*, welcher eine eigene Klage erhoben hat, über den Anspruch der Nahestehenden noch entschieden werden muss.

21 Sinn und Zweck der Norm gehen zunächst auf den Schutz des Klägers, welcher die Voraussetzungen für seine konkrete Freiheitsentziehung auf ihre Gesetzmässigkeit überprüfen lassen kann. Wird den Nahestehenden ein eigenes darauf gerichtetes Recht zugebilligt, so können sie nicht nur dieselben Argumente vorbringen, sondern auch eine im Lichte von Art. 397a Abs. 2 ZGB *sie – als Umgebung – treffende Belastung bestreiten* (N 341 ff. zu Art. 397a ZGB) und überdies dann, wenn der Kläger z.B. zufolge seiner psychischen Störung, seiner Ambivalenz, auf der Klage nicht beharren will, seine Entlassung betreiben. Auch hier ist ein klarer Klagerückzug des Betroffenen, welcher nicht in den Bereich ihm vordem nahe Gestandener zurückkehren will, beim Entscheid über diese Klage zu berücksichtigen (N 20 zu Art. 397d ZGB).

22 Soweit eine *Beiladung* im Verfahren vor Verwaltungsgericht zur Parteistellung führt (KÖLZ N 92 zu § 21 VRG-ZH, BJM 1982 S. 256 zu §§ 34 i.V.m. 14/15 VRPG-BS), ist sie so wenig zu beanstanden wie eine solche im Verfahren vor einem Zivilgericht (vgl. §§ 203e/268b rev. ZPO-ZH).

C. Nahestehender

23 Es handelt sich um einen *dem Betroffenen* («der betroffenen Person, ihr», N 14 ff. zu Art. 397a ZGB) Nahestehenden.

24 Dass der *Begriff* «nahestehende Person» dem Sinne nach der in Art. 420 ZGB verwendeten Umschreibung «jedermann, der ein Interesse hat» entspreche, wie noch in der Botschaft erwähnt (BBl 1977 III 37, vgl. Art. 351 Abs. 1 Code de la santé publique), wurde höchstrichterlich

nicht bestätigt. Das Bundesgericht geht von einem weiteren Begriff der Klagelegitimation aus (BGE 114 II 213 = Pra 77 Nr. 250 S. 934 = JdT 1990 I S. 287 = SJ 1989 S. 161). Es handelt sich um eine «Person, welche kraft ihrer Eigenschaften und regelmässig kraft ihrer Beziehungen zum Betroffenen als geeignet erscheint, Interessen desselben wahrzunehmen» (ZöF 1979 S. 123, vgl. ZVW 39 S. 28: unmittelbare, von Verantwortung für dessen Ergehen geprägte Beziehungen).

Urteilsfähigkeit – und damit *Prozessfähigkeit* – ist auch bei den dem Betroffenen Nahestehenden vorausgesetzt (ZöF 1979 S. 123). 25

Als Nahestehende wurden *zum Beispiel* betrachtet: 26

- Vater (ZöF 1979 S. 124) und Mutter (BJM 1982 S. 256),
- Schwester (PGK-ZH Proz. Nr. KP930069/Beschluss vom 20. März 1993 i.S. B.-K.T. und K.M.),
- Tochter (PGK-ZH Proz. Nr. 105/91, Verfügung vom 27. April 1991 i.S. S.H.),
- durch Verwandtschaft mit dem Betroffenen nahe Verbundene (SUHR BRUNNER S. 145), bzw. Verwandte in auf- und absteigender Linie (§ 28 Abs. 1 öUbG),
- Ehegatte und Lebensgefährte (§ 28 Abs. 1 öUbG, Art. 351 Abs. 1 Code de la santé publique),
- Vormund (JdT 1988 III S. 125),
- Arzt, Sozialhelfer, Pfarrer (BGE 114 II 217),
- une personne, qui s'est occupée personnellement depuis l'année 1985 (BGE 114 II 217: Urteil von 1988).

Nach den den Geschäftsberichten beigefügten jährlichen *Statistiken* der PGK-ZH sind die Klagen Nahestehender sehr selten (1991–94: insgesamt 6, d.h. in 0,35% der 1692 Verfahren). 27

Die Frage, in welcher *Rangfolge* Angehörige – bzw. Nahestehende – beschwerdebefugt sein sollen (ZVW 42 S. 104), entscheidet sich dahingehend, dass es keinen Vorrang gibt, sondern mehrere Kläger auftreten (vgl. § 40 ZPO-ZH). 28

D. Entscheide

I. Nach Art. 397d Abs. 1 ZGB anfechtbare Entscheide

29 Anfechtbar ist der Entscheid, mit welchem der Betroffene in eine *Anstalt eingewiesen* wurde, d.h. durch:

- die Vormundschaftsbehörde (Art. 397b Abs. 1 ZGB),
- eine kantonal bezeichnete Stelle (Art. 397b Abs. 2 ZGB),
- den Vormund (Art. 406 Abs. 2 ZGB, vgl. § 22a GVG-ZH).

30 Denkbar ist, dass *mehrere* der unter teils unterschiedlichen Voraussetzungen zuständigen Behörden und Stellen (N 26, 76 ff. zu Art. 397b ZGB) gegenüber demselben Betroffenen die FFE anordnen.

31 Erfolgt die zweite FFE in einem zeitlichen Abstand und nachdem *neue Gründe* dazu geführt haben, so kann dies nicht beanstandet werden.

32 Mehrere FFE sind grundsätzlich in demselben gerichtlichen Verfahren zu beurteilen, wenn dies zeitlich möglich ist, da durchaus verschiedene Gründe dazu geführt haben können, welche es alle – von Amtes wegen – abzuklären (N 23 zu Art. 397e ZGB) und zu beurteilen gilt. Analog kann hier die vom Bundesgericht – allerdings für Behörden, welche aufgrund verschiedener *Gesetzesgrundlagen verfügen –, vorgeschriebene Verfahrenskoordination* Platz greifen (vgl. BGE 114 Ib 227 Erw. 5b, 118 Ib 398).

33 Hat eine gerichtliche Beurteilung zur Entlassung geführt und ordnet eine Behörde aufgrund eines Sachverhalts, welcher schon dem ersten Einweisungsentscheid zugrundegelegen hat, erneut eine Unterbringung an, so ist bei Anrufung des Richters von diesem jedenfalls aufschiebende Wirkung zu erteilen (Art. 397e Ziff. 4 ZGB), aber auch die zweite FFE-Verfügung aufzuheben. Soweit die einweisende Behörde Parteistellung im Verfahren *hat (z.B. § 203e rev. ZPO-ZH), liegt eine res judicata* vor, welche u.U. einredeweise mit dem Hinweis auf die erste ergangene Verfügung geltend gemacht wird (z.B. § 191 Abs. 4 GVG-ZH). Ist keine solche Parteistellung eingeräumt, so liegt Nichtigkeit zufolge unmöglichen

Inhalts vor, da eine Verwaltungsbehörde, deren Entscheid der gerichtlichen Beurteilung unterliegt und welche über kein Rechtsmittel verfügt (N 39 zu Art. 397d ZGB), schon gar nicht auf diesem Wege den Entscheid des Richters umstossen kann (vgl. SGGVP 1992–28 S. 75/76).

Eine *Verlegung* in eine andere Anstalt ist grundsätzlich anfechtbar 34
(Entscheid des Verwaltungsgerichts Obwalden vom 28. September 1985), weil nicht nur die Voraussetzungen für die FFE entfallen sein können (Art. 397a Abs. 3 ZGB), sondern sich auch die Frage der Eignung der anderen Anstalt stellt.

Der Kt. Zürich verlangt zwar bei Verlegung eines *Betroffenen in eine* 35
andere Anstalt kein neues Einweisungsverfahren (§ 117h Abs. 1 rev. EG-ZGB-ZH), beantragt der Betroffene aber die Entlassung aus derselben, so kann er einen abweisenden Entscheid wiederum anfechten.

Wird für die *Wiederaufnahme* eines Betroffenen, welcher entwichen 36
oder beurlaubt worden ist, kein neues Einweisungsverfahren verlangt, sofern sie innert drei Monaten erfolgt, so ist dies selbstverständlich nur zulässig, wenn die Voraussetzungen von Art. 397a ZGB erfüllt sind (vgl. § 117h Abs. 2 rev. EG-ZGB-ZH). Jedenfalls ist aber eine solche wider Willen des Betroffenen erfolgte Wiederaufnahme, in welcher sinngemäss eine Abweisung des Entlassungsgesuchs liegt, gerichtlich anfechtbar (Art. 397d Abs. 2 ZGB).

Anfechtbar sind auch Entscheide des zürcherischen Bezirksrats, mit 37
welchen die FFE beschlossen wird, so gegenüber *untätigen Vormundschaftsbehörden* (§ 117a Abs. 2 EG-ZGB-ZH, N 14 zu Art. 397b ZGB), aber auch diejenigen, mit welchen eine durch die Vormundschaftsbehörde angeordnete *ungerechtfertigte Entlassung* eines Betroffenen aufgehoben wird (§ 117e Abs. 2 rev. EG-ZGB-ZH).

Lehnt die zürcherische Aufsichtsbehörde über die Anstalten (Gesund- 38
heitsdirektion: § 2 VO über die kantonalen Krankenhäuser vom 28. Januar 1981, ZG 813.11) *die Entlassung eines ihr zu meldenden, über sechs Monate ohne gerichtliche Beurteilung einsitzenden Betroffenen* ab (vgl. N 383 zu Art. 397a ZGB), so kann er oder eine ihm nahestehende Person innert zehn Tagen beim Einzelrichter gerichtliche Beurteilung verlangen (§ 117l Abs. 2 und 3 rev. EG-ZGB-ZH).

II. Nicht nach Art. 397d Abs. 1 ZGB anfechtbare Entscheide

1. Entlassung

39 *Der Entscheid, mit welchem eine Massnahme aufgehoben wird, ist nicht anfechtbar.* Die rechtsstaatliche Garantie der gerichtlichen Überprüfung erstreckt sich – entsprechend dem Sinne von Art. 5 Ziff. 4 EMRK – auf freiheitsentziehende Massnahmen, nicht aber auf deren Aufhebung. Das folgt auch aus der – allerdings nicht entscheidend zu berücksichtigenden – Systematik des Gesetzes (N 12 ff. Vorbem. zu Art. 397a–f ZGB) einerseits, weil Art. 397d Abs. 1 ZGB Rechtsschutz bezüglich der Art. 397a–c ZGB gewährt, die durchwegs von der Freiheitsentziehung handeln, anderseits weil Art. 397d Abs. 2 ZGB das Recht auf richterliche Beurteilung ausdrücklich für die Abweisung eines Entlassungsgesuchs einräumt und damit ebenfalls erkennen lässt, dass der Gesetzgeber nur die Freiheit entziehende Massnahmen ins Auge gefasst hat. Es liegt keine (echte) Lücke in dem Sinne vor, dass das Gesetz eine Frage nicht beantwortet, die sich bei dessen Anwendung unvermeidlicherweise stellt. Die historisch-teleologische und systematische Auslegung ergibt, dass der Gesetzgeber bewusst nur jene Entscheide der richterlichen Beurteilung zugänglich machen wollte, die eine die Freiheit entziehende oder beschränkende Massnahme zum Gegenstand haben. Gegenüber behördlichen Entscheiden, die eine solche Massnahme wiederaufheben, bedarf der Betroffene dieses rechtsstaatlichen Schutzes nicht. Der Gesetzgeber hat somit die sich stellende Frage beantwortet, allerdings negativ (BGE 112 II 104 = Pra 75 Nr. 212 S. 734 = JdT 1989 I S. 376 und Zit., JdT 1988 III S. 125, BJM 1985 S. 90 und 1987 S. 21, BLVGE 1989 S. 112; a.M. JdT 1987 III S. 7: Beschwerdelegitimation nach Art. 420 Abs. 2 ZGB, Suhr Brunner S. 146). Insoweit ist die vom zürcherischen Gesetzgeber angestrebte Verbesserung der Rechtsstellung der Angehörigen (Prot. KR-ZH vom 3. Oktober 1994 S. 11523/11581) unzulässig.

40 Der § 268a rev. ZPO-ZH erweist sich damit als nicht nur bundesrechts-, sondern auch als EMRK-widrig, soweit Verfahrensbeteiligte (§ 203e Abs. 2 Ziff. 1–4 rev. ZPO) gegen eine Entlassung ein Rechtsmittel ergreifen. Auf Berufungen von Anstaltsleitungen, Vormundschaftsbehörden oder nahen Angehörigen (§ 203e Ziff. 2–4 rev. ZPO-ZH) *ist zufolge Unzulässigkeit nicht einzutreten* (§ 263 ZPO-ZH).

Damit entfällt die Problematik, welche sich daraus ergibt, dass eine *Vorinstanz aus der Verwaltung gegen den Entscheid einer übergeordneten gerichtlichen Instanz* ein Rechtsmittel soll ergreifen können. Im Zivilprozess wäre dies ohnehin auszuschliessen, im Verwaltungsverfahren wird sie lediglich aus praktischen Bedürfnissen teilweise als solche behandelt (Kölz N 22 zu § 21 VRG), während bei der gerichtlichen Beurteilung von Verwaltungsverfügungen die Parteistellung durchaus vorkommt (vgl. § 85 Abs. 1 aEG-ZGB-ZH, § 395 Ziff. 1 StPO-ZH: vorgesetzte Behörde). 41

2. Andere nach Art. 397d Abs. 1 ZGB nicht anfechtbare Entscheide

Der Richter ist nicht zuständig zur Beurteilung *ärztlicher Anordnungen* (PGK-ZH Proz. Nr. PG91092/Beschluss vom 20. April 1991 und Bundesgericht Proz. Nr. 5C.76/1991 Urteil vom 19. Juni 1991 i.S. T.M., AGVE 1987 S. 217; Prot. KR-ZH vom 10. Oktober 1994 S. 11614/26: abgelehnter Minderheitsantrag). Gegen die medikamentöse Zwangsbehandlung kann der Richter nur angerufen werden, wenn sie in Zusammenhang mit der gerichtlichen Beurteilung einer Unterbringung in oder Nichtentlassung aus der Anstalt steht (SJZ 84 S. 363 Nr. 59, vgl. BGE 118 II 262 Erw. 6 a/b zu Art. 429a Abs. ZGB); sonst steht der Verwaltungsweg offen (vgl. Auszug aus dem Prot. des Regierungsrates vom 20. April 1988, Nr. 1208 i.S. S.). 42

Die Verletzung von *Patientenrechten* ist nicht im Verfahren nach Art. 397a–f ZGB zu rügen (PGK-ZH Proz. Nr. KP940117/Beschluss vom 26. März 1994 i.S. H.P.). 43

Nichteintreten auf ein Begehren um Anweisung an *die Klinik, dem Kläger eine Wohnmöglichkeit zu suchen*, verletzt nicht Bundesrecht (BGE Proz. Nr. 5C.47/1991 Urteil vom 25. Juni 1991 i.S. R.M.). 44

Der FFE-Richter ist *sachlich unzuständig* zur Beurteilung von: 45

- freiheitsentziehenden Massnahmen im Strafvollzug (PGK-ZH Proz. Nr. KP940148/Beschluss vom 23. April 1994 i.S. G.U.; vgl. N 51 Vorbem. zu Art. 397a–f ZGB);
- Absonderungen gemäss Art. 16 EpG (PGK-ZH Proz. Nr. KP940018/Verfügung vom 20. Januar 1994 i.S. S.B.; vgl. N 53 Vorbem. zu Art. 397a–f ZGB).

E. Frist

46 Der *Sinn der Zehntagefrist* – für die Anrufung des Richters – angesichts der Möglichkeit, auch über ein (abgelehntes) Entlassungsgesuch an den Richter zu gelangen (N 63 zu Art. 397b ZGB), liegt darin, dass für die Beteiligten – Betroffener und insbesondere Anstalt – vorerst einmal in nützlicher Frist Klarheit darüber besteht, ob der Entscheid weitergezogen wird. Dies ist für die Aufnahme der Therapie von grosser Bedeutung, gerade aber nicht für den körperlichen, meist nur Tage dauernden Entzug zu Beginn einer Entziehungskur (a.M. SCHNYDER in: Festschrift für H. Lange, S. 950: «unter Umständen [z.B. Entziehungskur]»).

47 Die *Berechnung* der zehntägigen Frist folgt den allgemeinen Regeln (z.B. § 191 GVG-ZH).

48 Da der Betroffene schriftlich auf die Möglichkeit, den Richter anzurufen, aufmerksam gemacht werden *muss (Art. 397e Ziff. 1 ZGB), ergibt sich der Fristbeginn* aus der korrekten Datierung dieses Schriftstücks.

49 *Bei FFE ohne formellen Entscheid oder mit fehlender schriftlicher Rechtsmittelbelehrung* kann jederzeit der Richter angerufen werden (BBl 77 III 38), ohne dass etwa zuerst der Erlass einer materiell bzw. formell rechtmässigen Entscheidung verlangt werden müsste, was auch dem Erfordernis eines einfachen und raschen Verfahrens entspricht (Art. 397f Abs. 1 ZGB).

50 Bei *Nichteinhaltung* der Frist ist auf die Klage nicht einzutreten, indessen ist sie – im Lichte von Art. 397f Abs. 1 ZGB – als Gesuch um Entlassung zuständigkeitshalber weiterzuleiten, ohne dass dem Kläger zum Beispiel noch eine Frist zur Bezeichnung einer klar zuständigen Behörde (Art. 397b Abs. 3 ZGB) anzusetzen wäre (vgl. §§ 104 Abs. 2 GVG-ZH und 112 Abs. 1 ZPO-ZH; a.M. RFJ/FZR 1993 S. 268).

F. Schriftform

Die vorgesehene *Schriftlichkeit* beurteilt sich nach Art. 13–15 OR. Zu denken ist auch an einen blinden Kläger (Art. 14 Abs. 3 OR) oder den Ersatz der Unterschrift (Art. 15 OR). 51

Meist wird ein *mündlich* gegenüber Arzt oder Pfleger geäussertes Entlassungsgesuch vorangehen (N 120 zu Art. 397e und N 22 zu Art. 397f ZGB). 52

Ein *Formular* für das Entlassungsgesuch könnte in den Anstalten abgegeben werden (BBl 1977 III 39), ist indessen z.B. im Kt. Zürich nicht üblich; einerseits spricht die oft anzutreffende ambivalente Haltung der Patienten dagegen, anderseits die zu gewährende Hilfeleistung dafür (N 120 zu Art. 397e ZGB). 53

Wesentlich erscheint, dass der Betroffene den *Willen zum Ausdruck bringt, aus der Anstalt auszutreten* (vgl. BBl 1977 III 37). Mit welchen Worten dies ausgedrückt wird, ist nicht entscheidend. Ein an den zuständigen Richter adressiertes Schreiben, in welchem nicht ausdrücklich etwas anderes verlangt wird, muss an sich schon als «Anrufung des Richters» genügen. «Ganz formlos» sind übrigens schriftliche Eingaben von Personen, denen man in einem üblichen Verfahren die Prozessfähigkeit (N 12 zu Art. 397d ZGB) absprechen dürfte, nicht (a.M. StenBull StR 1978 S. 38). 54

Dass der Betroffene berechtigt ist, eine seine Klage betreffende *Postsendung* zu versenden und zu empfangen, ergibt sich aus der in Art. 8 Ziff. 1 EMRK vorgeschriebenen Achtung des Briefverkehrs (vgl. § 34 Abs. 1 öUbG, Art. 326–3 Abs. 2 al. 4 Code de la santé publique). Eine Einschränkung dieses Rechts durch eine Behörde müsste gesetzlich vorgesehen sein (Art. 8 Ziff. 2 EMRK), was indessen nicht für durch eine Hausordnung verbotene Werbeschreiben zu gewerblichen oder ideellen Zwecken gilt (§ 4 Abs. 1 lit. b Allg. Hausordnung für die kantonalen Krankenhäuser vom 8. April 1980, ZG 813.116; BGE 1P.607/1994 vom 22. Februar 1995, publ. in NZZ vom 23. März 1995). 55

G. Richter

56 Auszugehen ist von einem materiellen Richterbegriff; entscheidend ist die *Unabhängigkeit* dieses Organs (BGE 108 Ia 178: betr. vom RR gewählte PGK-ZH, TUOR/SCHNYDER/SCHMID S. 407, VILLIGER N 349, SCHNYDER in: Festschrift für H. Lange, S. 950/51).

57 Die Frage der *Unbefangenheit* (VILLIGER N 349) stellt sich bei jedem Richter im Rahmen der Ablehnungs- und Ausstandsgründe im Einzelfall (§§ 95 und 96 GVG-ZH).

58 Die *Kantone* haben eingesetzt:

- eigene Gerichtskommissionen (ZH bis 1995, BE, TI), conseil de surveillance psychiatrique für psychisch Kranke (GE, SJ 1983 S. 161),
- das Verwaltungsgericht (LU, SZ, OW, ZG, SO, BS, BL, AG, JU),
- das Kantons- bzw. Ober- (NW, GL, SH, AR, AI, VD) oder
- Bezirks- bzw. Landgericht (UR, FR, SG, GR, TG),
- einen Einzelrichter am zivilen Bezirksgericht (§ 117i Abs. 1 rev. EG-ZGB-ZH und § 22a rev. GVG-ZH ab 1996) bzw. einen Instruktionsrichter (VS),
- die Aufsichtsbehörde in Vormundschaftssachen (NE, GE: im übrigen).

59 Eine *zweite Instanz* ist in drei Kantonen vorgesehen (ZH ab 1996, FR, TI, vgl. § 28 öUbG; ZVW 37 S. 14 ff., RFJ/FZR 1993 S. 261).

60 Zur Einführung einer interdisziplinären Spezialrekurskommission s. N 4 Schlussbem.;
zur örtlichen Zuständigkeit s. N 123 zu Art. 397e ZGB.

Kommentar zu Abs. 2

A. Anspruch

Es handelt sich um das in Art. 397d Abs. 1 ZGB dem Betroffenen oder ihm Nahestehenden eingeräumte *Recht mit allen seinen Einzelheiten* wie anfechtbarer Entscheid, Frist, Schriftform und Richter. 61

Die Konkretisierung des unverjährbaren und unverzichtbaren *Grundrechts der persönlichen Freiheit* findet ihren Niederschlag in der Rechtsschutzbestimmung des Art. 397d Abs. 2 ZGB (vgl. TUOR/SCHNYDER/SCHMID S. 405, BBl 1977 III 3). 62

B. Abweisung eines Entlassungsgesuches

Auch *wiederholte* Klagen sind weiterzuleiten (Art. 397e Ziff. 3 ZGB). 63 Dass aber Art. 397d Abs. 2 ZGB eine jederzeitige Überprüfung vorsieht (BBl 1977 III 38, vgl. RFJ/FZR 1993 S. 269: keine Sperrfrist), trifft in dieser Schärfe nicht zu. Auf in unvernünftigen Abständen (EuGRZ 1982 S. 105, 1985 S. 645) erhobene Klagen ist mangels *Rechtsschutzinteresses* nicht einzutreten (vgl. § 51 Abs. 1 ZPO-ZH, PGK-ZH Proz. Nrn. KP940021/Beschluss vom 19. Januar 1994 i.S. S.G., KP92007/Beschluss vom 8. Januar 1992, KP940085/Beschluss vom 9. März 1994 i.S. S.H.; vgl. HOGGETT S. 260 für Grossbritannien). Der massgebliche zeitliche Abstand ist allenfalls auch gutachtlich zu ermitteln (N 178 zu Art. 397e ZGB).

Ob der Richter bei typischen Querulanten, die beispielsweise täglich 64 Eingaben an ihn richten, zur Überzeugung kommen kann, der betreffende Mensch sei zur Zeit nicht im Vollbesitz seiner geistigen Kraft (vgl. N 190 zu Art. 397a ZGB) und damit zur Klage nicht legitimiert (StenBull StR 1978 S. 40), kann nur in allerletzter Linie zutreffen. Die Urteilsfähigkeit, bezogen auf die hier sich stellenden einfachen Fragen (vgl. BGE 44

II 449), setzt nicht Vollbesitz aller geistigen Kräfte voraus. Über sämtliche bis zum Urteil in einem Gerichtsverfahren eingereichten Eingaben ist ohnehin *gesamthaft zu entscheiden*, weitere sind mindestens sinngemäss als erklärte Ergreifung des *Rechtsmittels* zu betrachten (vgl. ZR 93 Nr. 81 Erw. V/2 und VI/2/c).

65 Ein Entlassungsgesuch ist auch vor Eintritt der formellen Rechtskraft der Verfügung zulässig, wenn es unter Berufung auf Gründe, die nach der letzten Beurteilung eingetreten sind (*echte Noven*, vgl. § 115 ZPO-ZH), gestellt wird (SGGVP 1989–22 S. 48).

66 Zu dem aus Art. 397d Abs. 2 gezogenen Schluss, dass die Klage nicht gegen einen Entscheid, mit welchem eine Massnahme aufgehoben wird, gegeben ist, s. N 39 zu Art. 397d ZGB.

Art. 397e

Das Verfahren wird durch das kantonale Recht geordnet mit folgenden Vorbehalten:

E. Verfahren in den Kantonen
I. Im allgemeinen

1. Bei jedem Entscheid muss die betroffene Person über die Gründe der Anordnung unterrichtet und schriftlich darauf aufmerksam gemacht werden, dass sie den Richter anrufen kann.
2. Jeder, der in eine Anstalt eintritt, muss sofort schriftlich darüber unterrichtet werden, dass er bei Zurückbehaltung oder bei Abweisung eines Entlassungsgesuches den Richter anrufen kann.
3. Ein Begehren um gerichtliche Beurteilung ist unverzüglich an den zuständigen Richter weiterzuleiten.
4. Die Stelle, welche die Einweisung angeordnet hat, oder der Richter kann dem Begehren um gerichtliche Beurteilung aufschiebende Wirkung erteilen.
5. Bei psychisch Kranken darf nur unter Beizug von Sachverständigen entschieden werden; ist dies in einem gerichtlichen Verfahren bereits einmal erfolgt, so können obere Gerichte darauf verzichten.

La procédure est réglée par le droit cantonal, sous les réserves suivantes:

E. Procédure dans les cantons
I. En général

1. Lors de toute décision, la personne en cause doit être informée des motifs justifiant la mesure prise et être avertie, par écrit, de son droit d'en appeler au juge.
2. Toute personne qui entre dans un établissement doit être immédiatement informée, par écrit, de son droit d'en appeler au juge contre son maintien dans cet établissement ou le rejet d'une demande de libération.
3. La demande de décision judiciaire doit être transmise immédiatement au juge compétent.
4. L'autorité qui a ordonné le placement ou le juge peut accorder un effet suspensif à la demande de décision judiciaire.
5. Une décision touchant un malade psychique ne peut être prise qu'avec le concours d'experts; si ce concours a déjà été demandé dans une première procédure judiciaire, les tribunaux supérieurs peuvent y renoncer.

La procedura è regolata dal diritto cantonale, con le seguenti riserve:

E. Procedura nei Cantoni
I. In generale

1. in occasione di ogni decisione, la persona interessata deve essere informata dei motivi della misura ordinata nei suoi confronti e resa attenta per scritto sul diritto di adire il giudice;

2. ogni persona che entra in uno stabilimento deve subito essere informata per scritto del diritto di adire il giudice contro il suo trattenimento o contro il rigetto di una domanda di rilascio;
3. la domanda di decisione giudiziaria deve essere immediatamente trasmessa al giudice competente;
4. l'autorità che ha ordinato il collocamento o il giudice può accordare l'effetto sospensivo alla domanda di decisione giudiziaria;
5. una decisione relativa a malati psichici può essere presa soltanto con la collaborazione di periti; se tale collaborazione è già stata prestata in una precedente procedura giudiziaria, i tribunali superiori possono rinunciarvi.

Inhaltsübersicht

	Note
A. EMRK und Bundesrecht	1
B. Verfahren	20
C. Kantonale Prozessordnung	35
D. Vorbehalt	44
Kommentar zu Ziff. 1	45
A. Begründung der FFE	45
I. Allgemeines	45
II. Entscheide	48
1. Festnahme	48
2. Übrige Entscheide	52
III. Begründung	53
B. Zeitpunkt	57
C. Zwingendes Recht	61
D. Zu Unterrichtende	63
E. Unterrichtung	66
I. Verpflichteter	66
II. Inhalt	69
III. Form der Unterrichtung	75
F. Rechtsmittelbelehrung	79

Kommentar zu Ziff. 2 90

A. Allgemeines 90

B. Betroffener 95

C. Anstalt 96

D. Eintreten 97

E. Zwingendes Recht 100

F. Zeitpunkt 101

G. Form 102

H. Unterrichtung 104

I. Inhalt 105

II. Unterrichtung über die mögliche Anrufung des Richters 113

I. Verpflichtete 114

Kommentar zu Ziff. 3 115

A. Begehren um gerichtliche Beurteilung 116

B. Zeitpunkt 119

C. Zuständiger Richter 123

I. Örtliche Zuständigkeit 125

II. Sachliche Zuständigkeit 128

III. Funktionelle Zuständigkeit 135

D. Weiterleitungspflicht 136

E. Verpflichtete 137

Kommentar zu Ziff. 4 139

A. Allgemeines 139

B. Zuständigkeit 142

I. Einweisungsbehörde 142

II. Richter 147

C. Kannvorschrift 151

D. Begehren um Erteilung aufschiebender Wirkung 152

I. Aufschiebende Wirkung 153

II. Erteilung 159

Kommentar zu Ziff. 5 162

A. Allgemeines 162

B. Rechtsvergleichung 164

C. Psychisch Kranke 167

D. Zwingende Vorschrift 168

E. Beizug 169

I. Durch einweisende Behörde 169

II. Durch überprüfende Behörde 173

III. Durch Richter 174

F. Sachverständige 179

I. Fachliche Qualifikation 179
1. Bei Beizug durch die Vormundschafts-/Aufsichtsbehörde 179
2. Bei Einweisung durch eine geeignete Stelle 181
3. Im Gerichtsverfahren 184

II. Unabhängigkeit des Sachverständigen 188
1. Bei Einweisung 190
2. Bei gerichtlicher Beurteilung 194

III. Untersuchung 197
1. Beteiligte 197
2. Zeitliches 202
3. Gutachten 206

IV. Beurteilung des Gutachtens 212

G. Entscheid 213

H. Mehrstufiges Verfahren 214

I. Voraussetzung 215

II. Obere Gerichte 218

A. EMRK und Bundesrecht

1 Mit der Revision des ZGB sollten u.a. in Anpassung an die Anforderungen von Art. 5 *EMRK* die Mindestrechte des Betroffenen geregelt werden (BGE 114 Ia 184). Zu den Anforderungen an das kantonale Verfahren, die schon aus der EMRK fliessen, s. N 2 Vorbem. zu Art. 397b–f ZGB.

Zur Begründung der *Einweisungsverfügung* gemäss Art. 5 Ziff. 2 EMRK bzw. Art. 397e Ziff. 1 ZGB s. N 12 zu Art. 397e ZGB. 2

Keine *Öffentlichkeit* der Verhandlung ist in Familienrechtssachen vorgesehen (z.B. § 135 Abs. 2 GVG-ZH), auch nicht beschränkt auf Medien (ZR 93 Nr. 8 = SJZ 90 S. 98 je Erw. II/1/b). Art. 6 Ziff. 1 EMRK findet keine direkte Anwendung, und Art. 5 Ziff. 4 EMRK verlangt bei der gerichtlichen Überprüfung einer FFE keine Öffentlichkeit der Verhandlung (BGE 114 Ia 182 = Pra 78 Nr. 6 S. 23 = JdT 1991 I S. 83). 3

Vor der EMRK hält auch (EuGRZ 1994 S. 606, ZVW 36 S. 51 FN 57 und Zit.) *eine Schutzmassnahme im Beweisverfahren* bei Gefährdung einer Partei (§ 145 ZPO-ZH) stand, indem dem psychisch kranken Kläger selbst die Einsicht in die Krankengeschichte nur insoweit zusteht, als dies seinem Wohl nicht abträglich ist (vgl. § 39 öUbG), wobei der Rechtsvertreter zwar Einsicht erhält, indessen einen entsprechenden Revers zu unterzeichnen hat (BJM 1985 S. 240, 1994 S. 333). 4

Der *Entwurf* zum ZGB ging unter Berücksichtigung der bundesgerichtlichen Rechtsprechung zu den Grundrechten in verschiedenen Punkten – Art. 397e Ziff. 1, 2 und 5 ZGB – *über die EMRK hinaus* (so: BBl 1977 III 20, vgl. ZVW 36 S. 50 ff., N 79, 90, 115, 139 und 162 zu Art. 397e ZGB). 5

Das Einweisungsverfahren ist kantonal geregelt, *doch bestehen gewisse bundesrechtliche Minimalvorschriften* (Riemer S. 149 N 8): 6

- *Rechtliches Gehör* (BGE 118 Ia 18 Erw. 1/b), wie auch
- *Akteneinsichtsrecht* leiten sich aus Art. 4 BV ab (RFJ/FZR 1993 7
  S. 264; vgl. N 4 zu Art. 397e ZGB);
- dass die *Offizialmaxime* von Bundesrechts wegen gilt, ergibt sich aus 8
  den Materialien (BBl 1977 III 40, RFJ/FZR 1993 S. 262).

Ein Anspruch auf ein *kontradiktorisches* Verfahren lässt sich aus den Art. 397a–f ZGB nicht ableiten (a.M. Suhr Brunner S. 163: ohne Begründung), in welchen denn auch nur vom Betroffenen und ihm Nahestehenden als Klägern und den einweisenden bzw. aufnehmenden und zurückbehaltenden Vormundschaftsbehörden und Anstalten, als verwaltungsrechtliche Vorinstanzen, die Rede ist. Ein solches widerspräche grundsätzlich auch dem Erfordernis eines einfachen und damit raschen Verfahrens (Art. 397f Abs. 1 ZGB). 9

10 Die bundesrechtlichen Anforderungen an die Pflicht, *Entscheide zu begründen,* leiten sich aus Art. 4 BV ab (SJZ 79 S. 10 Nr. 1), der die Pflicht zur Begründung aller behördlichen Verfügungen statuiert (EuGRZ 1977 S. 108, VILLIGER N 345, ZBl 1989 S. 137 ff.):

11 – schon für die *administrative Versorgung* (N 2 Vorbem. zu Art. 397a–f ZGB) wurde eine Begründung vorausgesetzt (BGE 53 I 110/112; vgl. IMBODEN/RHINOW S. 534 Nr. 5/lit. B, was einem allgemeinen rechtsstaatlichen Prinzip entspricht (BGE 96 I 723);

12 – die Begründungspflicht ist im übrigen vorab eine Frage *kantonalen Rechts* (BGE 96 I 723), und es dürfen nicht allzuhohe Anforderungen daran gestellt werden, wenn dieses keine solche vorsieht (vgl. BGE 96 I 724, 43 I 28);

13 – *das zürcherische Verwaltungsrechtspflegegesetz* enthält z.B. keine solche Bestimmung. Eine Verletzung von Art. 4 BV liegt nicht vor, wenn der Entscheid keine schriftliche Begründung enthält, die Partei jedoch auf andere Weise von den Entscheidungsgründen Kenntnis erhalten hat (BGE 96 I 724);

14 – wo gegen den *gerichtlichen Entscheid* die Berufung an das Bundesgericht gegeben ist, wie hier (Art. 44 lit. f OG), bedarf es im Falle der Abweisung (vgl. N 39 zu Art. 397d ZGB) gemäss Art. 51 Abs. 1 lit. c und d OG eines begründeten und schriftlichen Entscheids (vgl. § 158 Abs. 1 Satz 3 rev. ZPO-ZH).

15 Die Pflicht des Gerichts, seinen Entscheid *schriftlich* zu begründen, gehört zu den wichtigsten Garantien einer gerechten und unabhängigen Rechtsprechung und bildet die Grundlage für die Überprüfung durch die Rechtsmittelinstanz (STRÄULI/MESSMER N 39 und Zit. zu § 281 ZPO-ZH).

16 Eine *genügende Begründung* ist nicht nur bedeutsam für die Akzeptanz des Entscheids, sondern gewährleistet auch eine wirksame Selbstkontrolle der Behörde (RFJ/FZR 1993 S. 266).

Zum *Inhalt* einer genügenden Begründung ergibt sich:

17 – Das Gericht kann auch auf *früher angestellte Überlegungen* zurückgreifen, wenn sich die Gründe für eine erneute FFE nicht verändert haben, vor allem dann nicht, wenn seitherige Erfahrungen mit in die Entscheidfindung einbezogen werden (vgl. BGE Proz. Nr. 5C.31/1991, Urteil vom 26. März 1991 i.S. Th.W.).

- Als *ungenügend* erweisen sich z.B.: 18
  = eine Begründung der Entlassung ohne weitere Schilderung der Verhältnisse mit: «da nicht mehr fürsorgebedürftig» (a.M. PGK-ZH Proz. Nr. PG91152/Beschluss vom 29. Juni 1991 i.S. H.W.);
  = die blosse Feststellung des Konsums «von grossen Mengen Alkohol» (BJM 1982 S. 258), da die Trinkgewohnheiten eines Trunksüchtigen genau abzuklären sind (N 53 zu Art. 397a ZGB).

Unter Art. 397e Ziff. 1–5 sowie 397f Abs. 2 und 3 ZGB werden in diesem Kommentar weitere *bundesrechtliche Vorschriften* behandelt, unter Art. 397f Abs. 1 ZGB *kantonalrechtliche* im Lichte der generellen Vorschrift des einfachen und raschen Verfahrens. Die Berücksichtigung der Verfahrensordnungen sämtlicher Kantone sprengte den Rahmen des Zürcher Privatrechtskommentars, welcher sich auf das «heimatliche» Prozessrecht und aus Publikationen hervorgehendes fremdes beschränkt. 19

B. Verfahren

Es handelt sich um das gerichtliche Verfahren, welches einer *Prozessordnung* unterliegt, deren Erlass aufgrund von Art. 64 Abs. 3 BV Sache der Kantone ist. Der Vorbehalt des Art. 397e Ziff. 1 ZGB erweist sich damit als unecht (Art. 6 ZGB, Riemer, Die Einleitungsartikel des ZGB, Bern 1987, S. 111 N 4). 20

Zum aufgrund der EMRK für eine sachgerechte Regelung notwendigen Eingriff s. N 2 Vorbem. zu Art. 397b–f ZGB. 21

Das *Prozessrecht* bestimmt, auf welche Weise Rechtsverhältnisse verbindlich festgestellt und zwangsweise durchgesetzt werden (vgl. Guldener S. 50/51), d.h. hier: Wer zur Einweisung und Zurückbehaltung von Betroffenen sowie zum Entscheid über deren Klagen zuständig ist und aufgrund welcher Verfahrensschritte (Behauptungs-, Beweisverfahren) in welcher Form vom Richter zu entscheiden ist. 22

Zum *von Amtes wegen abzuklärenden Sachverhalt* gehören: 23

- Auswirkungen der psychischen Störung, Suchterkrankung oder Verwahrlosung,

- medizinisch/fürsorgerische Behandlung,
- Eignung der Anstalt,
- anderweitige, ambulante Fürsorge (Unterkunft, Arbeit, Einkommen, Betreuung durch Umfeld).

24 Im Rahmen der Offizialmaxime (N 8 zu Art. 397e ZGB) wird ein Sachverhalt von Amtes wegen festgestellt, indem

- die Sammlung des Prozessstoffs neben den Parteien auch dem Gericht obliegt (GULDENER S. 168; WALDER, Zivilprozessrecht, 3. A., Zürich 1983, S. 219 N 4), wenn auch in erster Linie den Parteien (GULDENER S. 169, WALDER a.a.O. S. 224 N 14, STRÄULI/MESSMER N 18 zu § 54 ZPO-ZH),
- das Gericht auf Zugeständnisse einer Partei nur insoweit abstellen darf, als es Grund hat, diese als zuverlässig zu betrachten (GULDENER S. 168),
- kein Beweis über Zugeständnisse zu erheben ist, wenn sie durch ihre Glaubwürdigkeit die richterliche Überzeugung begründen (STRÄULI/MESSMER N 18 zu § 54 ZPO-ZH),
- das Gericht die erforderlichen Beweise von Amtes wegen erheben darf (GULDENER S. 169); für eine Unterscheidung von *dringenden* und anderen Beweisen (§ 203e Abs. 1 rev. ZPO-ZH) bleibt kein Raum.

25 Erforderlich ist zunächst eine *Befragung* des Klägers über die massgeblichen Tatsachen im einzelnen (N 23 zu Art. 397e ZGB). Danach können sich – insbesondere bezüglich des sozialen Umfelds – unsubstanzierte oder ungenügende Behauptungen ergeben. Angesichts des schwerwiegenden Entscheids über die angestrebte Entlassung ins Ungewisse genügt es dann nicht, dass der Kläger «glaubhaft» (recte: glaubwürdig) versichert bzw. sich bereit erklärt oder zu Protokoll gibt:

- zum (allenfalls konkret bezeichneten) Arzt gehen bzw. Kontakt zum Hausarzt suchen zu wollen (a.M. PGK-ZH Proz. Nrn. KP92387/Beschluss vom 13. Januar 1993 i.S. G.C., KP92121/Beschluss vom 9. Mai 1992 i.S. A.V., KP92145/Beschluss vom 10. Juni 1992 i.S. H.R., KP940475/Beschluss vom 31. Dezember 1994 i.S. H.M., KP940116/Beschluss vom 13. April 1994 i.S. I.M.),
- eine konkrete Arbeit annehmen zu wollen (a.M. PGK-ZH Proz. Nr. KP92243/Beschluss vom 5. September 1992 i.S. V.E.), z.B. als Zügelmann (a.M. PGK-ZH Proz. Nr. KP940331/Beschluss vom 24. September 1994 i.S. B.R.),
- sich um Arbeit bemühen zu wollen (a.M. PGK-ZH Proz. Nr. KP940327/Beschluss vom 17. September 1994 i.S. H.S.),

- auch eine Unterkunft zu haben (a.M. PGK-ZH Proz. Nr. KP92229/ Beschluss vom 19. August 1992 i.S. B.T.),
- einen Therapietermin vereinbart zu haben und Wohnung wie Rente seien vorhanden (a.M. PGK-ZH Proz. Nrn. KP92151/Beschluss vom 17. Juni 1992 i.S. N.M., KP940452/Beschluss vom 17. Dezember 1994 i.S. St.F.),
- das Wohnungsproblem mit Hilfe des Beistands lösen zu wollen (a.M. PGK-ZH Proz. Nr. KP92162/Beschluss vom 24. Juni 1992 i.S. M.J.),
- sich an die Hausregeln der Wohngemeinschaft X. halten zu wollen und zu glauben, dort auch wieder aufgenommen zu werden (a.M. PGK-ZH Proz. Nr. KP92272/Beschluss vom 26. September 1991 i.S. Z.R.),
- sich um Stelle und Zimmer zu bemühen und wenn es nicht gehe, sich in die Klinik zurück zu begeben (a.M. PGK-ZH Proz. Nr. KP940319/ Beschluss vom 10. September 1994 i.S. R.G),
- eine Unterkunft bei einem bezeichneten Bekannten zu haben (a.M. PGK-ZH Proz. Nr. KP940010/Beschluss vom 5. Februar 1994 i.S. S.Z.),
- einen «grossen Bekanntenkreis» zu haben (a.M. PGK-ZH Proz. Nr. KP940328/Beschluss vom 21. September 1994 i.S. S.M.).

Ein Beweisverfahren (N 26 zu Art. 397e ZGB) erübrigt sich in diesen Fällen.

Im einzelnen aufgestellte, nicht abstruse oder Unmögliches beinhaltende Behauptungen des Klägers sind in der Regel auch zu *überprüfen*, so z.B.: 26

- durch Einvernahme 27
  - = des einweisenden Notfallpsychiaters und
  - = des beteiligten Polizeibeamten als Zeugen (PGK-ZH Proz. Nr. KP92256/ Beschluss vom 16. September 1992 i.S. L.J.), oder
  - = eines Angehörigen (a.M. PGK-ZH Proz. Nr. PG91206/Beschluss vom 14. August 1991 i.S. C.R.),
- durch Beizug eines Polizeirapportes gemäss Antrag der Vormundschaftsbehörde (a.M. PGK-ZH Proz. Nr. PG91056/Beschluss vom 9. März 1991 i.S. B.E.), 28
- durch schriftliche Bestätigung
  - = des konkret vorgesehenen Arztes, den Kläger behandeln zu wollen (Art. 394 OR, a.M. PGK-ZH Proz. Nr. KP940116/Beschluss vom 13. April 1994 i.S. I.M.),
  - = des Unterkunftgebers (PGK-ZH Proz. Nr. KP930239/Beschluss vom 11. August 1993 i.S. W.R.),

29 – durch Bestätigungen vormundschaftlicher Organe:
  = der vorhandenen Unterkunft seitens des Vormunds (PGK-ZH Proz. Nrn. KP940001/Beschluss vom 19. Januar 1994 i.S. A.D., KP930145/ Beschluss vom 26. Mai 1993 i.S. H.R.),
  = der ambulant möglichen Behandlung seitens des Beirats (PGK-ZH Proz. Nr. KP940019/Beschluss vom 26. Januar 1994 i.S. H.J.) oder des Beistands (PGK-ZH Proz. Nr. KP930366/Beschluss vom 14. November 1993 i.S. W.C.),
  = der organisierten ärztlichen Kontrolle seitens des Vormunds (PGK-ZH Proz. Nr. KP930117/Beschluss vom 28. April 1993 i.S. G.C.),

30 – telefonisch bezüglich eines möglichen Übertritts in eine andere Klinik und Arbeitsaufnahme von dort aus bei Klinikleitung bzw. Arbeitgeber (PGK-ZH Proz. Nrn. KP92237/Beschluss vom 27. August 1992 i.S. G.C., KP92211/Beschluss vom 12. August 1992 i.S. G.E., KP92080/ Beschluss vom 28. März 1992 i.S. N.F.),

31 – durch einen den Kläger zur Hauptverhandlung begleitenden Bekannten, welcher schon damit ein vorhandenes gewisses soziales Netz bestätigt, aber auch über weitere Umstände aussagen kann (PGK-ZH Proz. Nr. KP940453/Beschluss vom 17. Dezember 1994 i.S. K.A.).

32 Die Anstalt ist auch aufzufordern, in ihrer Vernehmlassung Angaben über die insbesondere vom *Sozialdienst psychiatrischer Kliniken* getroffenen – allerdings im raschen Verfahren (z.B. § 203d und e rev. ZPO-ZH) wohl oft noch nicht weit gediehenen – Vorkehren hinsichtlich des Umfelds des Klägers zu verlangen. Deren Aufgabenbereich überschneidet sich mit demjenigen des allfällig beteiligten vormundschaftlichen Organs, keinesfalls aber des Gutachters oder des Rechtsanwalts.

33 Geht es um eine *Prognose* wie hinsichtlich künftiger und notwendiger:

– Medikamenteneinnahme bei psychischen Störungen (PGK-ZH Proz. Nrn. PG91317/Beschluss vom 11. Dezember 1991 i.S. St.A., KP940007/ Beschluss vom 19. Januar 1994 i.S. S.S.) in Befolgung medizinischen Rates (PGK-ZH Proz. Nr. KP92017/Beschluss vom 12. Februar 1992 i.S. S.R.),
– Antabuskur (PGK-ZH Proz. Nr. KP92057/Beschluss vom 7. März 1992 i.S. L.H.) oder
– geschützten Geschlechtsverkehrs bei Aids (PGK-ZH Proz. Nr. PG91049/ Beschluss vom 6. März 1991 i.S. X.Y.),
– Aufnahme einer auswärtigen Arbeit bereits von der Klinik aus und Erklärung, diese fortsetzen zu wollen (PGK-ZH Proz. Nr. KP940400/

Beschluss vom 19. November 1994 i.S. G.A.), sofern nichts von einer Kündigung in den Akten ersichtlich ist,

so kann auch hier eine blosse glaubwürdige Versicherung nur beim erstmalig in eine Anstalt eingewiesenen Kläger genügen, während im Wiederholungsfall zu prüfen ist, ob sich der Kläger in früheren Fällen an seine Versprechen gehalten hat (PGK-ZH Proz. Nrn. KP92241/Beschluss vom 29. August 1992 i.S. S.L., KP92057/Beschluss vom 7. März 1992 i.S. L.H.). – Nur zusätzlich kann helfen, dass der Kläger ausdrücklich auf die notwendige Medikamenteneinnahme aufmerksam gemacht wird (PGK-ZH Proz. Nrn. KP92375/Beschluss vom 30. Dezember 1992 i.S. N.P., KP92305/Beschluss vom 4. November 1992 i.S. L.W., KP92256/ Beschluss vom 16. September 1992 i.S. L.J., KP940059/Beschluss vom 9. März 1994 i.S. R.R.).

Von Bundesrechts wegen steht dem *Beizug älterer Krankengeschichten und der Berücksichtigung früherer Einweisungen* nichts entgegen (Bundesgericht, Proz. Nr. SC.47/1991, Urteil vom 25. Juni 1991 i.S. R.M.). Da es sich bei (meist) nicht unterzeichneten Urkunden nicht um ärztliche Zeugnisse (vgl. § 168 ZPO-ZH) handelt, ist im Bestreitungsfalle der betreffende Arzt als fachmännischer Zeuge einzuvernehmen. 34

C. Kantonale Prozessordnung

Dem kantonalen Prozessrecht bleibt es *selbstverständlich vorbehalten, weitergehende* als die *Bestimmungen* der EMRK und des ZGB zu erlassen (StenBull NR 1978 S. 749) sowie auch – notwendigerweise – ergänzende. 35

Der Gesetzgeber hat es in den Schranken der verfahrensrechtlichen Kompetenzordnung in der Hand, eine materiell zivile Sache zu einer formell öffentlich-rechtlichen (und – wie hier – umgekehrt) zu machen (KÖLZ, N 5 und Zit. zu § 1 VRG); insbesondere behält § 3 VRG-ZH besondere gesetzliche Bestimmungen vor, welche die in § 1 VRG-ZH vorgesehene Entscheidung öffentlich-rechtlicher Angelegenheiten durch Verwaltungsbehörden und -gericht anders ordnen. *Der Umstand, dass formelles Privat- und materielles Verwaltungsrecht* zur Anwendung kommt (N 12–16 Vorbem. zu Art. 397a–f ZGB), spiegelt sich z.B. in folgenden Prozessordnungen wider: 36

37 – Im *Kt. Zürich* sind ab 1996 die betreffenden Bestimmungen im rev. EG-ZGB vom 2. April 1911 (§§ 117a–m, AS 1980 S. 1333 ff.), im rev. Gerichtsverfassungsgesetz (§§ 22a, 140 Abs. 2 und 158 Abs. 1) sowie im rev. Gesetz über den Zivilprozess (insbesondere §§ 5a, 140, 203a–f, 259, 260, 268a/b und 284), letztere vom 13. Juni 1976/12. März 1995, enthalten. Indessen richtet sich das Verfahren der Vormundschaftsbehörde subsidiär nach dem Verwaltungsrechtspflegegesetz (§ 117b Abs. 1 rev. EG-ZGB-ZH);

38 – Der *Kt. Luzern* hat am 10. März 1981 ein am 1. Juni 1981 in Kraft getretenes Gesetz über die Betreuung Erwachsener und die FFE erlassen (SJZ 78 S. 54);

39 – Auch der *Kt. Zug* kam zu einem Separaterlass kantonaler Einführungsbestimmungen zur FFE, da der Rahmen des sehr rudimentären Systems des EG-ZGB-ZG durch die notwendige differenzierte Systematik gesprengt worden wäre (ZöF 1977 S. 25);

40 – Der *Kt. Baselstadt* verfügte bereits über ein Gesetz betreffend Massnahmen gegen den Alkohol- und Medikamentenmissbrauch sowie gegen den Drogenkonsum ... (Alkohol- und Drogengesetz) vom 19. Februar 1976 (Systematische Gesetzes-Sammlung 322.100), als am 16. Dezember 1980 eine Einführungs-Verordnung zum ZGB (Art. 397a ff.) erlassen und am 31. Dezember 1980 genehmigt wurde, welche am 31. Januar 1981 in Kraft trat, woneben die §§ 31 ff. des Verwaltungsrechtspflegegesetzes über den Rekurs in Versorgungssachen gültig sind (BJM 1982 S. 255).

41 Bezüglich der *Kosten- und Entschädigungsfolgen* sind z.B. folgende kantonalen Bestimmungen erlassen worden und Entscheide ergangen:

– *Wird die Klage gutgeheissen, so kann das zürcherische* Gericht dem Kläger eine Prozessentschädigung aus der Gerichtskasse zusprechen (§ 203f rev. ZPO-ZH, Prot. KR-ZH vom 14. November 1994 S. 12001; zur früher ablehnenden Rechtsprechung vgl. Bundesgericht, Proz. Nr. 5P.156/1991, Urteil vom 22. Juli 1991, und § 17 Abs. 2 VRG-ZH: nur unterliegende Gegenpartei; zur geänderten Rechtsprechung: PGK-ZH Proz. Nr. KP92069/Beschluss vom 18. März 1992 i.S. A.E.; und im übrigen: Plädoyer 1992 S. 61, RFJ/FZR 1993 S. 273 N 49: zustimmend de lege ferenda für FR);

42 – Im *Kt. Freiburg* gehen die Kostenfolgen unter Vorbehalt der unentgeltlichen Rechtspflege immer zulasten des Betroffenen; es kann jedoch kein Kostenvorschuss verlangt werden, unter Hinweis auf Art. 429a ZGB und Art. 5 lit. e EMRK (RFJ/FZR 1993 S. 266/67);

- Vom *aargauischen* Verwaltungsgericht wurde auch schon eine Kürzung der Parteientschädigung trotz Obsiegens infolge unnötiger Prozessvorkehren vorgenommen (AGVE 1986 S. 341). 43

D. Vorbehalt

Dieser bedeutet, dass – auch formelles, N 12 Vorbem. zu Art. 397a–f ZGB – *Bundesprivatrecht* den kantonalen Gesetzen vorgeht (vgl. GULDENER S. 68, ZSR 80 II S. 3 ff.); widersprechende kantonale Bestimmungen sind damit nicht anwendbar. 44

Kommentar zu Ziff. 1

A. Begründung der FFE

I. Allgemeines

Der die Begründung der Festnahme vorschreibende Art. 5 Abs. 2 *EMRK* ist bei jeder FFE, welche Art. 5 Abs. 1 EMRK aufzählt, anwendbar, nicht nur auf alle Fälle «gerechtfertigten» Freiheitsentzugs (a.M. ZVW 36 S. 51 und Zit.). 45

Die erforderliche *Anhörung* des Betroffenen (N 33 zu Art. 397b ZGB) dient wesentlich der Abklärung, ob die von Dritten angezeigten Voraussetzungen für die FFE überhaupt vorliegen. 46

Art. 397e Ziff. 1 ZGB verlangt über Art. 5 Ziff. 2 *EMRK hinaus die Begründung bei jedem Entscheid.* 47

II. Entscheide

1. Festnahme

48 Eine eigentliche Festnahme erfolgt regelmässig durch die *Polizeiorgane*, welche Verwaltungszwang auszuüben befugt sind (vgl. § 30 Abs. 1 lit. c VRG-ZH, § 117b Abs. 4 rev. EG-ZGB-ZH, ZR 93 Nr. 8 = SJZ 90 S. 98 Erw. 4/b/aa, ZöF 1939 S. 111, RFJ/FZR 1993 S. 268).

49 Erscheint der Betroffene auf eine im Hinblick auf eine FFE ergangene Vorladung hin nicht, so ist er zur *Anhörung* zwangsweise zuzuführen, bei welcher er darauf hinzuweisen ist, dass dieser Zwang auch zur ärztlichen Untersuchung Platz greifen könnte (§ 117b Abs. 2 und 4 rev. EG-ZGB-ZH, vgl. zum bisherigen Recht: ZVW 40 S. 112 und BGE 109 II 297: wiederholte Vorladung).

50 *Grundsätzlich ist auch die polizeiliche Zuführung in die Anstalt* möglich.

51 Denkbar ist es, dass der Betroffene sich zwar der Einweisung widersetzt, indessen der Einweisungsverfügung unter Vorbehalt der Anrufung des Richters (Art. 397d Abs. 1 ZGB) *«freiwillig»* Folge leistet, um z.B. den von ihm als erniedrigend empfundenen Zwang zu vermeiden. Lässt sich der Transport – z.B. durch den einweisenden Arzt (§ 117d rev. EG-ZGB-ZH), Angehörige oder Bekannte – ohne wesentliche Schwierigkeiten bewerkstelligen, so ist eine polizeiliche Festnahme als unverhältnismässig zu betrachten.

2. Übrige Entscheide

52 Es handelt sich dabei um:

- die Zurückbehaltung bzw. Abweisung eines Entlassungsgesuchs durch Vormundschaftsbehörde oder Anstalt gemäss Art. 397b Abs. 3 ZGB (N 186, 194 zu Art. 397b ZGB),
- die Zurückbehaltung des freiwillig Eingetretenen durch die Klinikleitung (z.B. § 117g rev. EG-ZGB-ZH, N 194 zu Art. 397b ZGB),
- die Verlegung im Hinblick auf die nunmehr geeignete Anstalt (z.B. § 117h Abs. 1 rev. EG-ZGB-ZH, N 178 zu Art. 397a ZGB und N 34 zu Art. 397d ZGB),

– gerichtliche Entscheide aller Instanzen (Art. 397f Abs. 1) gemäss Art. 397d Abs. 1 und 2 ZGB.

III. Begründung

Art. 5 Ziff. 2 *EMRK* verlangt, dass jeder Festgenommene in möglichst kurzer Frist und in einer ihm verständlichen Sprache über die Gründe seiner Festnahme und über die gegen ihn erhobenen Beschuldigungen unterrichtet werde (vgl. § 117b Abs. 3 und 117d rev. EG-ZGB-ZH). Diese Bestimmung geht weniger weit als Art. 6 Abs. 3 EMRK, welcher der Vorbereitung einer (strafprozessualen) Verteidigung dient (VILLIGER N 345/495). 53

Zur Begründungspflicht s. N 12 ff. zu Art. 397e ZGB. 54

Der *sankt-gallische* Bezirksarzt unterliegt als Einweisungsbehörde der Begründungspflicht mit einer gewissen Begründungsdichte betreffend die Erfüllung der Einweisungsvoraussetzungen (vgl. SGGVP 1990–42 S. 119/20, 1988–39 S. 81). 55

Dass eine hinsichtlich der Begründungsdichte völlig ungenügende Verfügung die *Rückweisung* der Streitsache an die Vorinstanz zu neuer Entscheidung zur Folge haben soll (SGGVP 1989–25 S. 53), verträgt sich nicht mit dem Erfordernis des raschen Verfahrens (Art. 397f Abs. 1 ZGB). Dieser Mangel ist im Gerichtsverfahren ohne weiteres heilbar. 56

B. Zeitpunkt

Es geht hier um den *Zeitpunkt der Begründung* für den Einweisungsentscheid, welcher zur Festnahme (N 1 ff. zu Art. 397b ZGB) führt. 57

Die «möglichst kurze Frist» der *EMRK* liess sich nicht abstrakt festlegen. Idealerweise werden die Haftgründe bei der Festnahme oder in 58 den Stunden danach, spätestens nach 24 Stunden, in seltenen Ausnahmefällen – längerer Transport in die Anstalt, Suche nach Dolmetscher – nach wenigen Tagen mitgeteilt. Eine Verzögerung von zehn Tagen nach Einweisung in ein Spital erachteten die EMRK-Organe jedenfalls als übermässig lange (VILLIGER N 347 und Zit. in FN 83).

59 Der *Entwurf zum ZGB* ging unter Berücksichtigung der bundesgerichtlichen Rechtsprechung zu den Grundrechten u.a. in Art. 397e Ziff. 1 ZGB über die EMRK hinaus (BBl 1977 III 20). «Bei» jedem Entscheid bedeutet, dass die Orientierung nicht nur «in möglichst kurzer Frist» zu erteilen ist. Der Wortlaut des ZGB – «bei» jedem Entscheid – verkürzt diese Frist auf den Zeitpunkt der Festnahme, wie dies auch Art. 4 Abs. 6 öPersFrG – «ehestens, womöglich bei Festnahme» des Betroffenen – vorsieht.

60 Soll die «Unterrichtung» ihrem Zweck dienen, so muss der Betroffene deren Inhalt auch verstehen können. Dies ist *vom akuten Krankheitsbild* abhängig, z.B. bei hoch Erregten wie auch bei Katatonikern erst nach Abklingen der Störung überhaupt möglich (vgl. SCHNYDER in: Festschrift für H. Lange, S. 949: «kann naturgemäss bei gewissen Betroffenen nur cum grano salis verstanden werden»). Insofern erweist sich die schweizerisch/österreichische Regelung nicht auf schwerste Fälle psychischer Beeinträchtigung anwendbar.

C. Zwingendes Recht

61 Die Unterrichtung «muss» erfolgen, d.h., dass der Betroffene *nicht darauf verzichten* kann.

62 Auch diesbezüglich ist zu berücksichtigen, dass das *akute Krankheitsbild* – hohe Erregung, Katatonie – erst nach Abklingen der Störung eine Unterrichtung überhaupt zulässt. Es handelt sich indessen um ein Problem des Zeitpunkts derselben (N 57 ff. zu Art. 397e ZGB).

D. Zu Unterrichtende

Zum Betroffenen s. N 14 ff. zu 397a ZGB. 63

Bei einer Unterbringung wegen *Geistesschwäche* fügt die Vormundschaftsbehörde einem schwer «Oligophrenen» (d.h. Geistesschwachen: N 42 zu Art. 397a ZGB) keinen Nachteil zu, wenn sie diesem sein Recht, den Richter anzurufen, nicht schriftlich mitteilt, aber die ihm nahestehenden Personen informiert (BGE 114 II 213 = Pra 77 Nr. 250 S. 934 = JdT 1990 I S. 287 = SJ 1989 S. 161). 64

Eine dem Betroffenen *nahestehende Person*, welche ja gegen den Entscheid den Richter anrufen kann (Art. 397d Abs. 1 ZGB), ist ebenfalls zu orientieren (SUHR BRUNNER S. 148, § 117b Abs. 3 rev. EG-ZGB-ZH i.V.m. § 203e Abs. 2 Ziff. 4 rev. ZPO-ZH). 65

E. Unterrichtung

I. Verpflichteter

Welche *Behörde oder Person* zur Unterrichtung verpflichtet ist, sagt das Gesetz nicht. 66

Die beschliessende *Vormundschaftsbehörde* (N 13 zu Art. 397b ZGB) hat in ihrem Beschluss die Gründe darzulegen. 67

Wird die Einweisung durch einen Arzt erst mit der Aufnahme durch die Anstalt vollendet (N 126 zu Art. 397a und N 42 zu Art. 397b ZGB), so ist es die Anstaltsleitung, z.B. der *Chefarzt*, die über die Aufnahme entscheidet (§ 16 VO über die kantonalen Krankenhäuser, ZG 813.11) und welche damit die Pflicht zur Unterrichtung trifft (vgl. § 10 Abs. 3 öUbG: Abteilungsleiter). 68

II. Inhalt

69 Art. 5 Ziff. 2 *EMRK* sagt nichts über den Umfang der Unterrichtung aus. Angesichts der Funktion dieser Bestimmung hat die Information für den Betroffenen verständlich zu sein, z.B. ohne Verwendung von Fachausdrücken. Bei der medizinischen Unterbringung sollte wohl ein Arzt die Gründe erklären. Nicht alle Details sind anzugeben; anderseits wäre der blosse Verweis auf eine Gesetzesbestimmung wiederum zu wenig. Die Information kann unstrukturiert auch im Verlauf der ersten Befragung vermittelt werden (VILLIGER N 346 und Zit. in FN 82).

70 Der Betroffene muss über die Gründe der Anordnung orientiert werden. Nicht nur die gesetzliche Grundlage, sondern auch die tatbeständlichen Umstände sind zu nennen (FROWEIN/PEUKERT N 8 zu Art. 5 EMRK, ZR 93 Nr. 8 = SJZ 90 S. 98 je Erw. III/1/c/ee und Zit.).

Die in Art. 397a Abs. 1 und 2 ZGB aufgeführten materiellen Voraussetzungen sind *konkret zu substanzieren*, d.h. es muss der Sachverhalt, welcher nach Auffassung des Einweisenden zur Anwendung dieser Bestimmungen führt, wenigstens kurz geschildert werden.

71 Eine *Anordnung* muss die nötige Bestimmtheit aufweisen (BGE 98 Ib 462); weder ein unverbindlicher Vorentscheid, noch eine nicht gesetzlich mit Androhung vorgeschriebene Mahnung, noch eine Mitteilung, eine Anfrage oder interne Berichte bzw. Anträge stellen eine solche dar, da sie nicht Wirkung nach aussen entfalten (SCHWARZENBACH S. 106).

72 An die Begründung eines Entscheids dürfen aber *von schweizerischer Verfassung wegen keine hohen Anforderungen* gestellt werden. Es genügt, wenn sich der Betroffene über die Tragweite desselben Rechenschaft geben und ihn in voller Kenntnis der Sache weiterziehen kann (BGE 114 Ia 242, 117 Ia 3 Erw. 3/a, 117 Ib 86).

73 Inwieweit die *nahestehende Person* nicht nur über die Einweisung, sondern über deren Gründe unterrichtet werden muss, hängt zunächst im Lichte von Art. 301 i.V.m. Art. 314a Abs. 2 ZGB davon ab, ob der Betroffene unmündig ist. Dem mündigen Betroffenen steht der Entscheid darüber zu, ob eine solche Orientierung erfolgen darf.

74 Umfassend zu unterrichten ist der *Vormund*, welcher auch die gesamten persönlichen Interessen des Mündels zu wahren hat (Art. 367 Abs. 1 ZGB).

III. Form der Unterrichtung

Art. 5 Ziff. 2 *EMRK* sagt nichts über die Art der Unterrichtung aus (Villiger N 346 und Zit. in FN 82). Auch diesbezüglich ist Verständlichkeit verlangt (vgl. N 53 zu Art. 397e ZGB). 75

§ 117b Abs. 3 rev. EG-ZGB-ZH verlangt Schriftlichkeit, soweit die *Vormundschaftsbehörde* die FFE anordnet. 76

Grundsätzlich ist ein – z.B. den zur Einweisung befugten Ärzten (§ 117d rev. EG-ZGB-ZH) oder den Vormundschaftsbehörden (Art. 397b Abs. 1 ZGB) von der Oberbehörde oder dem Richter zur Verfügung zu stellendes – verständlich abgefasstes *Formular* verwendbar (ZR 93 Nr. 8 = SJZ 90 S. 98 je Erw. III/1/c/cc und ee). 77

Bei einem des Deutschen nicht mächtigen Ausländer «kann» nicht nur ein *Dolmetscher* angezeigt sein (so: Villiger N 346), vielmehr muss dieser beigezogen werden, wenn die Unterrichtung sonst nur formell und unverstanden bleibt. Österreich hat ausdrücklich die bundesgesetzlich den sprachlichen Minderheiten eingeräumten Rechte als unberührt bleibend erklärt (Art. 4 Abs. 6 öPersFrG). Auch hier könnte ein – fremdsprachiges – Formular (vgl. N 77 zu Art. 397e ZGB) gute Dienste leisten. 78

F. Rechtsmittelbelehrung

Art. 5 Ziff. 4 *EMRK* schreibt die Rechtsmittelbelehrung nicht vor. 79

Der *Entwurf zum ZGB* ging unter Berücksichtigung der bundesgerichtlichen Rechtsprechung zu den Grundrechten u.a. in Art. 397e Ziff. 1 ZGB über die EMRK hinaus (BBl 1977 III 20), indem er die schriftliche Rechtsmittelbelehrung zusätzlich verlangt. Der Hinweis auf diese rechtfertigt sich, weil besonders schutzbedürftige und rechtsunkundige Betroffene sonst oft ihr Recht nicht ausüben würden (vgl. BBl 1977 III 34 und Zit., Ausfeld S. 77). 80

81 Dass der Betroffene schriftlich auf sein Recht, den Richter anzurufen, aufmerksam gemacht werden muss (Art. 397e Ziff. 1, 2. Halbsatz; § 117b Abs. 3 rev. EG-ZGB-ZH: nur Vormundschaftsbehörde), bedeutet in diesem Zusammenhang im Grunde genommen nur, dass der Einweisungsentscheid eine *Rechtsmittelbelehrung* enthalten muss (vgl. § 10 Abs. 2 VRG-ZH), welche ein formelles Gültigkeitserfordernis einer Verwaltungsverfügung darstellt (KÖLZ N 16 zu § 10 VRG-ZH).

82 Die Unterrichtung in Art. 397e Ziff. 1 ZGB ist nach dem *anzufechtenden Entscheid* (Anordnung der FFE) von derjenigen zu unterscheiden, welche in dessen Ziff. 2 (Zurückbehaltung/Abweisung eines Entlassungsgesuchs; N 106 zu Art. 397e ZGB) verlangt wird.

83 Hier ist *Schriftlichkeit* zu beachten, während eine Verwaltungsverfügung auch formlos (faktisch) erfolgen kann (KÖLZ N 3 zu § 19 VRG-ZH).

84 Die Rechtsmittelbelehrung hat *inhaltlich* zu umfassen (vgl. § 188 GVG-ZH):

- das als «gerichtliche Beurteilung» bezeichnete Rechtsmittel (Marginale zu Art. 397d ZGB),
- den Gegenstand der Beurteilung, d.h. den Einweisungsentscheid (Art. 397d Abs. 1 ZGB), welchem die Rechtsmittelbelehrung angefügt ist,
- die verlangte Schriftlichkeit der Anrufung (Art. 397d Abs. 1 ZGB),
- die richtige anzurufende (kantonale) gerichtliche Behörde (KÖLZ N 23 zu § 10 VRG-ZH), einfachheitshalber (Art. 397f Abs. 1 ZGB) mit Adresse,
- die von der Mitteilung des Entscheids an laufende zehntägige Frist (Art. 397d Abs. 1 ZGB) für die Übergabe an die Post (KÖLZ N 2 zu § 11 VRG-ZH).

85 Wird die *Einweisungsverfügung* oder der betreffende *Beschluss* von Behörden in Schriftform (vgl. Art. 13 OR) erlassen, so versteht sich die Angabe des Rechtsmittels in gleicher Form von selbst.

86 Die *Vormundschaftsbehörde* darf die Rechtsmittelbelehrung nicht an eine Klinik delegieren (PGK-ZH Proz. Nr. PG91205/Beschluss vom 17. August 1991).

87 Weist ein *Arzt* den Betroffenen ein (z.B. nach § 117d rev. EG-ZGB-ZH), so geschieht dies regelmässig mit einem ärztlichen Zeugnis und damit in Schriftform; bisweilen bringt der einweisende Arzt darauf

die Rechtsmittelbelehrung an (z.B. PGK-ZH Proz. Nr. KP940464/Beschluss vom 24. Dezember 1994 i.S. M.St.). Da die Anstalt ohnehin den Betroffenen zuerst überhaupt aufnehmen muss (N 42 zu Art. 397b ZGB) und dabei die Rechtsmittelbelehrung auch zu erteilen hat (Art. 397e Ziff. 2 ZGB), wird der Betroffene in seinen Rechten nicht verkürzt. – Vgl. N 5 Schlussbem.

Auch hier erweist sich ein *Formular* als zweckmässig, auf welchem im Anschluss an die Begründung der Einweisung die Erteilung der Rechtsmittelbelehrung durch den aufnehmenden Arzt bestätigt und dem Betroffenen ein Exemplar des begründeten Einweisungszeugnisses samt Rechtsmittelbelehrung überreicht wird (vgl. ZR 93 Nr. 8 = SJZ 90 S. 98 je Erw. III/1/c/cc-ee). 88

Fehlt die Rechtsmittelbelehrung, so kann die eine Einweisung in eine Anstalt beinhaltende Verfügung nicht in Rechtskraft erwachsen und damit auch nicht vollzogen werden (Kölz N 16 zu § 10 VRG-ZH). 89

Kommentar zu Ziff. 2

A. Allgemeines

Der *Entwurf zum ZGB* ging unter Berücksichtigung der bundesgerichtlichen Rechtsprechung zu den Grundrechten in verschiedenen Punkten – z.B. in Art. 397e Ziff. 2 ZGB – über die *EMRK* hinaus (BBl 1977 III 20; Schnyder in: Festschrift für H. Lange, S. 948). 90

Eine Rechtsmittelbelehrung wird im Hinblick auf die Möglichkeit der Zurückbehaltung (und der Abweisung *eines Entlassungsgesuchs) generell beim Eintritt in eine Anstalt* verlangt (Tuor/Schnyder/Schmid S. 407). 91

Die Unterrichtung über das Rechtsmittel in Art. 397e Ziff. 2 ZGB (gegen Zurückbehaltung/Abweisung eines Entlassungsgesuchs; N 106, 107 zu Art. 397e ZGB) tritt *kumulativ* neben diejenige, welche in deren Ziff. 1 (bei der Anordnung der FFE) verlangt wird. 92

93 Der *zürcherische* § 117k Abs. 2 rev. EG-ZGB-ZH stimmt mit Art. 397e Ziff. 2 ZGB nicht überein:

- die «geeignete Form» hat jedenfalls schriftlich zu sein;
- mit dem «jederzeitigen Entlassungsgesuch» wird nicht nur Zurückbehaltung oder Abweisung der Entlassung umfasst, sondern auch die sofortige Anrufung des Richters nach Art. 397d Abs. 1/397e Ziff. 3 ZGB;
- der freiwillige Eintritt ist ausdrücklich einbezogen.

94 Zum Übergangsrecht s. N 69 ff. Vorbem. zu Art. 397a–f ZGB.

B. Betroffener

95 Bei «jedem, der in eine Anstalt eintritt», handelt es sich nicht nur um den *Betroffenen* i.S. von Art. 397a ZGB (N 14 ff. zu Art. 397a ZGB), sondern auch um den *freiwillig Eintretenden* (vgl. § 117g und k Abs. 2 rev. EG-ZGB-ZH, SCHNYDER in: Festschrift für H. Lange, S. 948).

C. Anstalt

96 Zum Begriff s. N 118, 123 zu Art. 397a ZGB.

D. Eintreten

97 *Dieser Begriff unterscheidet freiwilligen und zwangsweisen Eintritt* nicht (vgl. N 105 zu Art. 397e Ziff. 2 ZGB).

Entscheidend für den Eintritt ist die Aufnahme durch die Anstaltsleitung (N 42 zu Art. 397b ZGB), der damit perfektionierte Eintritt ist gemeint, nicht das körperliche Überschreiten der Schwelle der Anstalt zwecks Untersuchung durch den Aufnahmearzt oder generellem Gespräch mit der Anstaltsleitung über die Aufnahme. 98

Sofern Eintritt und Aufnahmegespräch getrennt erfolgen, ist nicht nur zweckmässigerweise von Anfang an die Rechtsmittelbelehrung zu erwähnen, sondern diese beim *definitiven Eintritt* bzw. bei der Aufnahme in der verlangten Form (N 102 zu Art. 397e ZGB) abzugeben. 99

E. Zwingendes Recht

Die Unterrichtung «muss», d.h. hat zwingend zu erfolgen, womit der Betroffene oder der freiwillig Eintretende *nicht darauf verzichten* können (vgl. N 61 zu Art. 397e ZGB). 100

F. Zeitpunkt

Mit der verlangten «sofortigen» Unterrichtung ist klargestellt, dass dies *bei der Aufnahme* durch die Anstaltsleitung (N 98 zu Art. 397e ZGB) erfolgen muss, soweit zu diesem Zeitpunkt nicht unüberwindliche Schwierigkeiten auftreten (N 62 zu Art. 397e ZGB). 101

G. Form

Zur verlangten Schriftform s. N 51 zu Art. 397d ZGB. 102

103 Dazu verwenden die Anstalten vorzugshalber ein *Merkblatt* oder erwähnen die mögliche Anrufung des Richters in einer *Hausordnung*, wo dies aber auch bei spezieller Kennzeichnung eher übersehen werden kann.

H. Unterrichtung

104 Zum Unterrichten s. N 79 ff. zu Art. 397e ZGB.

I. Inhalt

105 Bei der Unterrichtung des Betroffenen über das zur Verfügung stehende Rechtsmittel sind inhaltlich *zwei Gruppen von Entscheiden* über den bereits in der Anstalt aufgenommenen Betroffenen (N 42 zu Art. 397b ZGB) zu berücksichtigen:

106 – *Zurückbehaltung* durch die Behörde; sie kommt in Frage bei:
  = Verlängerung nach Ablauf einer befristeten FFE (s. aber N 380 zu Art. 397a ZGB),
  = Verlegung in eine andere Anstalt (N 34 zu Art. 397d ZGB);

107 – die *Abweisung* des Entlassungsgesuches des Betroffenen ist denkbar:
  a) durch die Anstaltsleitung
    aa) bei Einweisung durch eine kantonal bezeichnete Stelle, z.B. einen Arzt (§ 117c EG-ZGB-ZH i.V.m. Art. 397b Abs. 3 ZGB),
    bb) z.B. bei vormals freiwilligem Eintritt im Kt. Zürich (§ 117g rev. EG-ZGB-ZH).
  b) durch die einweisende Vormundschaftsbehörde (Art. 397b Abs. 3 ZGB).

108 Hat indessen der Richter die von der Vormundschaftsbehörde ohne sofortigen Vollzug beschlossene FFE bestätigt, so kann dieser nicht mehr selbständig *angefochten werden. Die Rechtsmittelbelehrung beim Eintritt entfällt.*

Mit dieser insbesondere für psychisch Beeinträchtigte *viel zu kompli- zierten Regelung*, welche in der Praxis zu häufigen unzuständigenorts eingereichten Entlassungsgesuchen führt (N 110 zu Art. 397e ZGB) steht der Bundesgesetzgeber in Widerspruch mit der von ihm geforderten Einfachheit des Verfahrens (Art. 397f Abs. 1 ZGB; vgl. N 6 Schlussbem.). 109

Gemäss Geschäftsberichten über die Jahre 1991–94 *mussten bei der PGK-ZH durchschnittlich rund ¾ der Gesuche von länger als zehn Tage Hospitalisierten* zum Vorentscheid an die Vormundschaftsbehörde bzw. an die Anstalt weitergeleitet werden, da es insbesondere in den psychiatrischen Kliniken allen Bemühungen zum Trotz nicht gelang, die Betroffenen erfolgreich zu orientieren. 110

Gestützt auf Art. 5 Ziff. 4 EMRK hat die PGK-ZH in Nachachtung auch der verlangten Einfachheit des Verfahrens der jeweiligen Vorinstanz das Gesuch *überwiesen (vgl. § 112 Abs. 1 ZPO-ZH), eine Frist zum Entscheid* angesetzt und das Verfahren bis zur Heilung dieser Prozessvoraussetzung (vgl. STRÄULI/MESSMER N 12 zu § 108 ZPO-ZH) pendent behalten. Dies wurde von einer einzigen Vormundschaftsbehörde nachträglich beanstandet (PGK-ZH Proz. Nr. KP940286/Beschluss vom 24. August 1994, i.S. W.L.). 111

Der *zürcherische* § 117i Abs. 2 rev. EG-ZGB-ZH verpflichtet neu die Anstaltsleitung (N 74 zu Art. 397b ZGB) sicherzustellen, dass die nach Ablauf von zehn Tagen gestellten Gesuche an die zur Entlassung zuständigen Behörden, d.h. an sie selbst oder die Vormundschaftsbehörde (Art. 397b Abs. 3 ZGB), gelangen und nicht unmittelbar beim Richter geklagt wird. 112

II. Unterrichtung über die mögliche Anrufung des Richters

Zur damit gemeinten Rechtsmittelbelehrung s. N 79 ff. zu Art. 397e ZGB. 113

I. Verpflichtete

114 Dass unterrichtet «werden» muss, lässt offen, wen die Verpflichtung dazu trifft. Es handelt sich um die den Betroffenen aufnehmende *Anstaltsleitung*, welche mit dem Entscheid über die Aufnahme die Einweisung – oder den freiwilligen Eintritt in eine Klinik – erst vollendet (N 42 zu Art. 397b ZGB) und die Unterrichtung jedenfalls durch ihre Hilfskräfte zu organisieren hat.

Kommentar zu Ziff. 3

115 L'obligation de transmettre immédiatement au juge compétent toute demande de décision judiciaire est conçue en termes très larges ... Comme cette transmission est indispensable à l'exercice du droit de recours et qu'elle peut être entravée par une censure de la correspondance, les art. 6 § 1, 5 § 4 et 8 CEDH doivent être mentionnées dans ce context même si, dans ce *domaine, les garanties de droit national paraissent aller au-delà de celles qui sont reconnues par les organes de la Convention* (ZVW 36 S. 52).

A. Begehren um gerichtliche Beurteilung

116 Es handelt sich um die im Kommentar als Klage bezeichnete *(N 23 Vorbem. zu Art. 397a–f ZGB) schriftliche Eingabe* (N 51 zu Art. 397d ZGB).

117 Zur Konkretisierung eines *mündlichen* Entlassungsgesuchs s. N 52 zu Art. 397d ZGB.

Auch *wiederholte* Klagen sind weiterzuleiten; zur Behandlung von insbesondere in unvernünftigen Abständen erhobenen durch den Richter s. N 63 zu Art. 397d ZGB. 118

B. Zeitpunkt

«Unverzüglich» weiterleiten heisst: sofort nach Kenntnisnahme davon, dass die Klage vom Betroffenen erhoben worden ist. 119

Die generelle Pflicht zur «unverzüglichen» Weiterleitung des Begehrens setzt voraus, dass in der Anstalt bereits für die schriftliche Klageerhebung (Art. 397d Abs. 1 ZGB) *notwendige Hilfe* – zur Verfügung stellen von Schreibmaterial, Einräumung der notwendigen Zeit – geleistet wird (Prot. KR-ZH vom 3. Oktober 1994 S. 11574). 120

Diese Hilfe kann auch von der Vertrauensperson oder dem Beistand nach § 117k Abs. 1 rev. EG-ZGB-ZH erbracht werden (N 65 zu Art. 397f ZGB). 121

Wenn § 203b rev. ZPO-ZH davon spricht, dass der *Betroffene bei der Einweisung ein Gesuch «ankündigt»*, so wird diese Unterscheidung nur gerade für den Zeitraum wirksam, bis dem Betroffenen die Möglichkeit oder die Hilfeleistung zur Stellung des Gesuchs (N 120 zu Art. 397e ZGB) geboten ist. 122

C. Zuständiger Richter

Die Klage ist angesichts des verlangten raschen Verfahrens (Art. 397f Abs. 1 ZGB) selbstverständlich an den – soweit klar bekannt – *zuständigen* Richter weiterzuleiten (a.M. ZVW 34 S. 26). 123

Zum Richter s. N 56 ff. zu Art. 397d ZGB. 124

I. Örtliche Zuständigkeit

125 Die örtliche Zuständigkeit für das Anfechten der *FFE richtet sich interkantonal nach dem Wohnsitz des Betroffenen* (Komm. zu Art. 23 ff. ZGB, vgl. BLVGE 1992 S. 125); dies gilt auch dann, wenn der Freiheitsentzug bei Gefahr von einer Stelle am *Aufenthaltsort* des Betroffenen angeordnet wird (SGGVP 1984–47 S. 107; Verwaltungsgericht Zug, Verfügung vom 17. August 1992 i.S. P.; PGK-ZH Proz. Nr. KP930283/Verfügung vom 27. August 1993 i.S. R.W.; a.M. PGK-ZH Proz. Nr. KP940104/ Verfügung vom 31. März 1994 i.S. G.P.: aargauischer Wohnsitz).

126 *Die örtliche Zuständigkeit entspringt sodann kantonalem Recht*; in Frage kommen:

- Wohnsitz des Betroffenen (z.B. § 5a rev. ZPO-ZH bei ausserkantonaler Anstalt),
- Ort der Anstalt (z.B. § 5a rev. ZPO-ZH),
- Sitz der einweisenden Behörde (vgl. PGK-ZH Proz. Nr. KP940104/ Verfügung vom 31. März 1994 i.S. G.P.).

127 Als örtlich zuständig ist zweckmässigerweise der Richter am Orte der Anstalt zu bezeichnen (§ 5a rev. ZPO-ZH), da sich sonst interkantonale Kompetenzkonflikte und unvermeidbare Verzögerungen ergeben (vgl. N 10 Schlussbem.).

II. Sachliche Zuständigkeit

128 *Zuständig ist der Richter zum Entscheid über die FFE.*

129 *Nicht eingetreten* ist die PGK-ZH daher auf eine:

- Klage nach Einweisung und Obhutsentzug durch den *Scheidungsrichter* (Proz. Nr. KP92284/Beschluss vom 24. Oktober 1992 i.S. G.B.),
130 - Klage nach Ablehnung eines Gesuchs um Entlassung aus einer Massnahme nach Art. 43 Ziff. 1 Abs. 2 StGB durch das Amt für Straf- und *Massnahmenvollzug* (Proz. Nr. KP940150/Beschluss vom 16. April 1994 i.S. R.F.),
131 - Klage nach *Internierung* gemäss § 13 VVO zum Epidemiengesetz (Proz. Nr. KP930364, Verfügung vom 15. November 1993 i.S. G.H.),

- Klage über *Behandlung* in einer psychiatrischen Klinik (Proz. Nr. PG91071/Verfügung vom 22. Mai 1991 i.S. R.M., vgl. Bundesgericht, Proz. Nr. 5C.47/1991, Urteil vom 25. Juni 1991 i.S. R.M., Regierungsrat des Kt. Zürich, Beschluss vom 20. April 1988 i.S. P.S. und vom 27. Februar 1991 i.S. O.M.), 132
- Klage auf *Genugtuung* (Proz. Nr. PG91071/Verfügung vom 22. Mai 1991 i.S. R.M.), 133
- *Klage auf Feststellung der Verletzung einer Bestimmung der EMRK* (Proz. Nr. PG91071/Verfügung vom 22. Mai 1991 i.S. R.M.; vgl. N 9 zu Art. 397f ZGB). 134

III. Funktionelle Zuständigkeit

Vormundschaftsbehörde oder Anstaltsleitung sind nach Ablauf der gegen den Einweisungsentscheid laufenden Anfechtungsfrist vorab zuständig (Art. 397b Abs. 3 ZGB), weshalb die Weiterleitung an sie erfolgt. 135

D. Weiterleitungspflicht

Dass die schriftliche Klage an den Richter weiterzuleiten «ist», erweist sich als *zwingende* Vorschrift. Ist das betreffende Schriftstück einmal erstellt, so geht es nicht etwa an, einen Verzicht des Betroffenen und nunmehrigen Klägers auf die Weiterleitung erwirken zu wollen. 136

E. Verpflichtete

Bezeichnet das Gesetz die zur Weiterleitung Verpflichteten nicht, indem die Pflicht generell auferlegt wird, so trifft diese *jedermann*. 137

138 Es handelt sich dabei *zum Beispiel* um eine Aufforderung an:

- die Mitglieder einer Behörde (BBl 1977 III 40, vgl. RFJ/FZR 1993 S. 270) der Verwaltung oder Rechtspflege,
- den Vormund (Art. 367 Abs. 1 ZGB),
- den Beistand im Rahmen persönlicher Fürsorgepflichten (Art. 392 ZGB, SCHNYDER/MURER N 12 Vorbem. zu Art. 392–397 ZGB),
- die Anstaltsleitung und das -personal (TUOR/SCHNYDER/SCHMID S. 407), Ärzte, Betreuer und Angestellte (BBl 1977 III 40, ZVW 34 S. 26),
- Angehörige oder Bekannte, denen ein solches Schreiben zukommt.

Kommentar zu Ziff. 4

A. Allgemeines

139 Auch diese Bestimmung geht über Art. 5 Ziff. 4 *EMRK* hinaus, welcher keine Erteilung aufschiebender Wirkung vorschreibt.

140 Es liegt in der Natur der Massnahme der FFE, dass gegebenenfalls vom obligatorischen *Suspensiveffekt* der Anrufung des Richters abgesehen werden muss (SCHNYDER in: Festschrift für H. Lange, S. 951).

141 Kantonales *zürcherisches* Verwaltungsverfahrensrecht sieht grundsätzlich eintretende, indessen aus besonderen Gründen entziehbare (z.B. § 25 Abs. 1 VRG-ZH), das Zivilprozessrecht notwendige Erteilung aufschiebender Wirkung der Berufung bei FFE vor. In § 260 Abs. 2 Satz 2 rev. ZPO-ZH wird systemwidrig dem ordentlichen Rechtsmittel der Berufung die aufschiebende Wirkung aberkannt (vgl. GULDENER S. 485), da sonst der Betroffene zu entlassen wäre, was insbesondere bei der möglichen Selbst- (N 321 ff. zu Art. 397a ZGB) oder Drittgefährdung (N 342 ff. zu Art. 397a ZGB) nicht anginge.

B. Zuständigkeit

I. Einweisungsbehörde

Die im *Entwurf zum ZGB* genannte «anordnende» Stelle (BBl III 60) wurde mit der «Stelle, welche die Einweisung angeordnet hat», konkreter umschrieben. 142

Zu der von Bundesrechts wegen zur Einweisung befugten *Vormundschaftsbehörde* s. N 13 zu Art. 397b ZGB. 143

Zu den *kantonal-rechtlich* bezeichneten, bei Gefahr im Verzug und/oder bei psychisch Kranken handelnden *Stellen* s. N 50 ff. zu Art. 397b ZGB. 144

Ein aufgrund zürcherischen Rechts zur Einweisung berufener *Arzt* (§ 117d rev. EG-ZGB-ZH) sah sich bisher nie veranlasst, seinem Einweisungszeugnis aufschiebende Wirkung zu erteilen (SJZ 90 S. 328); vielmehr wurde regelmässig die Anstalt gleichzeitig um Aufnahme ersucht und diese notfalls unter Polizeibegleitung in die Wege geleitet. 145

Zu der für die Einweisung notwendigen Aufnahme durch die Klinikleitung s. N 42 zu Art. 397b ZGB. 146

II. Richter

Zum Richter s. N 56 ff. zu Art. 397d ZGB. 147

Sind mehrere Richter, ein Kollegium, zum materiellen Entscheid berufen, so sehen die kantonalen Prozessgesetze häufig die Befugnis des *Vorsitzenden* zur Erteilung aufschiebender Wirkung vor (z.B. § 122 Abs. 3 GVG-ZH, Art. 351 Code de la santé publique). 148

Ist das Begehren um gerichtliche Beurteilung beim Richter eingereicht, bevor die an sich nach Art. 397b Abs. 3 ZGB zuständige Vormundschaftsbehörde oder die Anstaltsleitung über die Entlassung 149 entschieden haben, so ist es beim Richter anhängig gemacht, da bloss ein *Vorentscheid einer Verwaltungsbehörde* abzuwarten ist (N 93, 103 zu Art. 397b ZGB). Damit ist der Richter auch dann zur Erteilung aufschiebender Wirkung befugt (ZVW 48 S. 192), andernfalls würde die klare Bestimmung von Art. 397e Ziff. 4 ZGB verletzt. Gleichermassen würde dem Erfordernis von Art. 397f Abs. 1 ZGB mit einem zögerlichen Verfahren nicht Genüge getan (PGK-ZH/KP940054.ZO und ZON, 5. April 1994), insbesondere nicht mit dem anderseits vorgeschlagenen Weg über eine Aufsichtsbeschwerde an den zürcherischen Bezirksrat (ZVW 48 S. 195).

150 *Der Vorsitzende der urteilenden Kammer des Bundesgerichts* ist gemäss Art. 54 Abs. 3 OG auf Antrag zur Erteilung aufschiebender Wirkung zuständig.

C. Kannvorschrift

151 Es handelt sich um einen möglichen, aber gerade *nicht obligatorischen* Suspensiveffekt (TUOR/SCHNYDER/SCHMID S. 407, SCHNYDER in: Festschrift für H. Lange, S. 951).

D. Begehren um Erteilung aufschiebender Wirkung

152 Für das Begehren um Erteilung aufschiebender Wirkung verlangte die PGK-ZH eine *Begründung* (Proz. Nr. KP930366/Verfügung vom 17. November 1993 i.S. C.W.); angesichts der bis zur Anhörung laufenden Frist von unter vierzehn Tagen (N 14 zu Art. 397f ZGB) liess sich dies – im Gegensatz zu den Anforderungen für die Klage (N 22 zu Art. 397f ZGB) – wohl vertreten, um so mehr unter der neuen Frist von vier Arbeitstagen für die Anhörung (§ 203d Abs. 1 rev. ZPO-ZH).

I. Aufschiebende Wirkung

Die Frage stellt sich praktisch nur beim Entscheid über die Unterbringung (BBl 1977 III 42, Kreisschreiben S. 34). *Ist der Betroffene noch nicht in die Anstalt aufgenommen*, so bewirkt die in Art. 397e Ziff. 4 ZGB vorgesehene Verfügung, dass die Aufnahme bis zum Entscheid über die Klage nicht vollzogen werden darf. Dieser Fall ist insbesondere denkbar, wenn die Vormundschaftsbehörde ihren Beschluss vor dem Vollzug dem Betroffenen mitteilt. 153

Ist die *Aufnahme durch die Anstalt* bereits erfolgt, so bewirkt ein Aufschub, dass die Anstalt den Betroffenen sogleich nach Mitteilung der erteilten aufschiebenden Wirkung entlassen muss, indessen gewärtigt, dass der Richter die Klage abweist, was zur Wiederaufnahme führt. 154

Massgeblich ist, ob vorab über ein Entlassungsgesuch entschieden wurde: 155

- Aufschiebende Wirkung kann nur bedeuten, dass der die *Entlassung ablehnende Entscheid* noch keine Wirkung entfaltet, die Frage der Entlassung damit weiterhin offen ist (ZVW 40 S. 77 = teils unpubl. BGE 110 II 122; a.M. ZVW 40 S. 89);
- Ist *kein Vorentscheid über eine Entlassung* ergangen, so entfaltet dementsprechend die Einweisung des Betroffenen keine Wirkung, und es ist darüber noch zu entscheiden. In diesem Sinne hat der Vorsitzende der PGK-ZH gestützt auf § 11 Abs. 1 der Verordnung des Regierungsrates vom 28. Januar 1981, welcher sowohl Erteilung aufschiebender Wirkung als auch Anordnung vorsorglicher Massnahmen vorsah, auf Antrag und nach Untersuchung durch den Facharzt – durchschnittlich zweimal im Jahr, d.h. in rund 0,5 % der Fälle (PGK-ZH, Statistiken zu den Geschäftsberichten der Jahre 1991–94) – über Gesuche um vorsorgliche Entlassung entschieden, wobei die Vorladung zur Anhörung aufrecht erhalten blieb (§ 13c zit. Verordnung, z.B. Proz. Nr. KP92256/Verfügung vom 31. August 1992 i.S. J.L.). Der gleichlautende § 203a Abs. 2 rev. ZPO-ZH wird im Lichte der Anhörung innert vier Arbeitstagen und anschliessendem Entscheid (§§ 203d Abs. 1 und 203e Abs. 1 rev. ZPO-ZH) geringe Bedeutung erlangen. 156

Eine vorsorgliche Entlassung soll unter dem Gesichtspunkt einer – nach kantonalem Recht zusätzlich möglichen (Sträuli/Messmer N 2 zu 157

§ 110 ZPO-ZH) – *vorsorglichen Massnahme* nicht weitergehen, als es zum vorläufigen Schutz des glaubhaft gemachten Anspruchs nötig ist (STRÄULI/MESSMER N 12 zu § 110 ZPO-ZH). Bei der FFE kann dies mit der vorsorglichen Entlassung geschehen, eine Zwischenlösung ist unmöglich.

158 Die Erteilung aufschiebender Wirkung ist bei einer *Entlassung* des Betroffenen rechtlich unmöglich, da kein Klagerecht gegeben ist (BGE 112 II 105).

II. Erteilung

159 *Dabei handelt es sich in der Regel um eine Dispositivziffer* im Entscheid der Vormundschaftsbehörde oder des Gerichts bzw. in einer Verfügung des vorsitzenden Richters (N 148 zu Art. 397e ZGB).

160 Die Verfügung ist *jederzeit* – bis zum Entscheid über die Entlassung – möglich (vgl. Art. 351 Abs. 2 Code de la santé publique).

161 Der private *Arzt* (z.B. § 117c rev. EG-ZGB-ZH) müsste die aufschiebende Wirkung in seinem Einweisungszeugnis (N 88 zu Art. 397b ZGB) vermerken (s. aber N 145 zu Art. 397e ZGB).

Kommentar zu Ziff. 5

A. Allgemeines

162 Der *Entwurf zum ZGB* ging in Art. 397e Ziff. 5 ZGB über die *EMRK* hinaus (BBl 1977 III 20), in deren Art. 5 Ziff. 4 der Beizug eines medizinischen Sachverständigen nicht vorgeschrieben ist. Indessen hat der Europäische Gerichtshof die Wichtigkeit einer objektiven ärztlichen Expertise schon unterstrichen (ZVW 36 S. 53 und Zit. in FN 63).

Zur gesetzlichen Grundlage für eine kurzfristige Anstaltseinweisung zur Begutachtung s. N 114 zu Art. 397a ZGB. 163

B. Rechtsvergleichung

Nach *österreichischem* Recht ist der Beizug eines Sachverständigen für die erste Anhörung des Betroffenen fakultativ (§ 19 Abs. 3 öUbg), nicht indessen für die mündliche Verhandlung (§ 22 Abs. 1 öUbG). 164

Art. 490 Abs. 3 *CCfr* schreibt die medizinische Feststellung der Störung der geistigen Fähigkeiten des Betroffenen vor. Art. 333 Abs. 4 und 5 Code de la santé publique verlangen ausführliche medizinische Zeugnisse über die geistigen Störungen (vgl. SJ 1983 S. 161 ff. Erw. 5/b/aa für den Kt. Genf). 165

Art. 211 Abs. 2 *CCesp* verlangt ein ärztliches Zeugnis. 166

C. Psychisch Kranke

Zu diesem Begriff s. N 68 zu Art. 397b ZGB. 167

D. Zwingende Vorschrift

Der Entscheid «*darf nur*» unter Beizug von Sachverständigen ergehen. Dieser muss zwingend vor der Beurteilung einer streitigen Einweisung oder Entlassung aus der FFE angehört werden (BGE 118 II 253 = Pra 82 Nr. 109 S. 432). 168

E. Beizug

I. Durch einweisende Behörde

169 Auch die *Vormundschaftsbehörde* muss einen Gutachter beiziehen, auch dann, wenn sie einerseits zur Begutachtung, indessen anderseits auch definitiv zur Behandlung einweist (SGGVP 1989–24 S. 52, ABSH 1988 S. 193).

170 Im Verwaltungsverfahren *beauftragt* die Behörde den privaten Gutachter (Art. 394 ff. OR, Kölz N 23 zu § 7 VRG-ZH). Prozessual lässt sich kein anderer «Beizug» eines Aussenstehenden denken.

171 Der Befund des Arztes, den die Vormundschaftsbehörde zur Einweisung beigezogen hat, wird durch den aufnehmenden *Klinikarzt überprüft*; zur allfälligen Aufnahmeverweigerung s. N 42 zu Art. 397b ZGB.

172 *Dass die Einweisungsverfügung, welche ohne Beizug eines Sachverständigen* erlassen wurde, aufzuheben sei (SGGVP 1989–24 S. 52), kann angesichts des vorgeschriebenen raschen Verfahrens (Art. 397f Abs. 1 ZGB) nicht zutreffen. Vielmehr lässt sich der Mangel im Gerichtsverfahren heilen, wo ja auch nur unter Beizug eines Gutachters entschieden werden kann.

II. Durch überprüfende Behörde

173 Überprüft die *Aufsichtsbehörde* über die Anstalten aufgrund halbjährlicher Meldungen die Rechtmässigkeit weiterer Zwangsunterbringung, wie im Kt. Zürich (§ 117l rev. EG-ZGB-ZH), so hat sie einen Arzt beizuziehen.

III. Durch Richter

Die *Kantone* können vorsehen, dass von der entscheidenden Instanz Sachverständige als Gutachter beigezogen werden oder dieser als Mitglieder angehören (BBl 1977 III 36). Insoweit beruht die vom Bundesgesetzgeber im Rahmen der FFE dem Sachverständigen eingeräumte Stellung auf einer Ausnahmeregelung; diese Stellung ist keineswegs vergleichbar mit derjenigen eines Experten, der in einem Beweisverfahren beigezogen wird (BGE 118 II 253 = Pra 82 Nr. 109 S. 432). 174

Im Gerichtsverfahren *beauftragt* die Behörde den privaten Gutachter (Art. 394 ff. OR, Sträuli/Messmer N 1 zu § 172 ZPO-ZH). Auch hier lässt sich prozessual kein anderer «Beizug» eines Aussenstehenden denken (vgl. Prot. KR-ZH vom 3. Oktober 1994 S. 11575: «Experte»). 175

Der Beizug des *Fachrichters* erfolgt, indem der Vorsitzende die Gerichtssitzung, an welcher jener teilzunehmen hat, anberaumt (z.B. § 122 Abs. 1 GVG-ZH). 176

Jener amtet nicht als Gutachter (BGE 118 II 253).

Dem privaten Gutachter wie dem Fachrichter sind folgende *Fragen* zu stellen (vgl. ZSR NF 109 S. 426, vgl. ZVW 42 S. 101 zu Ziff. 2): 177

«1.a) Leidet der Explorand (Kläger) an einer psychischen Störung, ist er trunk- oder sonst süchtig oder verwahrlost; und
b) wie wirkt sich dies konkret aus (insbesondere Selbst-/Drittgefährdung)?
2. Erfordert sein Zustand stationäre Behandlung, besteht Rückfallgefahr?
3. Sind die Anstalt ... und deren Behandlungskonzept für seine Unterbringung geeignet?»

Im Hinblick auf zu erwartende Klagen, welche in *unvernünftigen Abständen* erhoben und daher abzuweisen sein werden (N 63 zu Art. 397d ZGB), kann zusätzlich die Frage zu stellen sein: 178

«4. Wann kann eine Entlassung frühestens in Frage kommen?»

F. Sachverständige

I. Fachliche Qualifikation

1. Bei Beizug durch die Vormundschafts- oder Aufsichtsbehörde

179 *Als Sachverständiger kann auch ein Allgemeinpraktiker* bei der Einweisung durch die Vormundschaftsbehörde mitwirken, ist doch nicht einmal für das Gerichtsverfahren zwingend ein Psychiater beizuziehen (z.B. § 117c rev. EG-ZGB-ZH; N 185 zu Art. 397e ZGB).

180 Dasselbe muss für die halbjährlich Zwangsunterbringungen *überprüfende Aufsichtsbehörde* gelten (§ 117l EG-ZGB-ZH), wobei sich allerdings gegenüber den fachkundigen psychiatrischen Klinikleitungen der Beizug eines Spezialisten empfiehlt.

2. Bei Einweisung durch eine geeignete Stelle

181 Von allem Anfang an wurde diese Regel über den notwendigen Beizug von Sachverständigen so ausgelegt, dass es genüge, wenn die vom Kanton gemäss Art. 302b Abs. 2 ZGB bezeichnete Stelle ein Sachverständiger, also etwa ein Psychiater, sei, dieser mithin als für die *Anordnung der FFE Zuständiger keinen zusätzlichen Sachverständigen* beiziehen müsse (SCHNYDER in: Festschrift für H. Lange, S. 949).

182 Zur Einweisung sind z.B. gemäss § 117d Satz 1 rev. EG-ZGB-ZH *die in der Schweiz praxisberechtigten Ärzte* mit eidgenössischem oder gleichwertigem Diplom zuständig.

183 Für nicht fachkundige Stellen gilt dasselbe wie für die Vormundschaftsbehörde (N 169 zu Art. 397e ZGB).

3. Im Gerichtsverfahren

Ein *psychiatrisch geschulter*, in der gerichtlichen Instanz mitwirkender Arzt genügt (BBl 1977 III 36, BGE 110 II 122 = Pra 73 Nr. 251 S. 688 = JdT 1986 I S. 301). 184
Die Frage, ob nicht ausnahmsweise das Gutachten eines Allgemeinpraktikers genügt, wenn die Geisteskrankheit oder -schwäche offenkundig und leicht erkennbar ist (RFJ/FZR 1993 S. 265 unter Hinweis auf SCHNYDER/MURER N 101 zu Art. 374 ZGB), ist insoweit zu bejahen, als es sich bei den Begriffen der Geisteskrankheit und -schwäche nicht um medizinische handelt (N 27 und 42 zu Art. 397a ZGB).

Einem *Allgemeinpraktiker* – in casu Fachrichter – kann nicht unbedingt psychiatrisches Spezialwissen abgesprochen werden. Beizuziehen ist ein Arzt, welcher sich unter den konkreten Umständen als geeignet erweist, ein objektives Gutachten zu erstellen, weil er über die dafür erforderlichen psychiatrischen Sachkenntnisse verfügt (vgl. BGE 119 II 319 Erw. 2, Pra 82 Nr. 109 S. 432 Erw. 2c). 185

Eine Begutachtung des Betroffenen durch die Klinikärzte ist bei erstmaliger Klinikeinweisung nicht zu beanstanden (BGE 118 II 251 = Pra 82 Nr. 109 S. 432 je Erw. 2a und b = Plädoyer 1993 S. 61, vgl. AGVE 1986 S. 201 Erw. I/4; a.M. ZBJV 1994 S. 165, AJP 3 S. 505), insbesondere wenn noch kein Behandlungsverhältnis besteht (RFJ/FZR 1993 S. 265); zur Rechtslage bei wiederholter Einweisung s. N 146 zu Art. 397e ZGB. 186

§ 117i Abs. 2 aEG-ZGB-ZH verlangte die Bestellung eines «*Facharztes für Psychiatrie*» in die Psychiatrische Gerichtskommission. Das Bundesgericht hat die Stellung des die beweismässigen Grundlagen für den Entscheid liefernden Fachrichters neuerdings in Frage gestellt (BGE 119 Ia 263, vgl. STRÄULI/MESSMER N 4/5 zu § 171 ZPO-ZH); der zürcherische Gesetzgeber hat diesem «Sprengsatz» bereits Rechnung getragen (Prot. KR-ZH vom 3. Oktober 1994 S. 11539 und 11562). 187

II. Unabhängigkeit des Sachverständigen

188 *Es ist ein objektives Gutachten eines neutralen Arztes* zu verlangen (BGE 118 II 252).

189 Dass die Gutachter *Ausstandsvorschriften* wie die Richter (z.B. §§ 95 ff. GVG-ZH, 172 Abs. 2 ZPO-ZH, Kölz N 29 Vorbem. zu §§ 19–28 VRG) zu beachten haben, ergibt sich aus Art. 4 BV (vgl. BGE 100 Ia 31, Pra 82 Nr. 109 S. 432 Erw. 2c).

1. Bei Einweisung

190 Der einweisende Arzt darf nach zürcherischem *Recht nicht zugleich Arzt des aufnehmenden Krankenhauses* sein (§ 117d Satz 2 rev. EG-ZGB-ZH, vgl. Art. 333 Abs. 2 al. 5 Code de la santé publique: nur einer der beiden begutachtenden Ärzte; SJ 1983 S. 161 ff. Erw. 5/b/aa für den Kt. Genf). Da seine Einweisung indessen einer Bestätigung durch die Aufnahme seitens der Klinik bedarf (N 42 zu Art. 397b ZGB), wird durch deren zuständigen Arzt sein Befund erstmals überprüft und bei negativem Entscheid die Aufnahme verweigert.

191 Der *behandelnde Arzt* wird im Rahmen seiner ärztlichen Sorgfaltspflicht tätig (N 52 zu Art. 397b ZGB).

192 Die *Vormundschaftsbehörde* hat ebenfalls einen unabhängigen Arzt beizuziehen, bei welchem es sich um den Hausarzt handeln kann.

193 Dasselbe gilt für die halbjährlich Zwangsunterbringungen *überprüfende Aufsichtsbehörde* (§ 117l rev. EG-ZGB-ZH).

2. Bei gerichtlicher Beurteilung

194 *Der Sachverständige darf sich nicht bereits im dem Gerichtsverfahren vorangehenden Verwaltungsverfahren* über die Krankheit des Betroffenen geäussert haben (Pra 82 Nr. 109 S. 432 Erw. 2c). Dies gilt auch für das Verfahren bei der halbjährlichen Überprüfung von Zwangsunterbringungen (§ 117l rev. EG-ZGB-ZH).

Zur Begutachtung des Betroffenen bei einer erstmaligen Einweisung 195
durch die *Klinikärzte* s. N 186 zu Art. 397e ZGB. Die Auffassung, dass dem auch nicht entgegenstehe, dass Klinikärzte zumeist Beamte seien und als solche in einem gewissen Abhängigkeitsverhältnis zum einweisenden Staat ständen (BGE 118 II 251), verkennt allerdings, dass das kantonale Beamtenverhältnis in aller Regel keine Unterstellung unter die Vormundschaftsbehörden, höchstens unter eine sonstige einweisende Stelle (Art. 397b Abs. 2 ZGB) mit sich bringt. Dass für kleinere Kantone beinahe unlösbare praktische Probleme entständen, wenn solche Ärzte überhaupt als Gutachter ausgeschlossen werden müssten (BGE 118 II 251), überzeugt nicht. Diesen Kantonen fällt es gerade wegen ihrer geringen Ausdehnung nicht schwer, aus dem benachbarten Kanton einen Sachverständigen rasch herbeizuziehen. Indessen ist vielmehr davon auszugehen, dass bei staatlichen Anstalten die Gefahr einer Aufnahme unter dem Gesichtspunkt des Erwerbszwecks praktisch auszuschliessen und eher bei privaten Kliniken darauf das Augenmerk zu richten ist.

Bei *mehrmaliger Unterbringung* des Betroffenen in derselben Klinik 196
kann die Gefahr fehlender Neutralität – des begutachtenden Klinikarztes – nur vermindert werden, wenn der urteilenden, den Betroffenen anhörenden Instanz fachkundige Mitglieder angehören und der Betroffene Gelegenheit hat, Einwände gegen den Gutachter vorzubringen (BGE 118 II 249 = Pra 82 Nr. 109 S. 432 je Erw. 2a und b, AJP 3 S. 505).

III. Untersuchung

1. Beteiligte

Der *Arzt* muss nach § 117d Satz 2 rev. EG-ZGB-ZH den Betroffenen 197
nicht nur persönlich anhören, sondern auch untersuchen.

Eine Teilnahme des *Rechtsanwalts* an der gutachtlichen persönlichen 198
Befragung durch einen sachverständigen Richter ist nicht notwendigerweise gegeben, sofern er und die betroffene Person nachträglich in das Gutachten Einblick erhalten und zu den dortigen Schlussfolgerungen Stellung nehmen können (BGE 119 Ia 260 = SJ 1994 S. 219 = SJZ 90 S. 200 Nr. 24).

199 Indessen kann dem Anwalt die Teilnahme nicht *verwehrt werden, wenn die Begutachtung vorgängig der Anhörung* in Gegenwart des Richters vorgenommen wird (N 28 ff. zu Art. 397f ZGB).

200 Dass von Sachverständigen in der *Mehrzahl* die Rede ist, bedeutet nicht, dass im Einzelfall mehr als ein solcher hinzugezogen werden muss. Vormundschaftsbehörde und Gericht haben darüber jeweils zu entscheiden (vgl. § 172 ZPO-ZH). In Frage kommt einzig ein anderer Gutachter bei ungenügender Erläuterung und Ergänzung eines Gutachtens (vgl. § 181 ZPO-ZH).

201 Denkbar ist nur, dass in bestimmten Fällen ein *Spezialist* hinzugezogen werden muss, wenn sich der Sachverständige zur Begutachtung ausserstande erklärt.

2. Zeitliches

202 Dass das ärztliche Gutachten nach EMRK-Rechtsprechung *nicht in allen denkbaren Fällen schon vor der Unterbringung* vorliegen muss (Frowein/Peukert N 5 und Zit. zu Art. 5 EMRK), lässt sich zur Begründung nicht heranziehen (a.M. BGE 118 II 249), da Art. 397e Ziff. 5 ZGB den Beizug des Sachverständigen zwingend schon für den Entscheid der Verwaltungsbehörde vorschreibt (N 169 zu Art. 397e ZGB).

203 *Der Arzt hat den Patienten in der Regel unmittelbar vor Abgabe des Zeugnisses zu untersuchen* (vgl. Art. 333 Abs. 2 al. 4 Code de la santé publique: weniger als zwei Wochen). Eine als zulässig betrachtete Ausnahme – Abstellen auf Aussagen von Dritten bei vier Monate zurückliegender Untersuchung – liess sich insbesondere damit, dass der Arzt auch nur die Trunkenheit des Betroffenen hätte feststellen können (LGVE 1982-II-8 S. 208), nicht überzeugend begründen.

204 Die *Dauer der Untersuchung* richtet sich nach der Eindeutigkeit des Befundes und der Fachkompetenz des Arztes; auch hier kann ein Formular, welches die massgeblichen Gesichtspunkte berücksichtigt, gute Dienste leisten (ZR 93 Nr. 8 = SJZ 90 S. 98 je Erw. II/1/b/aa und cc).

205 Nach § 203c Abs. 2 rev. ZPO-ZH ist das Gutachten *vor der Hauptverhandlung* einzuholen, was indessen im ordentlichen Verfahren immer

schon zur – hier ohnehin bundesrechtlich vorgeschriebenen (Art. 397f Abs. 1 ZGB) – Vereinfachung vorgesehen war (§ 134 Abs. 1 Satz 2 ZPO-ZH).

3. Gutachten

Dieses kann schriftlich oder *mündlich* abgegeben werden (z.B. § 178 Abs. 1 ZPO-ZH), wobei letzteres im verlangten raschen Verfahren *in der Regel* anzuordnen ist (N 28 f. zu Art. 397f ZGB). 206

Der *Inhalt des Gutachtens* umfasst im wesentlichen (ZSR NF 109 S. 435 und Zit.): 207

- die genaue Beschreibung bejahter geistiger Störungen, welche unter Angabe der Gründe so darzustellen sind, dass der Richter oder die Behörde dies nachvollziehen können, ebenso
- die Beschreibung der Konsequenzen der Befunde und
- es ist bei der Beantwortung der Fragen entweder klar Stellung zu beziehen oder die Unmöglichkeit dazu bekanntzugeben; wenn Zweifel bestehen, soll der Grad der Wahrscheinlichkeit bezeichnet und begründet werden.

Der Gutachter hat *keine Rechtsfragen* zu beantworten (ZSR NF 109 S. 421), somit z.B. nicht die Frage, ob die FFE aufzuheben oder die Klage abzuweisen sei. 208

Der *ärztliche Fachrichter* hat zwar zunächst seinen gutachtlichen Bericht dem Gericht und dem Kläger vorzulegen, muss indessen in der Beratung sodann als Referent einen Antrag auf Gutheissung oder Abweisung der Klage stellen (vgl. 137 Abs. 1 GVG-ZH). 209

Erweist sich die ärztliche Untersuchung des Betroffenen als *unmöglich*, so muss aufgrund der Akten entschieden werden, und es darf der Richter deswegen das Eintreten auf das Gesuch um gerichtliche Beurteilung nicht verweigern; vielmehr ist aufgrund der übrigen Akten zu entscheiden (BGE 116 II 406 = Pra 80 Nr. 158 S. 714 = JdT 1992 I S. 337 = SJ 1991 S. 203, vgl. N 114, 115 zu Art. 397f ZGB). 210

Zur Frage einer Schutzmassnahme im Beweisverfahren bei Gefährdung einer Partei s. N 4 zu Art. 397e ZGB. 211

IV. Beurteilung des Gutachtens

212 Der *zürcherische Einzelrichter* hat einen aussenstehenden Gutachter beizuziehen (§ 203c Abs. 2 rev. ZPO). Dessen Gutachten hat er – gerade weil es für die Entscheidung von grosser Bedeutung ist (Prot. KR-ZH vom 3. Oktober 1994 S. 11539) – auf Vollständigkeit, Klarheit und gehörige Begründung zu überprüfen (§ 181 Abs. 1 ZPO-ZH). Es ist sodann der Richter, welcher insbesondere feststellt, ob Geisteskrankheit im Rechtssinne vorliegt (N 27, 28 zu Art. 397a ZGB), während die Fragen der Eignung der Anstalt (N 123 zu Art. 397a ZGB) und der stationären Behandlung (N 261 ff. zu Art. 397a ZGB) in die Fachkompetenz des Gutachters fallen. Abschliessend prüft wiederum der Richter die Verhältnismässigkeit der FFE (N 257 ff. zu Art. 397a ZGB).

G. Entscheid

213 *Es handelt sich um den Einweisungs- oder Zurückbehaltungsentscheid* (N 180, 186 und 194 zu Art. 397a ZGB), die Anordnung oder die Weiterführung der FFE (BGE 118 II 251).

H. Mehrstufiges Verfahren

214 Der zweite Halbsatz von Art. 397e Ziff. 5 ZGB wurde von der Kommission des Ständerats beigefügt (BBl 1977 III 60, StenBull StR 1978 S. 44); er enthält die Möglichkeit des *Verzichts auf den Beizug* eines Sachverständigen.

I. Voraussetzung

Es muss bereits ein Entscheid in einem gerichtlichen Verfahren unter Beizug eines Sachverständigen gefällt worden («erfolgt») sein. Es handelt sich dabei zwangsläufig um ein *erstinstanzliches*, weil im folgenden vom «oberen» Gericht die Rede ist. 215

Wurde ein Sachverständiger in einem administrativen Verfahren beigezogen, so genügt dies als Voraussetzung nicht. 216

Der Entscheid der unteren Instanz braucht nicht rechtskräftig zu sein, vielmehr ist gerade dessen Überprüfung auf dem Rechtsmittelweg im Gange. 217

II. Obere Gerichte

Es handelt sich um die zweite oder einzige kantonale Instanz, da das Bundesgericht nicht mehr den Sachverhalt beurteilt (Art. 55 Abs. 1 lit. c Satz 2 OG). 218

Es steht im Ermessen der oberen Gerichte, auf den Beizug eines Sachverständigen zu verzichten. Damit «kann» die *obere Instanz*: 219

- auf das vom Vorderrichter eingeholte Gutachten abstellen,
- das erstinstanzlich eingeholte Gutachten vom bestellten Gutachter erläutern lassen, an ihn Ergänzungsfragen richten,
- einen weiteren Gutachter beauftragen (vgl. § 180 ZPO-ZH).

Art. 397f

II. Vor Gericht

[1] Der Richter entscheidet in einem einfachen und raschen Verfahren.
[2] Er bestellt der betroffenen Person wenn nötig einen Rechtsbeistand.
[3] Der Richter erster Instanz muss diese Person mündlich einvernehmen.

II. Devant le juge

[1] Le juge statue suivant une procédure simple et rapide.
[2] Au besoin, il accorde à la personne en cause une assistance juridique.
[3] Cette personne doit être entendue oralement par le juge de première instance.

II. Davanti al giudice

[1] Il giudice decide con procedura semplice e rapida.
[2] Se necessario, il giudice accorda un patrocinatore alla persona interessata.
[3] La persona interessata deve essere interrogata oralmente dal giudice di prima istanza.

Inhaltsübersicht

	Note
Allgemeines	1
Kommentar zu Abs. 1	4
A. Richter	4
B. Entscheide	5
I. Materielle Entscheide	6
II. Prozessuale Entscheide	12
C. Einfaches und rasches Verfahren	17
I. Einfachheit	20
II. Raschheit	32
1. Im Verwaltungsverfahren	35
2. Im Gerichtsverfahren	40
a) Rechtsgrundlagen	40
b) Rechtsvergleichung	42
c) Verfahren im einzelnen	49
Kommentar zu Abs. 2	63

A. Allgemeines 63

B. Richter 68

C. Bestellung 71

D. Betroffene Person 75

E. Notwendigkeit 77

F. Rechtsbeistand 83

Kommentar zu Abs. 3 96

A. Allgemeines 96

B. Richter erster Instanz 98

C. Einzuvernehmende Person 102

D. Mündliche Einvernahme 104

Allgemeines

Der Entwurf zum ZGB ging unter Berücksichtigung der bundesgerichtlichen Rechtsprechung zu den Grundrechten in verschiedenen Punkten über die *EMRK* (N 5 zu Art. 397e ZGB), welche über die Art des Verfahrens nichts aussagt (BBl 1977 III 41), hinaus. Art. 397f Abs. 1 ZGB verlangt diesbezüglich Einfachheit (N 20 ff. zu Art. 397f ZGB), während das gleichermassen geforderte rasche Verfahren Art. 5 Ziff. 4 EMRK entspricht, wo vom «raschmöglichsten» (N 32 ff. zu Art. 397f ZGB) Entscheid die Rede ist (vgl. ZVW 36 S. 54 zum Verhältnis zu Art. 6 Abs. 1 EMRK: «vernünftige Frist»). 1

Die Mehrstufigkeit des Verfahrens, wie in Art. 397e Ziff. 5 und 397f Abs. 3 ZGB als Möglichkeit vorausgesetzt (z.B. § 259 Ziff. 2 rev. ZPO-ZH), ist bei der Beurteilung der *Verfahrensdauer* gebührend zu berücksichtigen (VILLIGER N 368). 2

Gegenüber dem *Entwurf zum ZGB* (BBl 1977 III 60) wurden lediglich Abs. 1 und 3 von Art. 397f ZGB vertauscht und deren Formulierung ihrer neuen Stellung angepasst. 3

Kommentar zu Abs. 1

A. Richter

Zum Begriff s. N 56 ff. zu Art. 397d ZGB;
4 zu den in den Kantonen eingesetzten Einzelrichtern und Kollegialgerichten s. N 58 zu Art. 397d ZGB.

B. Entscheide

5 *Der Richter entscheidet über die Klage auf Entlassung* aus der Anstalt.

I. Materielle Entscheide

6 Heisst der Richter die Klage gut, so weist er die Anstalt an, den Kläger zu *entlassen*; andernfalls wird die Klage *abgewiesen*, wobei der zürcherische Gesetzgeber eine Befristung der FFE abgelehnt hat (Prot. KR-ZH vom 3. Oktober 1994 S. 11577/82).

7 Der Richter kann – so die Botschaft des Bundesrats vom 17. August 1977 – eine Freiheitsentziehung nicht nur *aufheben oder bestätigen, sondern auch eine andere Durchführung der FFE*, z.B. in einer anderen Anstalt, von sich aus anordnen bzw. durch die Einweisungsinstanz verfügen lassen (BBl 1977 III 42). – Dabei handelt es sich um die Frage der geeigneten Anstalt (N 123 zu Art. 397a ZGB). Denkbar ist lediglich, dass der Richter – welcher ja nicht Einweisungsbehörde ist (Art. 397b ZGB) – sich mit der nun als geeignet zu betrachtenden Anstalt über die Aufnahme des Klägers ins Einvernehmen setzen muss (N 37 zu Art. 397b ZGB). Dies hängt damit vom Bundesrecht und nicht davon ab, ob das

kantonale Recht einen reformatorischen oder kassatorischen Entscheid vorsieht (a.M. BBl 1977 III 42). Wird die Verlegung nicht in angemessener Zeit durch die zuständige Behörde verfügt, so muss der Richter die Entlassung aus der ungeeigneten Anstalt anordnen, sofern nicht Selbst- oder Drittgefährdung dies verbieten. Dass eine unnötige Freiheitsentziehung in keinem Fall aufrechterhalten bleiben dürfe, bis die verantwortliche Behörde oder Stelle allenfalls eine neue Lösung gefunden hat (BBl 1977 III 42), trifft in dieser Schärfe nicht zu.

Eine *Feststellungsklage* erfordert ein rechtliches Interesse, welches in der Regel fehlt, wenn der Kläger in der Lage ist, über die blosse Feststellung hinaus eine vollstreckbare Leistung zu verlangen (Pra 82 Nr. 110 S. 436, STRÄULI/MESSMER N 6 zu § 59 ZPO), d.h. hier die Entlassung aus der Anstalt. Ein Feststellungsinteresse bei erfolgter Entlassung ist aber zu bejahen, sofern ein hinreichendes öffentliches Interesse besteht und es im Einzelfall kaum je rechtzeitig verfassungsgerichtlich überprüft werden könnte (BGE 114 Ia 91 und Zit., ZR 93 Nr. 8 = SJZ 90 S. 98 je Erw. II/3). 8

Auf Begehren, mit welchen die Feststellung einer Verletzung der EMRK durch die Einweisung bzw. deren Rechtswidrigkeit verlangt wurde, ist die PGK-ZH nicht eingetreten (Proz. Nrn. PG91089/Beschluss vom 22. Mai 1991 i.S. M.R., PG90274/Beschluss vom 5. Januar 1991 i.S. O.M.), da sie nur zur Behandlung von Klagen betreffend die Einweisung bzw. Zurückbehaltung zuständig sei, ein den Parteien des Haftungsprozesses zustehendes kontradiktorisches Verfahren nicht gegeben und für sie der Zeitpunkt des auf die Anhörung folgenden Entscheids massgeblich sei. Eine gegen einen solchen Entscheid erhobene staatsrechtliche Beschwerde wies das Bundesgericht ab, soweit es darauf eintrat (Proz. Nr. 5P.310/1992, Urteil vom 20. November 1992 i.S. P.B.). 9

Ist die Einweisungsverfügung unangefochten in Rechtskraft erwachsen, so kann auf ein späteres Feststellungsbegehren, worin die Rechtswidrigkeit der Einweisung geltend gemacht wird, nicht eingetreten werden (BJM 1985 S. 90). 10

Nach der Entlassung aus der FFE – d.h. der Anstalt – besteht kein rechtliches Interesse des Betroffenen mehr, die Nichtigkeit oder die Unrichtigkeit des Einweisungsentscheids feststellen zu lassen (PKG 1986–14 S. 70, BJM 1985 S. 90). Dies kann indessen im Haftungsprozess als Vorfrage zu beurteilen sein (vgl. ZR 93 Nr. 8 = SJZ 90 S. 98 je Erw. V/1, BGE 118 II 254). 11

II. Prozessuale Entscheide

12 Zieht der Kläger die *Klage zurück*, so ist das Verfahren als dadurch erledigt abzuschreiben (vgl. § 188 Abs. 2 Satz 2 ZPO).

13 Rückzug der Klage ist auch anzunehmen, wenn der *Kläger die Erklärung, freiwillig in der Klinik zu bleiben*, abgibt (a.M. PGK-ZH Proz. Nr. KP940336/Beschluss vom 5. Oktober 1994 i.S. P.S.); da auch bei Freiwilligkeit des Verbleibens u.U. die Zurückbehaltung möglich bleibt (vgl. § 117g rev. EG-ZGB-ZH, N 194 zu Art. 397a ZGB), durfte die Erklärung des Klägers ohne Hinweis darauf mangels Klarheit nicht berücksichtigt werden (§ 188 Abs. 3 ZPO-ZH).

14 *Gegenstandslosigkeit* des Verfahrens – und demzufolge dessen Abschreibung – tritt ein, wenn die Entlassung des Klägers während desselben erfolgt (BGE 109 II 350 = JdT 1985 I S. 652, BGE 109 Ia 169; kritisch dazu: Suhr Brunner S. 162).

15 Bei *Entweichen* eines Klägers, der das Gesuch neu stellen kann, wenn er in die Anstalt zurückgebracht wird, folgt Abschreibung des Verfahrens (AGVE 1987 S. 218, PGK-ZH Proz. Nr. KP92049/Beschluss vom 7. März 1992 i.S. G.B.). Unzulässig ist dies dann, wenn die Anstaltsleitung seine, allenfalls polizeiliche Zuführung verlangt und keine administrative Entlassung verfügt hat, weil einerseits die Vormundschaftsbehörde eingewiesen hat (PGK-ZH Proz. Nr. KP950078/Beschluss vom 5. April 1995 i.S. S.A.) oder weil anderseits der Entwichene ärztlicher Behandlung bedarf (vgl. § 117b Abs. 4 rev. EG-ZGB-ZH).

16 Dass der Richter bei Aufhebung der angefochtenen Verfügung wegen unterlassenen Beizugs eines Sachverständigen im Hinblick auf eine neuerlich notwendige *Verfügung an die Vormundschaftsbehörde eine Rückweisung* verfügt, den Betroffenen vorsorglich in der Klinik zurückbehält und für den Erlass der neuen Verfügung der Vorinstanz eine dreitägige Frist ansetzt (SGGVP 1991–35 S. 79), dürfte weder mit dem Erfordernis des einfachen, noch demjenigen des raschen Verfahrens in Einklang zu bringen sein. Vielmehr hat diesfalls der Richter den Arzt beizuziehen und den Entscheid zu treffen.

C. Einfaches und rasches Verfahren

Die Bestimmung von Art. 397f Abs. 1 ZGB hat ihr *Vorbild* in Art. 343 Abs. 2 OR sowie Art. 280 Abs. 1 ZGB; BBl 1977 III 41 nennt auch Art. 343 Abs. 4 OR, welcher aber Offizialmaxime und Kostenlosigkeit regelt. Der wesentlich andersartige Gegenstand der beiden Bestimmungen (Streitigkeit aus dem Arbeitsverhältnis und über die Unterhaltspflicht gegenüber Kindern) erlaubt allerdings keine Analogieschlüsse. 17

Einfachheit und Raschheit stehen in engem Zusammenhang; nur das einfache kann ein rasches Verfahren sein, das rasche setzt Einfachheit voraus. So führt die Verweigerung der Entgegennahme einer einfachen Klage ohne Begründung zu einer ungerechtfertigten Verzögerung (EuGRZ 1991 S. 521; N 22, 54 zu Art. 397f ZGB). 18

Zur Verfahrensordnung s. N 20 zu Art. 397e ZGB. 19

I. Einfachheit

Wird diese *generell* vorgeschrieben, so beschlägt sie alle Handlungen von Parteien (Klage, -antwort), Verwaltungsinstanz (Vernehmlassung) und Gericht (Untersuchung, Verhandlung, Entscheid). 20

Der Richter hat aber beim Entscheid über die Entlassung aus der Anstalt *keine blosse Willkürprüfung* vorzunehmen (SJ 1982 S. 417 und 552, vgl. N 105 zu Art. 397f ZGB), welche sich einfacher gestaltete. 21

Auch im Lichte dessen, dass kein obligatorischer Rechtsbeistand vorgesehen ist (Art. 397f Abs. 2 ZGB), genügt eine *unterschriftliche Erklärung* (N 51, 54 zu Art. 397d ZGB), wonach der Betroffene mit der angeordneten Massnahme nicht einverstanden ist, ohne dass auch nur eine kurze Begründung verlangt wäre (EuGRZ 1991 S. 521, BJM 1982 S. 256 nach § 37 Abs. 2 VRPG-BS, BLVGE 1989 S. 112), erwähnt doch Art. 397d Abs. 1 ZGB nur die schriftliche Anrufung des Richters (vgl. Art. 351 Abs. 1 Code de la santé publique: «simple requête»). 22

23 Zur Urteils- bzw. Prozessfähigkeit des Betroffenen s. N 189 zu Art. 397a ZGB.

24 Ein vorgängiges *Sühnverfahren* widerspricht dem Prinzip der Einfachheit (vgl. § 104 rev. ZPO-ZH und N 32 zu Art. 397f ZGB).

25 Ist kein obligatorischer Rechtsbeistand vorgesehen (N 77 zu Art. 397f ZGB), verbietet es sich auch, an die *Klagebegründung* hohe Anforderungen zu stellen; dies im Gegensatz zu denjenigen an die Klageantwort und an die Vernehmlassung.

26 Der Richter hat sich den persönlichen Eindruck vom (psychisch) Kranken *in der Anstalt* selbst zu verschaffen (vgl. § 153 ZPO-ZH, ausdrücklich: § 19 Abs. 1 öUbG); damit werden transportbedingte Komplikationen vermieden, wie dies der zürcherische Gesetzgeber als wichtigen Grund der Revisionsvorlage bezeichnet hat (Prot. KR-ZH vom 3. Oktober 1994 S. 11523/25 und 11559: «unselige Transporte» sowie S. 11562).

27 Ob ein *kontradiktorisches Verfahren* stattfindet (vgl. Art. 351 Abs. 1 Code de la santé publique), hängt vom Einbezug einer Gegenpartei – Vormundschaftsbehörde oder Anstalt (Art. 397b Abs. 3 ZGB) – in das Verfahren ab (z.B. § 203e Ziff. 2–4 rev. ZPO ZH). Ein solches widerspricht allerdings dem Prinzip der Einfachheit, welches mit dem Vorhalt der Stellungnahmen von Behörden an den Betroffenen gewahrt ist (N 110 zu Art. 397e ZGB).

28 Wird der unvertretene Kläger angehört, so ist ihm in der Folge Gelegenheit zu geben, seine Klage auf Entlassung in der *Hauptverhandlung* – soweit nicht bereits bei der Anhörung erfolgt – zu begründen, während dies im übrigen seinem Rechtsvertreter obliegt (vgl. § 203d Abs. 1 rev. ZPO-ZH).

29 Im *Kt. Zürich* ist ab 1996 das psychiatrische Gutachten (§ 171 ZPO-ZH) vor der Hauptverhandlung einzuholen (§ 203c Abs. 2 rev. ZPO-ZH). Innert vier Arbeitstagen nach Eingang des Gesuchs ist auch der Kläger, welcher ab dessen Stellung grundsätzlich nicht gegen seinen Willen behandelt werden darf (§ 203b rev. ZPO-ZH), zu befragen und in der Regel die Hauptverhandlung durchzuführen (§ 203d Abs. 1 rev. ZPO-ZH), worauf der Entscheid gefällt werden soll (§ 203e Abs. 1 rev. ZPO-ZH). Dies bedingt, dass das bei Eingang des Gesuchs sofort in Auftrag zu gebende *Gutachten mündlich* zu Protokoll erstattet wird

(§ 178 Abs. 1 ZPO-ZH). Dies kann zweckmässigerweise vorgängig der Anhörung des Betroffenen durch den Richter in dessen Gegenwart und vor der Hauptverhandlung stattfinden (§ 182 ZPO-ZH), wie von der PGK-ZH in ihrem zweimonatigen Beschleunigungsversuch durchgeführt (vgl. Bericht PGK-ZH zum Beschleunigungsversuch vom 23. Dezember 1992 an die Justizdirektion zuhanden der kantonsrätlichen vorberatenden Kommission, vgl. Prot. KR-ZH vom 3. Oktober 1994 S. 11560). Dem Gutachter ist dabei genügend Zeit einzuräumen, sich seinen Befund zu überlegen, dem Kläger bzw. seinem Rechtsvertreter Gelegenheit, eine Erläuterung zu verlangen, Ergänzungsfragen zu stellen und dazu Stellung zu nehmen (§ 180 ZPO-ZH). *Nur bei Zusammenfassung von Beweisverfahren, persönlicher Befragung und Hauptverhandlung lässt sich das Verfahren genügend vereinfachen, um den Entscheid rasch fällen zu können* (N 18 zu Art. 397f ZGB), was für den Gesetzgeber im Vordergrund stand (Prot. KR-ZH vom 3. Oktober 1994 S. 11524 und S. 11576).

Art. 397f Abs. 3 ZGB sieht durchaus die Möglichkeit vor, dass *mehrere Instanzen* durchlaufen werden (z.B. § 259 Ziff. 2 rev. ZPO-ZH). 30

Nach *österreichischem Recht* ist der Beschluss des Gerichts in der mündlichen Verhandlung in Gegenwart des Kranken zu verkünden, zu begründen und diesem zu erläutern (§ 26 Abs. 1 öUbG). Diese mündliche Form trägt zur Vereinfachung des Verfahrens – allenfalls sogar durch Akzeptanz – bei. 31

II. Raschheit

Die *EMRK*, wo im nicht offiziellen deutschen Text vom «raschmöglichsten» Entscheid die Rede ist (Schnyder in: Festschrift für H. Lange, S. 951), fordert diesen «speedily» bzw. «à bref délai», «entro brevi termini» (BBl 1977 III 41 N 2, a.M. Tuor/Schnyder/Schmid S. 407: «sans délai»); ein wichtiges Anliegen von Art. 5 Ziff. 4 ist die zügige, raschmöglichste Durchführung des Verfahrens (Villiger N 369, vgl. Art. 6 Abs. 1 EMRK). 32

Der Anspruch auf rasche Entscheidung ist dann erfüllt, wenn der Behörde aufgrund der Umstände des *Falles ein früherer Entscheid vernünftigerweise nicht möglich* war (EuGRZ 1989 S. 442 Erw. 4d, vgl. BGE 117 II 376 ff., Villiger N 369, Frowein/Peukert N 126 zu Art. 5 33

EMRK). Die Strassburger Organe haben eingeräumt, dass psychiatrische Einweisungen oftmals wesentlich schwierigere Fragen aufwerfen dürften, als Fälle der (strafprozessualen) Untersuchungshaft. Im einzelnen hat der Gerichtshof allein in einer Dauer von mehr als neun Monaten keine Konventionsverletzung erblickt. Indessen hat er in Verfahren mit einer Dauer von zwei, vier und fünf Monaten vor allem deshalb Verletzungen von Art. 5 Ziff. 4 EMRK festgestellt, weil die Gerichte unnütz Zeit verstreichen liessen (EuGRZ 1991 S. 527 und Zit.).

34 Welche Verfahren den zeitlichen Anforderungen nach Art. 397f Abs. 1 ZGB noch zu genügen vermögen, kann der Praxis kaum entnommen werden, und ein Bedürfnis, dies in casu *abstrakt zu umschreiben*, wurde schon verneint (EuGRZ 1991 S. 527 und Zit., vgl. GEISER S. 187, KATZ S. 95, ZVM 40 S. 89 ff.). Immerhin hat es das Bundesgericht schon als naheliegend bezeichnet, dass mit einer Verfahrensdauer von 43 Tagen die Klage nicht raschmöglichst i.S. von Art. 5 Ziff. 4 EMRK erledigt worden sei (Proz. Nr. 1 P.660/1989, Urteil vom 23. März 1990 i.S. R.A.S.).

1. Raschheit im Verwaltungsverfahren

35 *Soweit dem Gerichts- ein Verwaltungsverfahren vorgeschaltet* wird, berücksichtigen die EMRK-Organe, dass der Zugang zum Gericht erst die Anfechtung eines Verwaltungsaktes voraussetzt (VILLIGER N 451). Ein solches Verwaltungsverfahren liegt bei der Einweisung vor (N 93, 103 zu Art. 397b ZGB).

36 Im Verwaltungsverfahren wird von Vormundschaftsbehörde oder Anstalt gemäss Art. 397b Abs. 3 ZGB über die *Entlassung entschieden*. Dass die vorgeschaltete Vormundschaftsbehörde oder Anstalt, welche beide über genaue Kenntnisse der stationären Behandlungsbedürftigkeit des Betroffenen verfügen müssen, da sie nach Art. 397a Abs. 3 ZGB verpflichtet sind, diesen zu entlassen, sobald es sein Zustand erlaubt, nicht länger den Entscheid hinauszögern dürfen als der oft neu mit dem Fall befasste Richter, ist unbestreitbar.

37 *Über das Erfordernis, nahestehende Personen sowie Behörden und Stellen*, die sich mit dem Betroffenen befasst haben, anzuhören (§ 117b Abs. 2 rev. EG-ZGB-ZH), ist auch im Lichte des vorgeschriebenen raschen Verfahrens zu entscheiden.

Werden nun gemäss § 203c Abs. 2 Ziff. 2 und 3 rev. ZPO-ZH Anstalt und Vormundschaftsbehörde als Verfahrensbeteiligte einbezogen und die Anhörung des Klägers durch den Richter innert vier Arbeitstagen verlangt (§ 203d Abs. 1 rev. ZPO-ZH), muss in diesem einfachen Verfahren von den nach Art. 397b Abs. 3 ZGB zur Entlassung zuständigen Behörden verlangt werden können, *dass sie ihren Vorentscheid spätestens an der Hauptverhandlung* vor dem Einzelrichter bekanntgeben. Zur diesbezüglichen Präsidialbefugnis s. N 94 zu Art. 397b ZGB. 38

De lege ferenda zu dieser Problematik s. N 6 der Schlussbem. 39

2. Raschheit im Gerichtsverfahren

a) Rechtsgrundlagen

Der bezügliche Eingriff in das kantonale Verfahrensrecht (N 3 Vorbem. zu Art. 397b–f ZGB) war aufgrund der *EMRK* und für eine sachgerechte Regelung insofern entbehrlich, als es Art. 5 Ziff. 1 lit. e und Ziff. 2–4 EMRK ohnehin zu berücksichtigen gilt (N 35 Vorbem. zu Art. 397a–f ZGB). 40

Der *Entwurf zum ZGB* sah gemäss Botschaft des Bundesrates von bestimmten Fristen ab – z.B. drei Tage bei Sofortmassnahmen und 20 Tage in den übrigen Fällen –, weil solche eine sorgfältige Abklärung, insbesondere unter Beizug von Sachverständigen (Art. 397e Ziff. 5 ZGB), gefährden könnten (BBl 1977 III 41 und N 5). 41

b) Rechtsvergleichung

In der *schweizerischen Praxis* erfolgte im Jahre 1994 die Mehrheit der Entscheide nach mehr als drei Wochen Verfahrensdauer (Suhr Brunner S. 151), im Jahre 1985 durchschnittlich innerhalb von 20–30 Tagen (ZVW 40 S. 89/90). 42

Für das Jahr 1986 hatte eine Untersuchung über die Verfahrensdauer bei der *zürcherischen* PGK ergeben, dass in etwa $^1/_5$ der Fälle weniger als 14 Tage bis zum Entscheid verstrichen, über die Hälfte bis zu einem Monat dauerten und über ein gutes Viertel sogar mehr als zwei Monate und darüber (Buchser S. 13 und 20). Ab Mitte 1990 wurde 43 innert 8–16 Tagen, im Durchschnitt in weniger als 14 Tagen, entschieden (Geschäftsberichte der PGK-ZH über die Jahre 1990–1994). In einem durch die PGK-ZH von Mitte Oktober bis Mitte Dezember 1992 durchgeführten Beschleunigungsversuch konnte gegenüber 23 von 24 Klägern aus einer psychiatrischen Klinik innerhalb von fünf Kalendertagen entschieden werden, über das letzte Gesuch nach 14 Tagen (Antrag vom 10. Juli/Bericht vom 23. Dezember 1992 an die Justizdirektion). § 203d Abs. 1 rev. ZPO-ZH sieht die Anhörung *innert vier Arbeits-(nicht Kalender-)tagen* vor, wie auch die Durchführung der Hauptverhandlung und in der Regel – sofern keine dringenden (N 26 zu Art. 397e ZGB) Beweise abzunehmen sind – sogar den Entscheid (§ 203e Abs. 1 rev. ZPO-ZH). Dies ist aus – der einzig massgeblichen – Sicht des Betroffenen erträglich (vgl. SUHR BRUNNER S. 152: «einige Tage bis eine Woche»).

44 Im *Kt. Freiburg* ist der Entscheid – sofern Gefahr im Verzug liegt und die Einweisung sofort vorgenommen werden soll – sofort oder innert einer Frist von fünf Tagen ab Anhörung zu fällen und innerhalb von zehn Tagen mitzuteilen (RFJ/FZR 1993 S. 261/66 und Zit.); gleichwohl wird festgehalten, dass dem Beschleunigungsgebot nur teilweise entsprochen werde (a.a.O. S. 272).

45 Eine Rechtsvergleichung mit Gesetzen anderer Staaten ergibt durchwegs sehr kurze Fristen:

- Art. 4 *öPersFrG* sieht für den bereits für die Einweisung notwendigen richterlichen Befehl ohne Verzug eine Einvernahme zur Sache und zu den Voraussetzungen der Anhaltung vor (Abs. 3), eine Frist von 24 Stunden zur Zustellung des Befehls nach Festnahme (Abs. 1) sowie von 48 Stunden für die Einvernahme nach ohne solchen Befehl erfolgter Festnahme bei Gefahr im Verzug (Abs. 2). Der gerichtliche Entscheid über die Rechtmässigkeit des Freiheitsentzuges hat binnen einer Woche zu ergehen (Art. 6 Abs. 1 öPersFrG). Gemäss § 19 Abs. 1 öUbG hat sich das Gericht binnen vier Tagen ab Kenntnis von der Unterbringung einen persönlichen Eindruck vom Kranken in der Anstalt zu verschaffen. Erachtet das Gericht die Unterbringung nicht sofort für unzulässig, so ist innerhalb von 14 Tagen eine mündliche Verhandlung durchzuführen (§ 20 Abs. 1 öUbG) und nach Beendigung derselben zu entscheiden (§ 26 Abs. 1 öUbG). Ein Rekursentscheid hat wiederum innerhalb von vierzehn Tagen ab Eingang der Akten bei der Rekursinstanz zu erfolgen (§ 29 Abs. 1 öUbG);

- Art. 3 des *italienischen Gesetzes* Nr. 180 vom 13. Mai 1978 verlangt eine Mitteilung vom Beginn des Krankenhausaufenthalts innert 48 Stunden an den Richter, welcher ihn binnen gleicher Frist zu bestätigen hat (CIAN/TRABUCCHI, Commentario breve dal CC, Padova 1988, N zu Art. 420 aCCit); 46
- Sodann schreibt Art. 211 Abs. 1 *CCesp* eine Meldung der aus dringenden Gründen erfolgten Internierung an den Richter innert 24 Stunden vor; 47
- Der Entwurf eines *sowjetischen* Psychiatriegesetzes von 1990 enthielt die Bestimmung, dass die Überprüfung durch eine Fachkommission innert 48 Stunden (§ 26) bzw. durch die Bezirksstaatsanwaltschaft innert 24 Stunden (§§ 36) und die übergeordnete Staatsanwaltschaft innert zehn Tagen (§ 37) zu erfolgen hatte (Recht & Psychiatrie, Bonn 1990, S. 185 ff.). 48

c) Verfahren im einzelnen

Die Raschheit hängt ab von der: 49

- *Organisation* des Gerichts,
- *Einfachheit des Verfahrens* (N 20 zu Art. 397f ZGB),
- *Komplexität des Falles.*

Im Hinblick auf die Eilbedürftigkeit der *freiheitsentziehenden Massnahme sind andere, weniger vordringliche Dienstgeschäfte* notfalls zurückzustellen (Recht & Psychiatrie, Bonn 1990, S. 173). 50

Der Richter am Ort der Anstalt kann grundsätzlich bereits am ersten Tag den Kläger anhören, und auch der Beizug eines Sachverständigen (Art. 397e Ziff. 5 ZGB) steht dem nicht entgegen. Angesichts des Zeitdrucks ist es daher unumgänglich, den (erstinstanzlichen) *Richter am Orte der Anstalt* zuständig zu erklären (z.B. § 5a Satz 1 rev. ZPO-ZH, vgl. Art. 351 Abs. 1 Code de la santé publique). Diesen Gerichtsstand kann der Kanton aber nur auf seinem Gebiet festlegen, weshalb sonst auf den Sitz der Vormundschaftsbehörde oder den Wohnsitz auszuweichen ist (§ 5a Satz 2 rev. ZPO-ZH). – De lege ferenda zu dieser Problematik s. N 10 Schlussbem. 51

Der Entscheid über die *aufschiebende Wirkung* ist innert kürzester Zeit zu treffen (RFJ/FZR 1993 S. 271). Die Psychiatrische Gerichtskommission des Kt. Zürich hat jeweils vorab den Facharzt die Untersuchung 52 des Klägers durchführen lassen, was immer einige Tage erforderte (z.B. PGK-ZH Proz. Nr. KP92256/Verfügung vom 31. August 1992 i.S. J.L.).

53 Ein vorgängiges *Sühnverfahren* widerspräche dem Prinzip der Raschheit (vgl. § 104 rev. ZPO-ZH und N 24 zu Art. 397f ZGB).

54 Unnötig verzögert wird das Verfahren, wenn der *Antrag auf gerichtliche Beurteilung zum vorneherein begründet* werden soll (EuGRZ 1991 S. 528).

55 Bezüglich der *Prozessleitung* sieht § 203a Abs. 1 rev. ZPO-ZH vor:

- sofortigen Beizug der Akten,
- unverzügliche Zustellung des Gesuchs an die Verfahrensbeteiligten und
- Bekanntgabe des Verhandlungstermins,
- keine Verzögerung des Verfahrens, selbst bei Ansetzung einer kurzen Frist zur Stellungnahme (Abs. 1),
- Entscheid über anbegehrte vorsorgliche Massnahmen und aufschiebende Wirkung,
- Entscheid über die Bestellung eines Rechtsbeistands (Abs. 2).

56 Rechtsstillstand in Gerichtsferien ist selbstverständlich ausgeschlossen (vgl. § 140 Abs. 2 rev. GVG-ZH).

57
- Zur Problematik der bei *unzuständiger Behörde* eingereichten Entlassungsgesuche s. N 87 zu Art. 397b ZGB;
- zum Verzicht auf den Erlass einer materiell bzw. formell rechtmässigen Entscheidung bei FFE *ohne formellen Entscheid oder fehlender schriftlicher Rechtsmittelbelehrung* s. N 89 zu Art. 397e ZGB;
- zur *Rückweisung* des Verfahrens wegen Verfahrensmängeln s. N 35 zu Art. 397b und N 56, 172 zu Art. 397f ZGB.

58 *Selbstverständlich ist aufgrund sorgfältiger Prüfung des Sachverhaltes* (RIEMER S. 149/50 N 9, BBl 1977 III 41, RFJ/FZR 1993 S. 272 N 47) zu entscheiden, was indessen nicht ausschliesst, dass die Anhörung des Klägers innert gerade noch organisatorisch realisierbarer Frist erfolgt. Die gerichtliche Prüfung des Falles erfordert gewiss ihre Zeit, wobei es allerdings zu bedenken gilt, dass ärztliche Einweisung und Aufnahme, insbesondere in eine psychiatrische Klinik, wie auch die Verweigerung einer Entlassung durch die Klinikleitung auch oft innert kurzer Bedenkfrist erfolgen.

Die *Berufung* kann gemäss § 268a Abs. 2 rev. ZPO-ZH nach mündlicher Eröffnung bei der ersten Instanz erklärt werden, worauf diese umgehend über Begehren betreffend aufschiebende Wirkung zu entscheiden und die Prozessakten bis zum Ende des folgenden Arbeitstages der Berufungsinstanz einzureichen hat; dies entgegen der wesentlich längere Zeit in Anspruch nehmenden Regelung im ordentlichen Verfahren (§§ 260–62 ZPO-ZH). § 268a Abs. 1 rev. ZPO-ZH sieht im übrigen eine auf fünf Tage halbierte Frist für die Berufung und deren unmittelbare Einreichung – mit einer Berufungsschrift, wie sich aus § 268b Abs. 1 ergibt – bei der zweiten Instanz vor (vgl. §§ 261 Abs. 1 ZPO), was wesentlich der Beschleunigung dient. Die den Verfahrensbeteiligten (§ 203e Abs. 2 rev. ZPO-ZH) zustehende zehntägige Frist zur Berufungsantwort ist sodann nur anzusetzen, wenn dies notwendig ist (§ 268b Abs. 1 Satz 2 rev. ZPO-ZH; s. dazu aber N 39 zu Art. 397d ZGB). Ist eine zweite Einvernahme des Klägers im Rechtsmittelverfahren nicht erforderlich (Art. 397f Abs. 3 ZGB), so kann ebenfalls rascher entschieden werden. 59

Den *Berufungsentscheid* sieht § 268b Abs. 2 rev. ZPO-ZH ohne mündliche Hauptverhandlung vor, so dass lediglich noch die Beratung zu erfolgen hat (§ 137 GVG-ZH). 60

§ 284 Ziff. 6 rev. ZPO-ZH schliesst im Lichte des erforderlichen raschen Verfahrens zu Recht eine kantonale *Nichtigkeitsbeschwerde* aus. 61

Der Weiterzug ans *Bundesgericht* wegen Verletzung der materiellrechtlichen und der verfahrensrechtlichen (BGE 107 II 315 ff.) Regeln des ZGB erfolgt mit der Berufung (Art. 44 lit. f OG). Subsidiär kommt auch die staatsrechtliche Beschwerde in Frage (BGE 109 Ia 170 ff., Art. 68 OG). Dass diese beiden Rechtsmittel innert dreissig Tagen einzureichen sind (Art. 61 und 69 OG), erweist sich im Lichte der – einzig dem Kläger zugestandenen – Legitimation dazu als unbedenklich (N 39 zu Art. 397b ZGB). 62

Kommentar zu Abs. 2

A. Allgemeines

63 Das Recht auf Verbeiständung ist kein durch die *EMRK* garantiertes Recht, welches so nur im Strafprozess vorgesehen ist (Art. 6 Ziff. 3 lit. c EMRK, vgl. ZVW 36 S. 54: zur Begründung «en matière civile» s. N 33 Vorbem. zu Art. 397a–f ZGB).

64 Zur Hilfeleistung bei der schriftlichen Klageerhebung (Art. 397d Abs. 1 ZGB) s. N 53 zu Art. 397d ZGB.

65 Der *zürcherische* § 117k Abs. 1 rev. EG-ZGB-ZH sieht vor, dass jeder Betroffene oder freiwillig in die Anstalt Eintretende sofort nach dem Eintritt in geeigneter Form auf das Recht aufmerksam zu machen ist, eine Vertrauensperson oder einen Beistand beizuziehen (vgl. N 121 zu Art. 397e ZGB), worunter selbstverständlich auch ein eigentlicher Rechtsanwalt zu verstehen ist.

66 Art. 49 Abs. 1 Legge sull'assistenza sociopsichiatrica del 26.1.1983 des *Kt. Tessin* sieht vor: «L'utente ha diritto in ogni tempo di farsi assistere e rappresentare da persona di sua fiducia nella cura dei suoi interessi personali e patrimoniali, riservate le norme federali sul diritto sulla tutela».

67 Nach Art. 4 Abs. 7 *öPersFrG* hat jeder Festgenommene das Recht, dass auf sein Verlangen ohne unnötigen Aufschub und nach seiner Wahl ein Angehöriger und ein Rechtsbeistand von der Festnahme verständigt werden. Gemäss § 13 öUbG wird dem Kranken vom Vorsteher des Bezirksgerichts (§ 12 öUbG) aus dem Kreis der von einem geeigneten Verein namhaft gemachten Patientenanwälte (N 91 zu Art. 397f ZGB) ein solcher zwecks Vertretung im gerichtlichen Verfahren (§§ 10 und 11 öUbG) bestellt.

B. Richter

Zum Richter («Er») s. N 56 ff. zu Art. 397d ZGB. 68

Ist ein Kollegium zum Entscheid berufen, so richtet sich die Befugnis 69 des *Präsidenten* nach den kantonalen Prozessgesetzen, wobei angesichts des raschen Verfahrens Dringlichkeit für die Bestellung des Rechtsbeistandes gegeben ist, welche grundsätzlich für die Befugnis – insbesondere dann, wenn nicht jederzeit verfügbare nebenamtliche Richter dem Kollegium angehören – spricht (vgl. § 123 GVG ZH).

Durch den im gerichtlichen Verfahren zu bestellenden Rechtsbeistand 70 werden zwar die prozessualen, indessen nicht die *übrigen Angelegenheiten*, welche insbesondere bei Klageabweisung zu besorgen bleiben, übernommen.

C. Bestellung

Vorausgesetzt ist eine FFE. Art. 397f Abs. 2 ZGB gilt nicht bei im 71 kantonalen Recht vorgesehener ambulanter Behandlung (BGE 118 II 248 = Pra 82 Nr. 111 S. 440, vgl. N 132 zu Art. 397e ZGB).

Der Rechtsbeistand wird in den Formen der kantonalen *Prozessordnungen* bestimmt. 72

Ergibt sich aus der schriftlichen Klageeinleitung bereits ein genügender 73 Anhaltspunkt, so kann der Richter *sofort* einen Rechtsbeistand unmittelbar gestützt auf Art. 397f Abs. 2 ZGB bestellen (vgl. § 203a Abs. 2 rev. ZPO-ZH).

Die Bestellung kann sich aber auch im Hinblick auf ein Rechtsmittelverfahren bei zweifelhafter materieller Rechtslage aufdrängen, insbesondere wegen der notwendigen Begründung einer Berufung an das Bundesgericht (Art. 55 OG). 74

D. Betroffene Person

75 Es handelt sich um den *Kläger* (N 21 Vorbem. zu Art. 397a–f ZGB).

76 Der dem Betroffenen *nahestehenden Person* (Art. 397d Abs. 1 ZGB) ist ein Rechtsbeistand nicht gestützt auf Art. 397f Abs. 2 ZGB, sondern allenfalls aufgrund kantonalrechtlicher Prozessvorschriften zu bestellen. Bei offensichtlicher Unfähigkeit dieser Person zur Prozessführung (z.B. § 29 Abs. ZPO-ZH) und vorgeschriebener Abklärung des Sachverhaltes von Amtes wegen (N 23 zu Art. 397e ZGB, vgl. § 203c Abs. 1 ZPO-ZH) darf indessen das erforderliche rasche Verfahren dadurch nicht verzögert werden, womit die Bestellung allenfalls erst für das Rechtsmittelverfahren in Frage kommt (N 74 zu Art. 397f ZGB).

E. Notwendigkeit

77 Im Gegensatz zum Vorentwurf von 1974 wurde im Entwurf zum ZGB *kein obligatorischer* Versorgungsbeistand verlangt unter Hinweis darauf, dass auch beim Entmündigungsverfahren keine obligatorische Verbeiständung bestehe (BBl 1977 III 40).

78 Dass der Schwerpunkt des Verfahrens auf dem Offizialprinzip liege, so dass besondere Rechtskenntnisse auf seiten des zu Versorgenden nicht nötig seien (BBl 1977 III 40), trifft nicht zu, da die *Offizialmaxime* nicht das vom Gericht ohnehin von Amtes wegen zu beachtende Recht, sondern die Dispositionsmaxime beschränkt und den von Amtes wegen zu berücksichtigenden Sachverhalt beschlägt (STRÄULI/MESSMER N 17/18 und Zit. zu § 54 ZPO-ZH).

79 *Der Gesichtspunkt, dass dem Kläger genügender Rechtsschutz* gewährleistet sei, wenn er über die ihm zur Verfügung stehenden Rechtsmittel unterrichtet werde (Art. 397e Ziff. 1 und 2 ZGB), jede ihm nahestehende Person die gerichtliche Beurteilung verlangen könne (Art. 397d Abs. 1 ZGB) und jederzeit ein Entlassungsgesuch mit Weiterzugsmöglichkeit an

den Richter (Art. 397d Abs. 2 ZGB) gestellt werden dürfe (BBl 1977 III 40), geht am hier sich stellenden Problem vorbei:

Der Kläger muss im laufenden Gerichtsverfahren selbst seine Interessen wahrnehmen können. Nahestehende Personen sind sodann u.U. gerade daran interessiert, dass die Einweisung aufrechterhalten bleibt. Art. 397d Abs. 2 ZGB sieht sodann die jederzeitige Überprüfung der Voraussetzungen für die Fortdauer des Anstaltsaufenthalts nicht schrankenlos vor (N 63 zu Art. 397d ZGB).

Der Richter hat abzuwägen, ob die Verhältnisse die Bestellung eines Rechtsbeistandes erfordern (BBl 1977 III 40). Die Notwendigkeit eines Rechtsbeistandes ist aufgrund der *konkreten Umstände des Einzelfalles* und der Eigenheiten der anwendbaren kantonalen Verfahrensvorschriften zu beurteilen (BGE 117 Ia 281 ff. Erw. E/b/bb). 80

Erfahrungsgemäss sind auch ziemlich schwer beeinträchtigte Kläger durchaus in der Lage über die wenigen, aber für die Entlassung aus der Anstalt und ihre nachmalige Lebensführung wesentlichen Gesichtspunkte – Arbeit, Unterkunft, ärztliche und sonstige Betreuung – Auskunft zu geben bzw. Vorstellungen zu äussern. Der Umstand, dass die zu versorgende Person an einem geistigen Gebrechen leidet und dass die Versorgung tief in ihre Rechte eingreift, macht daher für sich allein die Bestellung eines Rechtsbeistandes noch nicht erforderlich (BGE 107 II 314 Erw. 2 = Pra 71 Nr. 37 S. 88 = JdT 1982 I S. 454, a.M. Borghi/Biaggini S. 3 ff., Gassmann S. 176 ff.; Tuor/Schnyder/Schmid S. 407: «etwas streng»), indessen wäre sonst eben die obligatorische Verbeiständung vorzusehen gewesen. Dass «in den allermeisten Fällen» ein Rechtsbeistand zu bestellen sei (Justizdirektion in Prot. KR-ZH vom 3. Oktober 1994 S. 11574) trifft erfahrungsgemäss gerade nicht zu. 81

Als notwendig wurde die Verbeiständung *zum Beispiel* betrachtet, weil: 82

- der Kläger an einem geistigen Gebrechen litt, das an sich geeignet war, seine Verteidigungsmöglichkeiten zu beeinträchtigen, und die Zurückbehaltung in einer psychiatrischen Klinik massiv in seine Rechte eingriff (BGE Proz. Nr. 5P. 61/1993, Urteil vom 14. April 1993 i.S. H.D.);
- der Kläger eine gravierende Sprechstörung aufwies (PGK-ZH Proz. Nr. KP92062/Beschluss vom 21. März 1992 i.S. R.C.).

F. Rechtsbeistand

83 Zu unterscheiden sind zunächst der Vertreter nach Art. 32 OR (Sträuli/Messmer N 5 zu § 29 ZPO-ZH) und der Beistand im Sinne von Art. 392 ZGB.

84 *Rechtsvertreter* oder -beistand nach Art. 32 OR kann grundsätzlich jede handlungsfähige Person, insbesondere aber ein Rechtsanwalt sein (vgl. § 29 ZPO-ZH).

85 Der Betroffene kann im Einzelfall schon vor dem gerichtlichen Verfahren *Beistand* benötigen. Hierfür dürften aber die Bestimmungen des Vormundschaftsrechtes genügen (BBl 1977 III 41). Dabei sind grundsätzlich zu berücksichtigen:

- Art. 392 Ziff. 1 ZGB, da es sich schon bei der Klageerhebung des psychisch Kranken (Schnyder/Murer N 53 zu Art. 392 ZGB) und zufolge der Anstaltseinweisung zu besorgenden *Angelegenheiten* (Wohnung, Arbeitsstelle, Finanzielles etc.) um *dringende* handeln kann, wobei im Zweifel für die Anordnung zu entscheiden ist (Schnyder/Murer N 39 zu Art. 392 ZGB);

86 – Art. 392 Ziff. 2 ZGB, wenn der Vormund als gesetzlicher Vertreter im Gegensatz zur entmündigten Person den Anstaltsaufenthalt – welcher in den weiten Anwendungsbereich (Schnyder/Murer N 87 zu Art. 392 ZGB) der Angelegenheit fällt – befürwortet, womit *widersprechende Interessen* vorliegen.

87 Dass sich die einweisende Behörde einen «Gegenanwalt» bestellen muss, fällt dabei nicht ins Gewicht, indessen der Hinweis auf ein möglicherweise mangelndes *Vertrauen des Betroffenen* in den von jener eingesetzten Beistand (teilweise a.M. Suhr Brunner S. 152).

88 Der *Beistand* nach Art. 397f Abs. 2 ZGB muss von Bundesrechts wegen nicht zwingend ein Anwalt sein (BBl 1977 III 40/41). Einen Anhaltspunkt dafür gibt insbesondere die italienische Fassung von Art. 397f Abs. 2 ZGB, die vom «patrocinatore» spricht, welcher für jemanden eintritt (patrocinare), nicht vom «patrocinio legale», d.h. vom Rechtsbeistand.

Im *Kt. Zürich* bedarf der Rechtsvertreter in diesem Verwaltungsverfahren (N 25 ff. Vorbem. zu Art. 397a–f ZGB; a.M. PGK-ZH Proz. Nr. KP930241/Beschluss vom 14. August 1993 i.S. B.K.) keines Fähigkeitszeugnisses (vgl. § 1 Abs. 1 G über den Rechtsanwaltsberuf vom 3. Juli 1938, ZG 215.1). 89

Auf eine staatsrechtliche Beschwerde eines Vereins, welcher nicht als Rechtsvertreter mit Substitutionsrecht zugelassen worden war, trat das Bundesgericht unter Hinweis darauf, dass im Kt. Zürich nur physische Personen als Rechtsvertreter zugelassen werden (STRÄULI/MESSMER N 1 zu § 29 ZPO, ZR 37 Nr. 98), nicht ein (Proz. Nr. 5P.34/1990, Urteil vom 3. September 1990 i.S. B.H.). 90

Die nach *österreichischem Recht* beigezogenen Patientenanwälte sind in der Regel nicht Juristen (vgl. § 16 Abs. 2 öUbG), während der Verein Psychex in Zürich eine Anwaltsliste herausgibt. 91

Nicht vorgesehen ist, dass der Rechtsbeistand auf *Kosten des Gemeinwesens* bestellt wird. Unter Vorbehalt des verfassungsmässigen Anspruchs auf unentgeltliche Rechtspflege oder weitergehender Ansprüche nach kantonalem Prozessrecht ist der Rechtsbeistand vom Betroffenen zu entschädigen, wenn der von dieser Massnahme Betroffene einen freigewählten Rechtsbeistand bestellt hat (BBl 1977 III 40/41, BGE 113 II 392 = JdT 1990 I S. 275 = Pra 77 Nr. 38 S. 155, vgl. § 117m rev. EG-ZGB-ZH i.V.m. §§ 84 ff. ZPO-ZH). 92

Wird ein Armenrechtsgesuch mit der Klageerhebung bereits begründet und belegt, so kann die Bestellung mit der Vorladung zur Verhandlung erfolgen; andernfalls ist die *Begründung* an dieser zu verlangen (vgl. § 84 Abs. 2 ZPO-ZH). 93

Dies schliesst nicht aus, dass der kantonale Gesetzgeber vorsieht, dass bei Gutheissung der Klage das *Gericht der gesuchstellenden Person eine Prozessentschädigung aus der Gerichtskasse* zusprechen kann (§ 117m rev. EG-ZGB-ZH i.V.m. § 203f rev. ZPO-ZH; vgl. zur Praxis der PGK-ZH: Proz. Nr. KP92069/Beschluss vom 18. März 1992 i.S. A.B.). 94

Zur Teilnahme des Rechtsbeistands am Verfahren s. N 198 zu Art. 397e und N 112 zu Art. 397f ZGB. 95

Kommentar zu Abs. 3

A. Allgemeines

96 Envisagé dans l'optique de la Convention, ce droit peut être considéré comme implicitement garanti par l'art. 5 § 4 CEDH (= *EMRK*, ZVW 36 S. 51 FN 53 und Zit.).

97 Das Recht, vom Richter mündlich gehört zu werden, *geht über das in Art. 4 BV garantierte rechtliche Gehör* hinaus (ZVW 36 S. 51).

B. Richter erster Instanz

98 Zum Richter s. N 56 ff. zu Art. 397d ZGB.

99 *Es handelt sich um die erste oder aber auch einzige Instanz*, sofern kein zweistufiges Verfahren vorgesehen ist, wie z.B. vor 1996 im Kt. Zürich (N 9 Vorbem. zu Art. 397a–f ZGB).

100 Die Anhörung in erster Instanz hat durch das gesamte erkennende *Kollegialgericht*, nicht nur durch den medizinischen Berichterstatter zu erfolgen (BGE 115 II 129 = Pra 78 Nr. 247 S. 876 = JdT 1992 I S. 330, vgl. RFJ/FZR 1993 S. 263 N 25; zur früheren Praxis: BGE 110 II 122 = Pra 73 Nr. 251 S. 688 = JdT 1986 I S. 301, vgl. Extraits 1983 7/7; kritisch Tuor/Schnyder/Schmid S. 407).

101 Ganz *ausnahmsweise* könnte von einer Anhörung durch das Gesamtgericht nur in jenen Fällen abgesehen werden, in denen sich der Betroffene weigert, der Vorladung zur Verhandlung Folge zu leisten, oder wo die Anhörung durch das gesamte Gericht wegen der Krankheit oder anderen persönlichkeitsbedingten Gründen auf seiten des Betroffenen nicht geboten wäre (Bundesgericht Proz. Nr. 5C.19/1990, Urteil vom 22. März 1990 in Sachen A.V.).

C. Einzuvernehmende Person

Dies ist der *Betroffene*, auch wenn eine diesem nahestehende Person (N 24 ff. zu Art. 397d ZGB) geklagt hat (vgl. BBl 1977 III 40). Der Kläger hat zudem seine Klage selbständig in der Hauptverhandlung zu begründen (vgl. § 203d Abs. 1 rev. ZPO-ZH). 102

Dass der Richter auch dem Kläger *Nahestehende* persönlich anhört (ERNST, Rechte des psychisch Kranken, S. 209 ff.), ergibt sich aus deren Stellung als Verfahrensbeteiligte (vgl. § 203e Ziff. 4 rev. ZPO-ZH) oder Zeugen (vgl. §§ 162 f. ZPO-ZH). 103

D. Mündliche Einvernahme

Die entscheidende Behörde soll sich ein eigenes Urteil über den – für die FFE nach Art. 397a Abs. 1 ZGB massgeblichen persönlichen – Zustand des Betroffenen bilden (BBl 1977 III 40, vgl. § 20 Abs. 1 öUbG: mündliche Verhandlung), was sowohl beim schriftlichen Verfahren für das Gericht, als auch bei Delegation an den Instruktionsrichter für die übrigen Mitglieder des Spruchkörpers (§ 144 ZPO-ZH), nicht der Fall ist. 104

Eine blosse Willkürprüfung berücksichtigt nicht das Recht des Betroffenen, angehört zu werden und dass die Sache frei überprüft wird (SJ 1982 S. 417/552), womit die *Anhörung umfassend* erfolgen muss. 105

Bei der Anhörung, insbesondere der Fragestellung, ist auf den *Zustand des Klägers* Rücksicht zu nehmen. Eingehend und überzeugend befasst sich mit deren allgemeinen Grundsätzen, insbesondere aber auch mit Wahnkranken, Alkoholikern und Selbstmordgefährdeten: COEPPICUS (S. 892 ff.). 106

Der Kranke darf nach verschiedenen Gesetzen grundsätzlich nicht unter einer die Anhörung beeinträchtigenden *ärztlichen (insbesondere medikamentösen) Behandlung* stehen (z.B. § 203b Satz 1 rev. ZPO-ZH, 107

§ 19 Abs. 1 öUbG, ZVW 42 S. 105). Angestrebt wird damit die Überprüfung des Zustands, wie er im Zeitpunkt der FFE vorlag (Prot. KR-ZH vom 3. Oktober 1994 S. 11541/46, 11626, 11999). – Dass die, insbesondere bei Selbst- oder Fremdgefährdung unumgängliche und verhältnismässige, Behandlung dokumentiert sein muss, ergibt sich schon aus § 29 Abs. 2 der Patientenrechtsverordnung vom 28. August 1991 (ZG 813.13), was bei der Gesetzgebung übersehen wurde (Prot. KR-ZH vom 3. Oktober 1994 S. 11546).

108 Selbst der *Urteilsunfähige* ist anzuhören (BBl 1977 III 40). Wird die Urteilsfähigkeit vermutet (BGE 90 II 9, Spirig S. 32 und Zit.), so ist eben das Gegenteil erst festzustellen, wozu sich die Anhörung als vortrefflich geeignet erweist. Eine sehr hohe Wahrscheinlichkeit genügt sodann für die Widerlegung der Vermutung (Pra 81 Nr. 204 S. 775). So ergab sich z.B. bei der Anhörung durch das teils fachärztlich besetzte Gericht, dass keine der angeblich gravierenden hirnorganischen Beeinträchtigungen vorlagen (PGK-ZH Proz. Nr. KP930151/Beschluss vom 29. Mai 1993 i.S. V.F.).

109 Die mündliche Einvernahme kann grundsätzlich gesehen *prozessual* als persönliche Befragung, ein Beweismittel (§ 203d Abs. 1 rev. ZPO-ZH i.V.m. § 198 Abs. 1 ZPO-ZH, Sträuli/Messmer N 4 zu § 198 ZPO), oder in Ausübung der richterlichen Fragepflicht (§ 55 ZPO-ZH, vgl. RBUR 1986 S. 68, Urteil des Landgerichts Uri vom 20. Februar 1986: «keine Parteibefragung»), welche die Abklärung und Vervollständigung unklarer Vorbringen bezweckt (Sträuli/Messmer N 9 zu § 55 ZPO), erfolgen. Beide entsprechen nicht dem in Art. 397f Abs. 3 ZGB vorgesehenen Zweck, sich über den Zustand des Befragten ein Urteil zu bilden.

110 Sofern eine Verwaltungsbehörde zuhanden des Gerichts eine *Vernehmlassung* abgibt, ist auch der Kläger selbst erneut zur Stellungnahme der Gegenpartei (z.B. § 203e Abs. 2 rev. ZPO-ZH) anzuhören (EuGRZ 1988 S. 526, vgl. Villiger S. 219 FN 141 zur Haft).

111 Der Kläger soll gerade auch zu den tatbeständlichen Ausführungen eines *psychiatrischen Gutachtens* Stellung nehmen und allfällige Korrekturen anbringen (ZVW 42 S. 105), d.h. jene bestreiten, können.

112 Ist der *Kläger vertreten*, so obliegt es dem Rechtsbeistand (N 82 ff. zu Art. 397f ZGB) zu den Akten und zum Gutachten Stellung zu nehmen, wie übrigens auch seinem Beistand oder Vormund (Art. 392 Ziff. 1 und 367 Abs. 1 ZGB).

Da es auf die Verhältnisse im *Zeitpunkt* des Entscheids ankommt (N 13 zu Art. 397a ZGB), ist nach Aufhebung einer Sistierung hierzu wiederum das rechtliche Gehör zu gewähren (a.M. AGVE 1985 S. 211, SUHR BRUNNER S. 103). 113

§ 203d Abs. 2 rev. ZPO-ZH sieht eine Unmöglichkeit der Befragung aus gesundheitlichen Gründen vor, welche Hinderung indessen schon mit der aufgrund von § 153 ZPO-ZH möglichen und zweckmässigen Befragung am Aufenthaltsort, nämlich meist der psychiatrischen Klinik, gemildert wird (vgl. N 26 zu Art. 397f ZGB). Erweist sich die mündliche Einvernahme des Betroffenen gleichwohl als unmöglich, so muss aufgrund der Akten entschieden werden und darf der Richter deswegen das Eintreten auf das Gesuch um gerichtliche Beurteilung nicht verweigern (BGE 116 II 406 = Pra 80 Nr. 158 S. 714 = JdT 1992 I S. 337 = SJ 1991 S. 203; vgl. für die ärztliche Untersuchung N 210 zu Art. 397e ZGB). 114

Bei der Würdigung einer *Aussageverweigerung* gemäss § 148 Satz 2 ZPO-ZH, wie sie § 203d Abs. 2 Satz 2 rev. ZPO-ZH vorsieht, ist zu beachten, dass grobes Verhalten der Partei vor Gericht, ungeschicktes Prozessieren oder Querulieren – alles Verhaltensweisen, die bei Klägern nach Art. 397d ZGB durchaus vorkommen – nicht dazu führen dürfen, ein vorliegendes Beweisergebnis umzustossen (STRÄULI/MESSMER N 10 i.V.m. N 8 zu § 148 ZPO). 115

Ein *genereller Verzicht auf Anhörung* kann nicht von vornherein bei probeweiser Entlassung und sistiertem Verfahren hinsichtlich des noch unbekannten Erfolgs, dessen Nichteintritt zur Fortsetzung der FFE führt, zulässig sein (a.M. AGVE 1985 S. 211). Ein Verzicht aus freiem Stück auf mündliche Äusserung (BJM 1982 S. 256/57) ist bei psychisch Kranken nicht leichthin anzunehmen, eine polizeiliche Vorführung (§ 198 Abs. 2 ZPO-ZH) – sofern nicht die Einvernahme ohnehin in der Anstalt erfolgt (N 26 zu Art. 397f ZGB) und zur Abklärung des Sachverhalts erforderlich ist – überdies mit dem Beschleunigungsgebot von Art. 397f Abs. 1 ZGB durchaus vereinbar (a.M. BJM 1982 S. 256/57). 116

Ein vom diesbezüglich urteilsfähigen (N 189 zu Art. 397a ZGB) Betroffenen gegenüber einem Referenten *erklärter Verzicht auf Anhörung durch den Spruchkörper* ist entgegenzunehmen. Wird aber generell ein solcher durch den Referenten einer kantonalen gerichtlichen Instanz unter Hinweis auf die entsprechende «Praxis» abgenommen, so erscheint 117 dies im Lichte von BGE 115 II 129 (= Pra 78 Nr. 247 S. 876 = JdT 1992 I S. 330) als unzulässige Umgehung von Art. 397f Abs. 3 ZGB.

118 Die Anhörung durch die *zweite Instanz*, insbesondere als Gesamtgericht (vgl. § 144 ZPO-ZH), ist nicht vorgeschrieben, indessen zulässig. Das österreichische Recht geht insoweit darüber hinaus, als in der Rekursinstanz eine erneute Anhörung des Klägers auf dessen Antrag vorgesehen ist, während dies im übrigen gleichermassen dann, wenn das Gericht es für erforderlich erachtet, auch durch ein Mitglied des Senats, erfolgt (§ 29 Abs. 2 öUbG i.V.m. § 250 Abs. 1 öAussStrG).

119 Das Recht, angehört zu werden, ist ein Recht *formeller Natur, dessen Verletzung die Aufhebung des angefochtenen Entscheids* nach sich zieht (SJ 1982 S. 552, vgl. aber N 56 zu Art. 397e und 16 zu Art. 397f ZGB).

120 Welche *Bedeutung* dieser unmittelbaren Anhörung zukommt, ergibt sich aus den Geschäftsberichten von 1981–1994 der PGK-ZH, welche bis Mitte 1990 aufgrund eines Antrags des ärztlichen Fachreferenten Zirkulationsbeschlüsse erlassen hatte. Die Statistiken belegen, dass vorher durchschnittlich 16,8 Prozent der zumeist aus psychischen Gründen eingewiesenen Kläger aufgrund eines materiellen Entscheids der PGK entlassen wurden, nachher 52,5 Prozent. Entscheidenden Einfluss hatte allerdings auch die Besetzung des Gerichts, in welchem einer der bisher eingesetzten beiden ärztlichen Fachrichter durch ein sozialberufliches Mitglied abgelöst und dabei nurmehr die bezügliche Mindestvorschrift beachtet worden ist (Art. 397e Ziff. 5 ZGB, § 117i aEG-ZGB-ZH, § 8 Abs. 1 VO des Regierungsrates vom 28. Januar 1981). Die vormalige, überwiegend medizinisch/psychiatrische Betrachtungsweise setzte sich damit ab Mitte 1990 nicht mehr durch.

Schlussbemerkungen (de lege ferenda)

Seit 1991 sind Bestrebungen zur *Revision des schweizerischen Vormundschaftsrechts* im Gange (SCHNYDER in: Festschrift für H. Lange, S. 956), für welche Anregungen schon vorliegen und im übrigen erlaubt seien. 1

Die grundsätzlich notwendige gesetzliche Regelung der *Zwangsbehandlung* fehlt in den Kantonen weitgehend (SUHR BRUNNER S. 132) und wäre zweckmässigerweise neu in das ZGB einzufügen, wobei das deutsche oder das Gesetz des Kt. Tessin wegleitend sein kann (N 60 Vorbem. zu Art. 397a–f und N 207 zu Art. 397d ZGB). 2

Für *Suchtkranke* liegt bereits eine parlamentarische Initiative vom September 1994 vor, mit welcher eine Neufassung von Art. 15b BetmG vorgeschlagen wurde: 3

> «Abs. 1: Betäubungsmittelabhängige mündige oder entmündigte Personen können bei unmittelbarer Gefahr schwerer Verwahrlosung in einer geeigneten Anstalt untergebracht werden.
>
> Abs. 2: Die betroffene Person muss entlassen werden, sobald ihr Zustand es erlaubt. Zwecks Motivierung für eine Langzeittherapie können Suchtkranke bis höchstens vier Monate in sozialtherapeutischen Institutionen zurückbehalten werden.
>
> Abs. 3: Dazu sind geeignete Institutionen und Heime, insbesondere für junge Betäubungsmittelabhängige, zur Verfügung zu stellen.»

Dieses modifizierte «Schwedenmodell» (N 67 Vorbem. zu Art. 397a–f ZGB) wäre zur Vervollständigung des Gesetzestextes im ZGB in dessen Art. 397a Abs. 3 mit Wirkung für jede Art von Suchterkrankung anzufügen.

Die *Verfahrensregeln* wären zweckmässigerweise im OG zu regeln (vgl. Art. 51). Dass ein interdisziplinärer Spruchkörper, eine Spezialkommission (ZVW 47/Beil. S. 15), notwendig wäre, kann angesichts des gesetzlich geforderten Beizugs des psychiatrischen Sachverständigen (Art. 397e Ziff. 5 ZGB) nicht gesagt werden; was die soziale Problematik 4 betrifft, kann sie ohne weiteres dem Richter zur Beantwortung zugewiesen werden. Die Revision der FFE-Gesetzgebung im Kt. Zürich ging denn auch in diese Gegenrichtung (N 58 zu Art. 397d ZGB).

5 Die *Rechtsmittelbelehrung* muss durch die aufnehmende Anstalt bei Einweisung mittels ärztlichem Zeugnis gemäss Art. 397e Ziff. 2 ZGB erfolgen und damit in Art. 397e Ziff. 1 ZGB diese Pflicht nur der einweisenden Vormundschaftsbehörde auferlegt werden (N 81 zu Art. 397e ZGB).

6 Die *Entlassungszuständigkeit* gemäss Art. 397b Abs. 3 ZGB ist in allen Fällen der fachkundigen Anstaltsleitung einzuräumen (vgl. SCHNYDER in: Festschrift für H. Lange, S. 948 und Zit.).

7 Die Einführung eines *Formulars* für die Stellung des Gesuchs um gerichtliche Beurteilung wäre der Persönlichkeitsstruktur der Betroffenen angemessen (N 53 zu Art. 397d ZGB).

8 Die *Überprüfung aller Zwangseinweisungen* von Amtes wegen in vernünftigen Abständen entsprechend der Rechtsprechung der EMRK ist neu unter Art. 397d Abs. 2 ZGB einzuführen (N 63 zu Art. 397d ZGB).

9 Die Regelung sollte unter Einschluss des Verfahrens für die gerichtliche Überprüfung der Internierung aufgrund des *EpidemienG* ergehen, sind doch z.B. dazu Anlass gebende Tuberkulosefälle kürzlich neu aufgetreten (N 20 Vorbem. zu Art. 397a–f ZGB).

10 *Die örtliche Zuständigkeit für die gerichtliche Überprüfung* ist in Art. 397e ZGB am Klinikort festzuschreiben (N 127 zu Art. 397e und N 51 zu Art. 397f ZGB). Art. 330 Abs. 1 Code de la santé publique sieht vor, dass der Staatsanwalt am Ort der Behandlung tätig wird, Art. 351 Abs. 1 desselben Gesetzes die gerichtliche Zuständigkeit am Ort der Anstalt. Gemäss § 12 öUbG ist das Bezirksgericht, in dessen Sprengel die Anstalt liegt, zuständig; § 19 Abs. 1 öUbG sieht vor, dass sich das Gericht einen persönlichen Eindruck vom Kranken *«in der Anstalt»* verschafft (vgl. ZVW 47/Beil. S. 15.).

11 Im Hinblick auf den *Vollzug* der FFE sind die Kantone zur Schaffung

- genügender geeigneter Anstalten und
- genügender Nachfolge-/Betreuungsstrukturen

zu verpflichten (SUHR BRUNNER S. 131), wie dies die parlamentarische Initiative zu Art. 15b Abs. 3 BetmG insbesondere

- für junge Betäubungsmittelabhängige

verlangt (N 3 Schlussbem.). Diese erforderlichen geeigneten Anstalten sind teils für den FFE Voraussetzung (N 131 zu Art. 397a ZGB), teils kann darin auch ambulante Behandlung und Betreuung (N 302 ff. zu Art. 397a ZGB) geleistet werden.

Gesetzestexte in romanischer Sprache

La privaziun da la libertad per motivs d'assistenza

Art. 397a

A. Premissas

1 Ina persuna maiorenna u messa sut avugà dastga vegnir messa u retignida en in stabiliment adattà pervi da malsogna da spiert, flaivlezza da spiert, pervi da surbaiver ed autras toxicomanias u pervi da gronda negligientscha da sasez, sche l'assistenza persunala necessaria na po betg vegnir intermediada autramain.

2 Faschond quai, èsi da tagnair quint da las grevezzas che la persuna chaschuna a sia vischinanza.

3 La persuna pertutgada sto vegnir relaschada uschespert che ses stadi permetta quai.

Art. 397b

B. Cumpetenza

1 La decisiun vegn prendida d'in'autoritad tutelara dal domicil u, sch'i nescha in privel dal retardamant, d'ina autoritad tutelara al lieu da dimora da la persuna pertutgada.

2 Per ils cas ch'i nescha in privel dal retardament u da malsogna psichica da la persuna, pon ils chantuns ultra da quai dar questa cumpetenza ad auters uffizis adattads.

3 Sch'in'autoritad tutelara ha ordinà il plazzament u il retegniment en il stabiliment, decida quella er concernent la relaschada; en ils auters cas decida il stabiliment en chaussa.

Art. 397c

C. Obligaziun d'infurmar

L'autoritad tutelara dal lieu da dimora ed ils auters uffizis designads dal dretg chantunal infurmeschan l'autoritad tutelara al domicil, sch'els plazzan u retegnan ina persuna avugadada en in stabiliment u sch'els considereschan autras mesiras tutelaras per necessarias per ina persuna maiorenna.

Art. 397d

D. Decisiun giudiziala

[1] La persuna pertutgada u ina persuna che stat datiers a quella po appellar en scrit al derschader enfaifer diesch dis dapi la communicaziun.

[2] Quest dretg exista er en cas d'ina refusaziun d'ina dumonda da relaschada.

Art. 397e

E. Procedura en ils cantuns
I. En general

La procedura vegn reglada dal dretg chantunal cun las resalvas suandantas:

1. A chaschun da mintga decisiun sto la persuna pertutgada vegnir infurmada davart ils motivs da la mesira ordinada ed ella sto vegnir fatga attenta en scrit ch'ella possia appellar al derschader.

2. Mintga persuna ch'entra en in stabiliment sto immediatamain vegnir infurmada en scrit ch'ella possia appellar al derschader en cas da retegniment u da refusaziun da la relaschada.

3. La dumonda per ina decisiun giudiziala è da trametter senza retard al derschader cumpetent.

4. L'uffizi che ha ordinà il plazzament u il der schader po conceder in effect suspensiv a la dumonda per ina decisiun giudiziala.

5. Ina decisiun che pertutga in malsaun psichic na po betg vegnir prendida senza consultar experts; sche quai è gia vegnì fatg a chaschun d'ina procedura giudiziala, pon dretgiras superiuras desister da la consultaziun.

Art. 397f

II. Avant dretgira

[1] Il derschader decida tenor ina procedura simpla e speditiva.

[2] Sche quei è necessari, procura el in assistent giuridic per la persuna pertutgada.

[3] Questa persuna so vegnir interrogada oralmain dal derschader d'emprima instanza.

Register

Spezialabkürzungen für beide Register (S. XI):

Sb	–	Schlussbem.
Vb	–	Vorbem. zu Art. 397a–f ZGB
Vbb	–	Vorbem. zu Art. 397b–f ZGB
Vb/x	–	N x der Vorbem.
a/x	–	N x zu Art. 397a ZGB (etc.)

I. Sachregister

A

Abhängigkeit(s-)
- Cannabis *a/70*
- gleichzeitige *a/75*
- Nikotin *a/72*
- Schnüffelstoffe *a/73*
- typen *a/69*

Absonderung *Vb/53, d/45*
Abstände für gerichtliche Überprüfung
- vernünftige *d/63, e/178*

Abweisung s. bei Entlassungsgesuch, Klage
aCCit *Vb/64*
Administrative Versorgung *Vb/1, 3*
Akten-
- einsichtsrecht *e/7*
  - beschränktes *e/4*
- entscheid *e/210*

Alkohol-
- Typus *a/71*
- fürsorgestellen *a/318*

Alkoholiker *a/49*
Alkoholismus *a/49*
- Alpha bis Delta *a/50*

Amts-
- geheimnis *c/32*
- missbrauch *Vb/56*

ANAG *Vb/54*
Anhörung s. Einvernahme
Anordnung
- ärztliche *b/73*
  - gerichtliche Beurteilung *d/42*
- verwaltungsrechtliche *e/71*
- durch Vormundschaftsbehörde *b/38*

Anstalt(s-)
- Anfrage durch Vormundschaftsbehörde *b/37*
- Aufnahme *a/126*
- Begriff *a/118, 123*
- Behandlungsmöglichkeit *a/124*
- betreuung
  - Behandlungskonzept *a/203*
  - Definition *a/202*
- für Drogensüchtige *a/122*
  - Beispiele, negative *a/164*
  - entzug *a/153–156*
  - bei Haschischkonsum *a/163*
  - Klinik Rheinau *a/158*
  - körperlicher Verfall *a/165*
  - Medikamentensucht *a/167, 168*
  - «obere Halden», Egg *a/158*
  - psychiatrische Klinik *a/159*
  - Rehabilitationsplatz *a/243*
  - Suchtbehandlung *a/162*
  - Übergangsphase *a/160*
    - Beispiele *a/161*
- Eignung *a/123*
  - fehlende *a/131*
  - Fürsorge *a/130*
  - Tatbestand für Unterbringung *a/131*
  - psychiatrische Klinik *a/136*
  - Statistik *a/132*

– EMRK *a/119*
– eintritt
  – Aufnahme *a/126, e/98*
    – definitive *e/99*
  – Begriff *e/97*
  – Betroffener *e/95*
  – freiwillig Eintretender *e/95*
  – Rechtsmittelbelehrung
    – EMRK *e/90*
    – Entwurf zum ZGB *e/90*
    – Hausordnung *e/103*
    – Inhalt
      – bei Abweisung Gesuch *e/107*
      – bei Zurückbehaltung *e/106*
      – verschiedener *e/105*
    – kumulativ *e/92*
    – Merkblatt *e/103*
    – Verzicht *e/100*
    – Zeitpunkt *e/101*
    – zürcherische *e/93*
    – Zweck *e/91*
– einweisung
  – vorsorgliche Massnahmen *Vb/50*
– Flucht *a/120*
– für Geistesschwache
  – altersbedingte Störungen *a/141*
  – gewöhnliches Spital *a/144*
  – Milieu- und Verhaltenstherapie *a/143*
  – Strafanstalt *a/145*
  – Wohnheime *a/146*
– ideale *a/124*
– konkrete Bezeichnung *a/125*
– für körperliche Schädigungen *a/170*
– Legaldefinition *a/118*
  – Heim *Vb/22*
  – Klinik *Vb/22*
  – Oberbegriff *Vb/22*
– leitung *b/74*
– L'Hospice «Le pré-aux-boeufs»/Sonvilier *a/142*
– neurose *a/134*
– für Psychopathie *a/140*
– für Sucht nach Lösungsmitteln *a/169*
– Schulheim *a/121*
– Straf- *a/128*
– für Trunksüchtige
  – Beispiele a/*149, 150*
  – Entziehung und Entwöhnung *a/147*
  – Wiedereingliederung *a/148*
– Über-
  – schneidungen *a/176, 177, 179*
  – belegung *a/127*
– für Untersuchung *a/174*
  – Rückführungszentrum *a/175*
– Verlegung *a/135, 178*
– für Verwahrloste *a/171*
  – Beispiele *a/172*
– für Weckaminsüchtige *a/157*
– Zweck *a/129*

Armenwesen *Vb/1*

Arzt
– Allgemeinpraktiker *e/179*
– behandelnder *b/52*
– Beleihung *b/56*
– privater *b/52*
  – Arztvertrag *b/53*
  – Behörde *b/57*
  – Einweisungszeugnis *a/73*
    – Verwaltungsakt *b/55*
  – Gefahr im Verzug *b/60*
  – Geschäftsführer ohne Auftrag *b/54*
– Zuständigkeit
  – für FFE *b/49*
  – für geeignete Massnahmen *b/49*

Aufenthalt(s-)
– in Anstalt *c/9*
– des Betroffenen *b/22*
– freiwilliger Eintritt *b/21*
– ort *b/20, c/8, e/125*

Aufnahme *a/126, e/98*
– Verweigerung *a/74*
– Wieder- *a/74*

Aufschiebende Wirkung
– bei Abweisung Klage *e/155*
  – Beleihung *b/56*
– nach Aufnahme *e/154*
– Bundesgericht *e/150*
– Dispositivziffer *e/159*
– Einweisungszeugnis *e/161*
– EMRK *e/139*
– Vorentscheid
  – ohne *e/156*
  – durch Verwaltungsbehörde *e/149*
– Unterbringung *e/153*
– Zeitpunkt *e/160*

Aufschub des Vollzugs
– bedingter *a/317*

Aufsichtsbehörde *b/13*

Auskunftserteilung, Widerspruch *c/34*

Aussageverweigerung *f/115*

B

Befragung s. Einvernahme
Begehren
- Erteilung aufschiebender Wirkung
  - Begründung *e/152*
- gerichtliche Beurteilung *e/116*

Begründung(s-)
- Beispiele ungenügende *e/18*
- Entscheide *e/10*
  - administrative Einweisung *e/12*
- bei Festnahme *e/47*
  - Anforderungen *e/72*
  - Arzt, Formular *e/77*
  - Begründungsdichte *e/55*
    - Rückweisung *e/56*
  - Dolmetscher *e/78*
  - EMRK *e/45*
    - Form *e/75*
    - Inhalt *e/53, 69, 70*
  - Vormundschaftsbehörde
    - Schriftlichkeit *e/82*
- gegenüber
  - Nahestehenden *e/73*
  - Vormund *e/74*
- genügende *e/16*
  - Inhalt *e/17*
- pflicht
  - Anforderungen *e/12, 13*
  - Chefarzt *e/68*
  - gerichtlicher Entscheid *e/14*
  - kantonales Recht *e/11*
  - Vormundschaftsbehörde *e/67*
- schriftlich *e/15, 82*
- übrige Entscheide *e/52*
- Zurückbehaltung *e/76, 82*

Behandlung s. auch Betreuung
- ambulante
  - altersbedingte psychische Störungen *a/309*
  - ärztliche bei Geisteskrankheit *a/302*
  - Beispiele *a/307*
  - Drogensucht *a/311*
  - Trunksucht *a/310*
  - Nachbehandlung *Vb/42*
  - Nachkontrolle *Vb/42*
- bei Drogensucht
  - Erhebungen *a/245*
  - körperlicher Entzug *a/237*
  - Krisensituationen *a/238*
  - Motivation *a/242*
  - Nachfürsorge *a/244*
  - pädagogisch-therapeutisch *a/240*
  - subtile Betreuung *a/236*
  - Wesensveränderung *a/241*
- bei Geisteskrankheit
  - medikamentöse *a/223*
  - psychotherapeutische *a/224*
  - unheilbare *a/225*
  - unmöglich *a/226*
- bei Geistesschwäche
  - Beschäftigungstherapie *a/227*
  - Heilungsaussichten *a/229*
  - Milieu- und Verhaltenstherapie *a/227*
  - unheilbare *a/230*
- bei Haschischsucht *a/246*
- in Klinik *e/132*
- bei Lösungsmittelsucht *a/251*
- bei Medikamentensucht *a/250*
- bei Sucht nach Weckaminen *a/247*
- bei Trunksucht
  - Beeinflussung Charakter *a/231*
  - Einzeltherapie *a/232*
  - Entziehung *a/231*
  - Gruppentherapie *a/233*
  - Motivation Langzeitbehandlung *a/234*
- bei Verwahrlosung *a/254*
- Ziel *a/197*

Behörde vormundschaftliche *b/12*
Beiladung, Nahestehender *d/22*
Beistand *e/121, f/85–87*
- Bestellung
  - durch Vormundschaftsbehörde *f/87*
  - widersprechende Interessen *f/86*
  - Zeitpunkt *f/85*
- Diskretionsbedürfnis *b/31*
- Stellungnahmen *f/112*

Belästigung *a/341*
Belastung der Umgebung
- Art *a/350*
  - Beispiele *a/351*
- Bedeutung *a/359*
- Drogenszene *a/358*
- Mass *a/352, 354*
  - Beispiele *a/355, 356*
- Überforderung *a/353*
- Verhältnismässigkeit *a/344*
- Voraussetzung für FFE *a/336, 337, 339, 340*

Beleihung *b/56*
Benachrichtigung
- Bezeichnung Massnahmen *c/23*

– dringende *c/26*
– Inhalt *c/20, 21*
  – anderer *c/17*
– Schriftform *c/24*
– Versetzung *c/22*
– Zustellung Beschluss *c/25*
Beratungsstellen *a/367*
Bericht Fachrichter *e/209*
Berufsgeheimnis *c/32*
Beschluss
– Rechtsmittelbelehrung *e/85*
  – Delegation *e/86*
Beschwerdeführer *Vb/23*
Beta-Alkoholismus *a/50*
Betäubungsmittel-
– Droge(n)
  – Begriff *a/64*
    – psychische Abhängigkeit *a/65*
– gesetz *Vb/40, 41*
– Mittel unbekanntes *a/280*
– sucht *a/63*
Betreuung s. auch Behandlung *a/312*
– Anstalts- *Vb/19*
– Drogenabhängige *a/320*
– Geistesschwache umfassend *a/228*
– Massnahmen *a/313–315*
– Meldung ärztliche *a/319*
– Organe *b/32*
– Trunksucht *a/316*
Betroffener *Vb/23, a/14*
Beurteilung
– Gutachten *e/212*
– Prognosen *e/242*
Beweisverfahren
– Einvernahmen, Beispiele *e/26, 31*
– Schutzmassnahme *e/4*
– telefonisch *e/30*
– Urkunden, Beispiele *e/27–29, 34*
– Vernehmlassung *e/32*
Bezirksrat *b/14, d/37, 3/149*
Bundesrepublik *Vb/60, 61, a/38*
Bundesrecht *e/35*

C

CCesp *Vb/65, a/38*
CCfr *Vb/63, a/38*
CCit (alt) *Vb/64*
cold turkey *a/237*
common law *Vb/66*
Crack *a/67*

D

Dauer der FFE *a/380 ff.*
De lege ferenda
– Anstalten *Sb/11*
– Entlassungszuständigkeit *Sb/6*
– Internierung, EpidemienG *Sb/9*
– Klageformular *Sb/7*
– Nachfolge-/Betreuungsstrukturen *Sb/11*
– örtliche Zuständigkeit Richter *Sb/10*
– Rechtsmittelbelehrung *Sb/5*
– Suchtkranke *Sb/3*
– Überprüfung Zwangseinweisungen *Sb/8*
– Vollzug FFE *Sb/11*
– Zwangsbehandlung *Sb/2*
Delirium tremens *a/50*
Delta-Alkoholismus *a/50*
Diagnose medizinische *a/30, 32*
Divisional Court *Vb/66*
Dokumentation medikamentöse *f/107*
Drittgefährdung *Vb/29, a/338, e/141*
– Antragsdelikte *a/343*
– Ausmass *a/346*
– BGB *a/349*
– Gefahr im Verzug *b/24*
– österreichisches Recht *a/348*
– Strafverfolgung *a/342*
  – Aussichten *a/345*
– Wohlbefinden *a/350*
Drogen s. auch Anstalt, Behandlung
– abhängigkeit, Komplexität *a/68*
– Kategorien *a/66*
– synthetisch erzeugte *a/67*

E

Einfaches Verfahren
– Anhörung in der Anstalt *f/26*
– generelle Vorschrift *f/20*
– Hauptverhandlung *f/28*
– Klage-
  – antwort *f/25*
  – begründung *f/25*
  – einleitung *f/22*
– kontradiktorisch *f/27*
– Sühnverfahren *f/24*
– Vernehmlassung *f/25*
– Willkürprüfung *f/21*
Einfaches und rasches Verfahren
– EMRK *f/1*

– Entwurf zum ZGB *f/3*
– Verfahren Vorbild *f/17*
– Zusammenhang *f/18*
Eingetretener freiwillig *Vb/23*
Einsperren von Kranken *a/204*
Einvernahme
– durch Anstalt *b/37*
– durch Arzt *e/197*
– Aussageverweigerung *f/115*
– durch Behörden und Stellen *b/36*
– durch Einweisungsbehörde *b/33*
– durch Gerichtskommission *Vb/9*
– mündliche *f/104*
  – Alkoholiker *f/106*
  – Aussageverweigerung *f/115*
  – Bedeutung *f/120*
  – Behandlung medikamentöse *f/107*
  – Nahestehender *f/103*
  – Bundesverfassung *f/97*
  – EMRK *f/96*
  – formelles Recht *f/119*
  – durch Kollegialgericht *f/100*
    – Ausnahme *f/101*
    – Verzicht *f/117*
  – polizeiliche Vorführung *f/116*
  – prozessuale Form *f/109*
  – Rechtsfolge *f/119*
  – Selbstmordgefährdete *f/106*
  – Sistierung *f/113*
  – umfassende *f/105*
    – zu psychiatrischem Gutachten *f/111*
    – zu Vernehmlassung *f/110*
  – Unmöglichkeit *f/114*
  – Urteilsunfähiger *f/108*
  – Verzicht *f/116*
  – Wahnkranke *f/106*
  – Zeitpunkt *f/113*
  – Zustand Kläger *f/106*
  – Zweck *f/104*
  – durch Zweitinstanz *f/118*
– Nahestehender *b/36*
– Substanzierung, Beispiele *e/25*
– Zweck *e/46*
Einweisung(s-)
– Anhörung *b/33*
  – fehlende *b/34*
– Aufnahme *b/42*
– bedingte *a/317*
– Drogensüchtiger
  – Entweichung *a/239*
  – Gewaltakte *a/239*
  – Sedierung *a/239*
– Entscheid
  – Inhalt *b/38*
  – Rechtsmittelbelehrung *e/81*
– Gründe s. Voraussetzungen
– private Anstalt *b/43*
– Rechtsvergleichung
  – BGB *b/5*
  – CCesp *b/7*
  – Code de la santé publique *b/8*
  – italienisches Gesetz Nr. 180 *b/9*
  – öPersFrG *b/6*
– rückwirkende *b/38*
– zu Untersuchung *a/114*
– verfahren, Verlegung *d/35*
– verfügung
  – ohne Sachverständigen *e/172*
– Vollzug *b/40*
  – dringliche Fälle *b/41*
– Voraussetzungen *a/3, 21 ff., 131, 205, 261*
– zeugnis
  – ärztliches
    – Formular *e/88*
    – Rechtsmittelbelehrung *e/87*
– Zuständigkeit
  – alternativ *b/46*
    – Entwurf ZGB *b/44*
    – Sanitätswesen *b/47*
    – zwingende *b/45*
  – Dritter *b/75*
  – kantonale *b/48, 51*
    – Arzt *b/49*
  – Konkurrenz *b/26, 76*
    – aufgeschobener Vollzug *b/81*
    – Entlassung *b/79*
    – gleiche Gründe *b/78*
    – parallele FFE *b/80*
    – Verfahrenskoordination *b/82*
    – Vormundschaftsbehörde *b/77*
    – Zuständigkeit für Entlassung *b/84*
  – Obhutsentzug durch Scheidungsrichter *e/129*
  – Präsident SH *b/63*
  – Präsidialverfügung, Genehmigung *b/61*
  – Ratspräsident OW *b/62*
Einzuvernehmender *f/102*
EMRK *Vb/5, Vbb 2–4*
– Geisteskrankheit medizinische *a/25*
– Günstigkeitsprinzip *Vb/7*
– Prozessrecht kantonales *e/35*
– Wirkung landesrechtliche *Vb/35*
– Vorbehalt *Vb/6*
  – Rückzug *Vb/8*

Entlassung(s-)
- Administration *a/386, b/104*
- aus Anstalt *b/103*
- Anstrengungen *a/366*
  - der Behörden *a/365, 367*
- bedingte *a/195, 308, 314, 377*
- Begriff *a/375*
- Behörden sämtliche *a/371*
- Vormundschaftsbehörde
  - am Aufenthaltsort *b/89, c/14*
- EMRK *a/363*
- Entwurf zum ZGB *b/85*
- familienrechtliche Massnahme *a/364*
- Geisteskrankheit *a/390*
- Gesamtbetreuung *b/86*
- Gesuch
  - Ankündigung *e/122*
  - Abweisung *b/103*
  - Formular *d/53*
  - mündliches *d/52*
  - schriftliches *d/51*
  - Überweisung *b/87*
  - Unterstützung durch Klinik *b/42*
  - wiederholtes *d/63*
    - Abstände unvernünftige *d/63, e/178*
- Katalog von FFE-Gründen *a/368*
- Meldung an
  - gesetzlichen Vertreter *b/102*
  - Vormundschaftsbehörde *b/102*
- nach ärztlicher Einweisung *b/90*
- nach Untersuchung *a/392*
- Organe privater Einrichtungen *a/373*
- sozialtherapeutische Bedingungen *a/372*
- Trunksucht *a/391*
- Überweisung Gesuch *b/87*
- unbedingte *a/376, 377*
- Urlaube vorbereitende *a/388*
- Verlegung *a/379*
- Vorentscheid präsidialer *f/94*
- Zeitpunkt *a/385*
- Zuständigkeit
  - Anstalt bzw. -leitung *b/96, 101*
  - andere Behörde *b/99*
  - bei Unterbringung *b/98*
  - bei Zurückbehaltung *b/98*
  - Chefarzt *b/101*
  - Vormund *b/95*
  - Vormundschaftsbehörde *b/93*
    - Präsident *b/94*

Entmündigung *Vb/2, 37*
- weitere Massnahmen *a/17*

Entschädigungsfolgen *e/41*

Entscheid(e)
- Abweisung der Klage *b/103*
  - Begründung *b/106*
- anfechtbare *d/29*
  - Aufsichtsbehörde *d/38*
  - Bezirksrat *d/37*
  - Verlegung *d/34, 35*
  - Wiederaufnahme *d/36*
- Aussetzen *a/317*
- Feststellung Sachverhalt
  - von Amtes wegen *e/23*
  - Zeitpunkt massgeblicher *a/13*
- mehrfache *d/30*
  - neue Gründe *d/31*
  - Nichtigkeit *d/33*
  - res judicata *d/33*
  - Verfahrenskoordination *d/32*
- nicht anfechtbare *d/39*
  - ärztliche Anordnungen *d/42*
  - Nichteintreten *d/40*
    - Wohnungssuche *d/44*
  - Verletzung von Patientenrechten *d/43*
- in Vernehmlassung *b/105*
- in vernünftigen Abständen *e/178*
- Zeitpunkt *f/29*

Entweichung *a/239*

Epidemiengesetz *Vb/20*

Erwachsene *a/15*

Europäisches Übereinkommen
- für Minderjährige *Vb/57*

F

Fachrichter *e/176*
- Bericht *e/209*

Festnahme *b/1*
- zu Anhörung *e/49*
- Begründung
  - für Nahestehende *e/65*
  - Geistesschwäche *e/64*
  - Verzicht *e/61*
    - Krankheitsbild *e/62*
- Zeitpunkt
  - EMRK *e/57, 58*
  - Entwurf zum ZGB *e/59*
  - Krankheitsbild *e/60*
- EMRK *b/1*
- Entwurf des ZGB *b/2*
- Polizeiorgane *e/48*
- zu Untersuchung ärztlicher *e/49*
- Verwaltungszwang *e/48*

Feststellungs-
- begehren
  - nach Entlassung *f/11*
  - nach rechtskräftiger FFE *f/10*
  - rechtliches Interesse *f/8*
  - Verletzung EMRK *e/134*, *f/9*

Fixer, Statistiken 1980/94 *a/80*, *132*
Frankreich *Vb/63*
Frauen, Statistik *Vb/23*
Formular
- de lege ferenda *Sb/7*
- Einweisung *a/73*, *e/88*
- Entlassungsgesuch *d/53*, *Sb/7*
- Rechtsmittelbelehrung *e/77*, *78*
- Untersuchung *f/204*

Free Base *a/67*
Freiheitsberaubung *Vb/56*
Freiwilligkeit
- Eintritt *a/183*, *e/51*
- Halb- *a/192*, *193*
- Männer- und Altenheime *a/188*
- Schein- *a/192*, *193*
- für Therapie langfristige *a/279*
- Urteilsfähigkeit *a/189*
- Verzicht auf Beurteilung *a/187*
- Zurückbehaltung *a/194*

Fremdgefährdung s. Drittgefährdung
Frist s. Dauer, Zehntagefrist
Fürsorge
- Behandlung undurchführbare *a/221*
- Beistandsbedürftigkeit *a/219*, *220*
- medizinische
  - verantwortbare Behandlung *a/221*
  - Fachbereich *a/211*
- Mittel andere *a/291*
- schwerste Pflegebedürftigkeit *a/222*
- stationäre *a/300*
  - Beispiele *a/301*
- bei Untersuchung *a/255*, *256*
- für Verwahrloste *a/252*, *253*
- Voraussetzung *a/205*

Fürsorgerische Freiheitsentziehung
- am Aufenthaltsort *c/13*
- Dauer *a/116*, *380*, *387*
  - Vormundschaftspräsident SH *a/381*
  - schwedisches LVM *a/382*
- Drogen-
  - konsum *a/78*
  - süchtige *a/76*
- Entmündigung *Vb/49*
- Gesetzes-Revision-ZH 1995 *Vb/10*
- Katalog Voraussetzungen *a/3*, *4*, *6*
- konkreter Sachverhalt *a/77*
- Kriterien für Ärzte *a/12*
- Nebenstrafgesetzgebung *Vb/14*
- Überprüfung *a/383*, *384*
- Untersuchung
  - BGB *a/117*
  - EMRK *a/114*
  - Voraussetzungen *a/115*
- Voraussetzungen
  - alternative *a/23*
  - Besserungsaussichten *a/205*
  - kumulative *a/7–11*
  - Überschneidungen *a/23*
- vormundschaftliche Massnahme *Vb/47*
- Zeitpunkt des Entscheids *a/13*
- ZGB
  - weitere Bestimmungen *Vb/14*
  - Inkraftsetzung *Vb/69–71*
- Zwecke sachfremde *a/5*, *6*

G

Gamma-Alkoholismus *a/50*
Gefahr im Verzug
- Begriff *b/23*
- Drittgefährdung *b/24*
- Selbstgefährdung *b/24*
- Sofortmassnahmen *b/67*
- Voraussetzung zusätzliche *b/66*

Gegenanwalt *f/87*
Gegenstandslosigkeit
- Entlassung *f/14*
- Entweichen *f/15*

Geisteskrankheit
- Auswirkungen *a/28*
- Begriff *a/27*, *28*
- EMRK *a/25*
- im juristischen Sinne *a/36*
  - Beispiele *a/37*
  - Rechtsbegriff *a/26*, *27*, *32*
  - Schwellenwert *a/37*

Geistesschwäche
- Abgrenzung von Geisteskrankheit *a/44*
- Begriff
  - medizinischer *a/42*
  - Rechts- *a/42*
- Beispiele *a/46*, *47*
- EMRK *a/40*, *41*
- medizinischer Befund *a/48*
- psychische Gleichgewichtsstörungen *a/43*
- schulischer Werdegang *a/45*

Gemeinderat *b/12*
Genugtuung *e/133*
Gericht s. Richter
Gerichtliche Beurteilung
– EMRK *d/1–4*
– Entwurf zum ZGB *d/3, 6*
– italienisches Recht *d/14*
– lex specialis *d/7*
– neutrale Instanz *d/9*
– Vertreter *d/13*
– von Amtes wegen *d/14*
Gerichtliches Verfahren
– Prozessordnung *e/20*
Gesetzes-
– reform 1978 *a/2*
– terminologie *Vb/21*
Gesuch s. Entlassungsgesuch
– um gerichtliche Beurteilung s. Klage
Gesuchsteller *Vb/23*
Gesundheit(s-)
– Gefährdung *a/323*
– wesen *Vb/1*
Grossbritannien *Vb/66*
Grundrechte EMRK *Vbb/2*
Gutachten
– Anordnung der FFE *e/213*
– Arzt *e/171*
– Auftrag *e/170, 175*
– Beurteilung
  – durch Klinikarzt *e/171*
  – durch Richter *e/212*
  – durch überprüfende Behörde *e/173*
– CCesp *e/166*
– CCfr *e/165*
– bei Einweisungsentscheid *e/213*
– Form *e/206*
– Fragestellung *e/177, 178*
– im Gerichtsverfahren *e/175*
  – Zeitpunkt *e/205*
– Inhalt *e/207*
  – Rechtsfragen *e/208*
  – Klassifikation psychischer Störungen *a/138, 139*
– kantonales Recht *e/174*
– Untersuchung unmögliche *e/210*
– Weiterführung der FFE *e/213*
– Zurückbehaltungsentscheid *e/213*
Gutachter s. Sachverständiger

H

Habeas corpus Act *Vb/66*
Hausordnung *e/103*
Heroinabgabe *a/311*
Hilfsvereine *a/367*

I

Instanz
– einzige *f/99*
– erste *f/99*
– zweite *d/59, f/118*
Spruchkörper interdisziplinärer *Sb/4*
Internierung
– Epidemiengesetz *Vb/20, a/53, e/131*
– Zivilpersonen in Kriegszeiten *Vb/55*
Invalidenversicherung *a/367*
– Rentenanspruch *Vb/46*
Italienisches Gesetz Nr. 180 *Vb/64*

K

Kantonales öffentliches Recht *Vb/1*
Kläger *Vb/23*
Klage- *e/116, f/5*
– abweisung *f/6*
  – befristete *f/6*
– ankündigen *e/122*
– auf Entlassung *f/5*
  – Anweisung an Anstalt *f/6*
  – andere Durchführung der FFE *f/7*
  – Rückweisung *f/16*
– erhebung
  – Hilfeleistung *e/120*
    – Beistand *e/121*
    – Vertrauensperson *e/121*
– Form
  – Entlassungsgesuch mündliches *d/52*
  – Schriftlichkeit *d/51*
    – Formular *d/53*
– gutheissung s. Entlassung
– Inhalt *d/54*
– legitimation *d/11*
  – Alternativität *d/15*
  – Nahestehender
    – bei Klagerückzug des Betroffenen *d/20*

  - Beiladung *d/22*
  - Belastung *d/21*
- Nahestehender *d/62*
  - allein *d/17*
  - Anspruch *d/61*
- Postsendung *d/55*
- rückzug *f/12*
  - freiwilliger Verbleib *f/13*
- Sicherstellung Einreichung *e/112*
- Substanzierung *e/25*
- Weiterleitung *e/115*
  - zuständigenorts *e/123*
  - Zeitpunkt *e/119*
- wiederholte *d/63*, *e/118*
  - Querulanten *d/64*
  - Rechtskraft *d/65*

Klassifikation psychischer Störungen *a/35, 53, 138, 139, b/70*
Klinik am Zürichberg *b/43*
Krank(e)-
- engeschichte *e/34*
- heit ansteckende *Vb/20*
- körperlich *Vb/52*, *a/105*
- Einsperren *a/204*
- psychisch *Vb/23*, *a/68*
  - ärztliche Einweisung *a/69*
  - Drogensüchtige *a/70*

Korsakow-Psychose *a/50*
Kostenfolgen *e/41*
- Freiburg *e/42*

Krankheitsbild *e/60, 62*
Landstreicherei *a/95*
Legge sull'assistenza sociopsichiatrica *a/207*
Libertà terapeutica *a/212*
Lösungsmittel-
- gemisch(e) *a/87*
- sucht *a/85*

M

Männer, Statistik *Vb/23*
Massnahmen
- mildere tatsächliche Anordnung *a/299*
- notwendige
  - Feststellung am Aufenthaltsort *c/18*
- im Strafvollzug *d/45*
- weitere *c/16*
  - Ermittlungsverfahren *c/19*

Medikamentensucht *a/81*
- Abklärung *a/82*
- kombinierte *a/83*
  - Psychosen *a/84*

Medizinischer Begriff
- umstrittener *a/29*
- Unterscheidung von juristischem *a/34, 35, 138*

Mehrstufigkeit *f/99*
- Verfahren(s-)
  - Verzicht auf Gutachten *e/214*
    - Ermessen *e/219*
    - Rechtskraft Entscheid *e/217*
    - Voraussetzung *e/215, 216*
  - dauer *f/2*

Mental Health review Tribunal *Vb/66*, *a/38*
Merkblatt *e/103*
Methadonprogramm *a/311*
Minderjährige *Vb/36*
Mitteilungspflicht
- Behörde am Aufenthaltsort *c/3*
- EMRK *c/1*
- Entwurf zum ZGB *c/2*
- Gesetzeshöhe *c/5*
- Offizialmaxime *c/4*

Moratorium *a/278*
Motivation *a/234, 242*, *Sb/3*
Mündigkeit(s-) *a/1*
- alter *a/16*
- Kinder und elterliche Gewalt *a/18*
- weitere vormundschaftliche Massnahmen *a/17*

N

Nach-
- behandlung
  - Bereitschaft *a/304–306*
  - kontrollierte *a/308, 314*
- betreuung *a/303, 314*

Nachrichtempfänger
- bei Entmündigten *c/27, 28*
- bei Mündigen *c/29*
- gesetzlicher Vertreter *c/33*
- Nahestehender *c/30*
  - Einwilligung Mündiger *c/32*

Nahestehende *d/38*
- Begriff *d/24*
- Beispiele *d/26*
- und Betroffener *d/23*
- Beweisaussage *d/18*
- Partei *d/18*

– Prozessfähigkeit *d/25*
– Rangfolge *d/28*
– Statistik *d/27*
– Zeuge *d/18, 19*
Naltrexon *a/311*
National Assistance Act 1948 *Vb/66*
Neben-
– intervenient *d/16*
– strafgesetzgebung *Vb/14*
Nichteintreten
– Gegenstandslosigkeit *f/14, 15*
– mangels Rechtsschutzinteresses *d/63*
Notwendigkeit der Fürsorge (bei)
– Alkoholmissbrauch *a/274*
– anderen Suchtmitteln *a/280*
– Beispiele *a/263*
– Drogensucht
  – Krisensituation *a/277*
– Medikamentensucht *a/282*
– Nikotinabhängigkeit, -sucht *a/272, 281*
– Geisteskranken oder -schwachen *a/265*
  – zurückhaltende Beurteilung *a/266*
– körperlichem Verfall *a/273*
– Rechtsfrage *a/211*
– Suchterkrankung *a/267*
  – Selbstverantwortlichkeit *a/269*
  – Vormundschaftsrecht *a/268*
– Trunksucht
  – Beispiele *a/275*
  – Motivierbarkeit *a/276*
– Untersuchung
  – ambulant *a/286*
    – polizeiliche Vorführung *a/287*
  – Massnahmen nach Untersuchung *a/270*
    – Beispiele *a/271*
  – zum Zwecke *a/285*
– Verwahrlosung *a/283*
  – und Trunksucht *a/284*

O

Obere Gerichte
– einzige kantonale Instanz *e/218*
– zweite kantonale Instanz *e/218*
Öffentlichkeit der Verhandlung *e/3*
Offizialmaxime *e/8, 23*
– Vorgehen *e/24*
Oligophrenie *a/42*
Opiatantagonist (Naltrexon) *a/311*
Organisationsgesetz *Vb/17*
Ort der Anstalt *e/126*
Österreich
– Bundesverfassungsgesetz *Vb/62*
– Unterbringungsgesetz *Vb/62*

P

Pathologischer Rausch *a/50*
Patienten-
– anwälte *f/91*
– rechtsverordnung ZH *Vb/44*
Persönliche Freiheit *Vb/29*
Persönliche Fürsorge
– Anstaltsentlassung *a/199*
– Besserung *a/197*
– erweisen *a/198*
– Heilung *a/197*
– mildere Mittel der Fürsorge
  – Beispiele *a/298*
– unmittelbare *a/200*
– Verfassungsrecht *d/3*
– Ziel primäres *a/196*
Person betroffene *Vb/23*
Polizei-
– organe *e/48*
– recht *a/341*
– Vorführung durch *f/116*
– Zuführung in Anstalt *e/50*
Privatrecht
– formelles *Vb/12, 13, Vbb/4, e/36*
Prognose *a/305, 306, e/33*
Prozess-
– entschädigung
  – Aargau *e/43*
  – aus Gerichtskasse (ZH) *f/94*
– fähigkeit *d/12*
– ordnungen kantonale
  – Baselstadt *e/40*
  – Luzern *e/38*
  – Zug *e/39*
  – Zürich *e/37*
– rechtliche Bestimmungen *e/22*
Psychiatrische(s)
– Gerichtskommission ZH *Vb/9*
  – Statistik *Vb/9*
– Gutachten (s. unter Gutachten) *a/31*
– Klinik, Behandlungszentrum *a/137*
– Rekurskommission ZH *Vb/4*
Psychische Störung
– Ursache *a/33*

Psycho-
- genie *a/42*
- pathie *a/42*

Q

Querulant *d/64*

R

Raschheit
- Anhörung
  - durch Behörden und Stellen *f/37*
  - Nahestehender *f/37*
- aufschiebende Wirkung *f/52*
- Berufung(s-)
  - an Bundesgericht *f/62*
  - entscheid *f/60*
  - frist *f/59*
- CCesp *f/47*
- Gerichtsferien *f/56*
- Gerichtsverfahren
  - EMRK *f/40*
  - Entwurf zum ZGB *f/41*
  - it. Gesetz Nr. 180 *f/46*
  - Klagebegründung *f/54*
  - Kt. Freiburg *f/44*
  - Kt. Zürich *f/43*
  - Nichtigkeitsbeschwerde *f/61*
  - öPersFrG *f/45*
  - polizeiliche Vorführung *f/116*
  - Prozessleitung *f/55*
  - Prüfung Sachverhalt *f/58*
  - Richter am Ort der Anstalt *f/51*
- Rechtsvergleichung *f/42–48*
- schweizerische Praxis *f/42*
- sowjetisches Psychiatriegesetz *f/48*
- staatsrechtliche Beschwerde *f/62*
- Sühnverfahren *f/53*
- Verwaltungsverfahren *f/35*
  - Vorentscheid, Entlassung *f/36, 38*
- Voraussetzungen *f/49*
- vordringliches Dienstgeschäft *f/50*

Rätoromanisch *Vb/24*
Rechtliches Gehör *e/6*
- Verweigerung *b/34*

Rechtsanwalt *f/83*
Rechtsbegriff
- Geisteskrankheit *a/21*
- Geistesschwäche *a/21*
- Trunksucht *a/21*

Rechtsbeistand
- Anwalt *f/88*
  - Fähigkeitszeugnis *f/89*
- Bestellung *f/71*
  - Voraussetzung *f/72*
  - Zeitpunkt *f/73, 74*
- EMRK *f/63*
- für Nahestehenden *f/76*
- Kt. Tessin *f/66*
- Kt. Zürich *f/65*
- Notwendigkeit *f/77*
  - Beispiele *f/81*
- Obligatorium *f/77*
- österreichisches Recht *f/91*
  - öPersFrG *f/67*
- Offizialmaxime *f/78*
- Präsidialverfügung *f/69*
- Praxis *f/81*
- Rechtsschutz *f/79*
- Stellungnahmen *f/112*
- Tätigkeitsumfang *f/70*
- Umstände konkrete *f/80*
- unentgeltlicher *f/92*
  - Begründung *f/93*
- Verein *f/90*
  - Psychex *f/91*
- Vertreter *d/13*

Rechtsmittelbelehrung
- EMRK *e/79*
- Einweisungsentscheid *e/81*
- Entwurf zum ZGB *e/80*
- fehlende *e/89*
- Inhalt *e/84*
- Sicherstellung Einreichung zuständigenorts *e/112*
- Statistik *e/110*
- Verpflichtete dazu *e/114*
- Vorinstanz *d/41*
- gegen Nichtanordnung FFE *b/16*

Revision Vormundschaftsrecht *Sb/1*
Richter
- kantonale *d/58*
- Überprüfungsinstanz *d/5*
- Unabhängigkeit *d/56*
- Unbefangenheit *d/57*
- zweitinstanzlicher *d/59*

Rück-
- weisung *e/56, f/16*
- führungszentrum *a/175*

S

Sachverhalt
– Abklärung von Amtes wegen *d/211*, *e/231*
  – Umfang *e/23*
Sachverständiger
– Beizug
  – bei Einweisung durch Arzt *e/181*
  – EMRK *e/162*
  – Entwurf zum ZGB *e/162*
  – durch fachunkundige Stellen *e/183*
  – obligatorisch *e/168*
  – öUbG *e/164*
  – im Verwaltungsverfahren
    – durch Vormundschaftsbehörde *e/169*
    – Auftrag *e/170*
  – Zeitpunkt *e/202*
  – zwingend *e/168*
– fachliche Qualifikation *e/179*
  – im Gerichtsverfahren *e/184*
    – Allgemeinpraktiker *e/185*
  – Spezialist *e/201*
    – Facharzt für Psychiatrie *e/187*
    – Klinikarzt *e/186*
  – im Kt. Zürich *e/182*
  – bei Überprüfung Zwangsunterbringung *e/180*
– mehrere *e/200*
– Unabhängigkeit *e/188*
  – Arzt behandelnder *e/191*, *192*
  – Ausstand *e/189*
  – bei Zeugnis
    – für Einweisung *e/190*
    – im Verwaltungverfahren *e/194*
  – Klinikarzt *e/195*, *196*
  – bei Überprüfung Zwangseinweisungen *e/193*
Sanatorium Kilchberg *b/43*
Schlössli/Oetwil a.S. *b/43*
Schnüffelstoffe *a/85*
Schutz der Freiheit *a/19*
Schwachsinn *a/42*
Schweden *Vb/67*
Schwerstsüchtige *a/74*
Selbstgefährdung *Vb/29*, *a/321 ff.*, *e/141*
– Beispiele *a/333*
– Gefahr im Verzug *b/24*
– Psychiatriegesetz sowjetisches *Vb/68*
– Rechtsvergleichung *a/324*
– und Verwahrlosung *a/113*, *332*
Sowjetunion *Vb/68*
Sozial(e)
– dienst psychiatrischer Kliniken *e/32*
– Wiedereingliederung *a/303*
Spanien *Vb/65*
Statistiken *Vb/9*, *23*, *a/57*, *80*, *132* *d/27*, *e/110*
Stelle kantonale *b/50 ff.*
Straf-
– und Massnahmenvollzug *e/130*
– gesetz *Vb/51*
– prozessordnungen *Vb/51*
Sucht-/-erkrankung
– andere *a/88*
– beherrschte *a/79*
– EMRK *a/58*
– Begriff juristischer *a/60*
– Folgeschäden
  – körperliche *a/89*
  – psychische *a/89*
– gefährdung Minderjährige *a/78*
– Katalog *a/86*
– kombinierte *a/62*
– nach einem Stoff *a/61*
Suizid(versuch)
– appellativ *a/322*
– gefahr
  – Alkoholkranke *a/331*
  – BGB *a/349*
  – Erkennen *a/326*, *327*
  – Interessen der Öffentlichkeit *a/347*
  – österreichisches Recht *a/348*
  – Rettung *a/328*
  – Selbstbestimmung *a/329*
  – Überlassen Entscheid an Richter *a/334*
  – Wille psychisch Kranker *a/330*
Suspensiveffekt
– fakultativ *e/151*
– obligatorisch *e/140*
  – Verwaltungsverfahren ZH *e/141*

T

The care of alcoholics, drug abusers and abusers of volatile solvents (special provisions) act (LVM, Schweden) *Vb/67*
toxicomanie, toxicomane *a/58*, *59*
Transport in Anstalt *e/51*
Triester Schule *a/212*
Trunksucht
– Abklärung Trinkgewohnheiten *a/53*

- Begriff *a/51*
  - juristischer *a/50*
- Beispiel *a/55*
- EMRK *a/49*
- Endzustände *a/54*
- Prädisposition *a/53*
- und psychische Störung *a/56*
- Statistik 1980 *a/57*
- Unterscheidung
  - andere Suchterkrankungen *a/22*
- Ursache *a/52*
- Übergangsbestimmungen *Vb/69 ff.*

U

Umfeld
- andere fürsorgerische Massnahmen *a/295*
- Beispiele *a/293, 294*
- des Betroffenen *a/291*
- Bezugspersonen *a/296*

Umgebung
- Familie *a/360*
- Nachbarn *a/360*
- Quartiere *a/361*

Unmündige *a/1*

Unterbringen
- alternativ *a/181*
- Dauer *a/380 ff.*
- im engeren Sinne *a/182*
- und freiwilliger Eintritt *a/183*
- eines Kindes *Vb/36*
- Oberbegriff *a/180*
- durch Vormund *Vb/37*
- im weiteren Sinne *a/180, 185*
- Zurückbehalten *a/180, 185*

Unterlassen Nothilfe *b/58*

Untersuchung ärztliche *e/197*
- Dauer *e/204*
- stationäre
  - Dauer *a/289*
  - Umfang *a/290*
  - Ziel *a/288*
- Teilnahme Rechtsanwalt *e/198*
- Unmöglichkeit *e/210*
- Zeitpunkt *e/103, 199*

Unzuständigkeit s. auch Zuständigkeit
- ärztliche Anordnungen *b/39*
- sachliche *d/45*

Urinprobe *a/311*

Urteilsfähigkeit
- Prüfung *a/190*
- relative *a/189*
- Vermutung *a/191, f/108*

V

Verantwortlichkeit
- Kantone primäre Haftung *Vb/38*
- Kausalhaftung *Vb/38*

Verbindung
- materielles und Verfahrensrecht *Vb/16*

Verfahren(s-)
- Bundesrecht *Vb/15*
  - Minimalvorschriften *e/6*
- dauer
  - Mehrstufigkeit *f/2*
- EMRK *e/1*
- Entwurf zum ZGB *e/5*
- Grundzüge *Vbb/1*
- kontradiktorisches *e/9*
- koordination *b/82, d/32*
- recht kantonales *Vbb/3, b/3*

Verhältnismässigkeit der FFE *a/257, 258*
- Fürsorge andere *a/291 ff.*
- Lebensführung verglichene
  - durchschnittliche *a/262*
  - ideale *a/262*
- Notwendigkeit stationärer Fürsorge *a/261*
- Selbstgefährdung *a/321*
- Rechtsprechung *a/325*
- ultima ratio *a/260*
- Umfeld *a/291*

Verlängerung *e/106*

Verlegung *a/178, d/34, e/106*

Vernehmlassung
- Entlassungsentscheid in *b/105*
- Inhalt *e/32*
- Vorhalt *f/110*

Versorgung administrative *Vb/2*

Vertrauensperson *e/121*

Vertreter (s. auch Rechtsbeistand) *f/83, 84*

Verwahrlosung(s-)
- affektive *a/103, 112*
- Arbeitsscheu *a/101*
- Begriff *a/90, 98, 111*
  - restriktive Interpretation *a/108*
- Beispiele negative *a/104*
- Drogensucht *a/110*
- drohende *a/109*
- EMRK *a/92*
- Entwicklungspsychologie *a/107*
- Landstreicher(ei) *a/92, 93*

– Lebenswandel lasterhafter *a/91*
– Liederlichkeit *a/101*
– Müssiggang *a/101*
– Nichterfüllen gesetzlicher Pflichten *a/102*
– der Öffentlichkeit zur Last fallen *a/101*
– schwedische Gesetzgebung *a/96*
– Schweregrad *a/106*
– seelische *a/103, 112*
– Selbstgefährdung *a/113*
– sittliche *a/103, 112*
– Therapie pädagogische *a/107*
– totale *a/94, 97, 100*
– ultima ratio der FFE *a/99*
– unsittlicher Lebenswandel *a/101*
– völlige *a/94, 97, 100*
Verwaltung(s-)
– akt *Vb/31*
  – privater Arzt *b/55*
– beschluss, Begründung *b/97*
– recht
  – im ZGB *Vb/33*
  – materielles *Vb/16, Vbb/4, e/36*
– rechtspflegegesetz ZH *Vb/34*
– verfügung
  – formlos *e/83*
  – Gültigkeitserfordernis *e/81*
  – Rechtsmittelbelehrung *e/81*
– weg Interessentheorie *Vb/25–27*
– zwang *e/48*
Verzicht auf
– Anhörung *f/116*
  – durch Kollegialgericht *f/117*
– Begründung der Festnahme *e/61*
– Einweisung *a/19*
– gerichtliche Beurteilung *a/187*
– Gutachten *e/214*
– Rechtsmittelbelehrung *e/100*
Völkerrechtliche Verträge *Vb/58*
Vollzug der FFE
– Rechtsmittelbelehrung *e/108*
– Vorschriften *b/29*
Vorbehalt
– Bundesprivatrecht *e/44*
– EMRK *Vb/6, 8*
Vorentscheid *e/149, 156, f/36, 38*
– durch Anstaltsleitung *b/103*
– Fristansetzung *e/111*
– durch Verwaltungsbehörde *b/93, e/149*
  – deren Präsidenten *f/94*
Vormund *f/112*
Vormundschaft(s-)
– behörde, Verwaltungsinstanz *Vb/30, b/13*
– recht *Vb/28*
Vorsorgliche
– Entlassung *e/157*
– Klinikeinweisung *b/21*
– Massnahme *Vb/50, e/157*
  – Unterstützung durch Klinik *b/42*

W

Wechsel tatsächlicher Wohnsitz *c/10*
Weckamine *a/69, 175, 247*
Weiterleitung Klage
– Sicherstellung Einreichung *e/112*
– Verpflichtete *e/137*
  – Beispiele *e/138*
– zwingende *e/136*
Werkstätten geschützte *a/367*
Wieder-
– aufnahme *a/74*
– eingliederung *a/303*
Wohnheime *a/367*
Wohnsitz *e/125, 126*
– ausserhalb Kanton *b/25*
– des Betroffenen *b/19*
– Mündiger *b/18*
– Wechsel *c/10*

Z

Zehntagefrist
– Beginn *d/48*
– Berechnung *d/47*
– fehlende(r)
  – formeller Entscheid *d/49*
  – Rechtsmittelbelehrung *d/49*
– Nichteinhaltung *d/50*
– Weiterleitung des Gesuchs *d/50*
– Zweck *d/46*
Zeugnisverweigerung *d/19*
ZGB vom 10. Dezember 1907 *Vb/2*
Zivil-
– rechtskompetenz *Vb/8*
– weg, Interessentheorie *Vb/25–27*
Zuführung polizeilich *e/50*
Zurückbehalten
– durch Anstalt *a/194*
– Abweisung Entlassungsgesuch *a/186*
– Begriff *a/185*
– nach Entlassung probeweiser *a/195*

– freiwillig Eingetretener *a/194*
– durch Klinikleitung *a/194*
– durch Vormundschaftsbehörde *a/186*
  – am Aufenthaltsort *c/14*
Zustand des Betroffenen
– bei Einvernahme *f/106*
– und Schwierigkeiten organisatorische *a/389*
Zuständigkeit s. auch Unzuständigkeit
– alternative *b/27*
– aufschiebende Wirkung
  – Arzt *e/145*
  – Entwurf zum ZGB *e/142*
  – Stelle kantonale *e/144*
  – Vormundschaftsbehörde *e/143*
  – Vorsitzender *e/148*
– funktionell *b/13*, *e/135*
  – Kantone *b/15*
  – zürcherisches Recht *b/14*
– örtlich *b/17*, *e/123*
  – Bezirksarzt SG *b/64*
  – kantonales Recht *e/126*
  – zweckmässige *e/127*
– sachlich *b/11*, *e/128*
  – fehlende *e/129–134*
Zustimmung zur FFE *a/292*
– Angehöriger *b/4*
– Dritter *b/4*
Zwangsbehandlung *Vb/48*
– Abwehrhaltung *a/215*
– Akzeptanz *a/217*
– Art *a/214*
– bei Trunk- und Drogensucht *a/216*
– Legalitätsprinzip *a/207*
– medizinische
  – in Anstalt *a/208*
  – BRD *a/210*
  – Privatrecht *a/209*
– Zweck *a/213*

II. Register zu den 1995 rev. Gesetzen betreffend die FFE im Kt. Zürich

(Spezialabkürzungen s. S. 217)

EG-ZGB-ZH

§ 117a Abs. 1 b/14
Abs. 2 b/14, 75;
d/37
Abs. 3 b/23, 66, 73

§ 117b Abs. 1 Vb 34;
e/37
Abs. 2 b/33, 36;
e/49;
f/37
Abs. 3 e/53, 65, 76, 81
Abs. 4 e/48;
f/16

§ 117c e/179

§ 117d Vb/32;
b/51, 52, 69;
e/51, 53, 77, 87, 145, 161, 182, 190, 212

§ 117e Abs. 1 b/86
Abs. 2 d/37
Abs. 3 c/22

§ 117f Abs. 1 b/103
Abs. 2 b/101

§ 117g a/194;
e/52, 95, 107;
f/13

§ 117h Abs. 1 d/35;
e/52
Abs. 2 b/74;
d/36

§ 117i Abs. 1 d/8;
e/58
Abs. 2 e/112

§ 117k Abs. 1 e/121;
f/65
Abs. 2 e/93

§ 117l Abs. 1–3 a/383;
d/38;
e/173, 180, 193, 194

§ 117 f/92, 94

GVG-ZH

§ 22a Vb/10;
d/29, 59;
e/37

§ 140 Abs. 2 f/56

§ 158 Abs. 1 e/14

ZPO-ZH

§ 5a e/37, 126, 127;
f/51

§ 140 Abs. 2 f/56

§ 203a Abs. 1 f/55
Abs. 2 e/156;
f/73

§ 203b a/207;
e/122;
f/29, 107

§ 203c Abs. 1 d/19;
f/76
Abs. 2 e/206, 212;
f/29, 38

§ 203d	Abs. 1	e/152, 256; f/28, 29, 38, 43, 102, 109
	Abs. 2	f/114, 115
§ 203e	allg.	d/11, 22, 33
	Abs. 1	e/24; f/29, 43
	Abs. 2	d/19, 40, 65; f/27, 59, 103, 110
§ 203f		e/41 f/94
§ 259		f/2, 30
§ 260	Abs. 2	e/141; f/58
§ 268a	Abs. 1–2	d/40; f/58
§ 268b		f/59, 60
§ 284	Ziff. 6	f/61